# Qual é o seu **problema?**

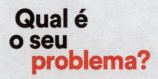 

Este livro vai muito além destas páginas. Com a tecnologia **Saraiva Conecta,** sua leitura ficará muito mais completa.

1. Entre na Google Play ou AppStore e procure por "QR Code". Baixe o aplicativo de leitor de QR Code de sua preferência.

2. Inicie o aplicativo e aponte a câmera do seu dispositivo para o QR Code abaixo. Aguarde o carregamento.

3. Insira seus dados de acesso ou cadastre-se na plataforma.

4. Agora é só aproveitar o conteúdo digital que preparamos para você: PDFs de esquemas do livro, prontos para impressão.

Se preferir, você também pode acessá-lo por meio do link: http://somos.in/QSP01

Qualquer dúvida, entre em contato pelo e-mail: suportedigital@saraivaconecta.com.br

# Qual é o seu problema?

Para resolver seus
problemas mais difíceis,
mude os problemas que
você resolve

THOMAS WEDELL-WEDELLSBORG

Benvirá

Copyright © 2020 by Thomas Wedell-Wedellsborg

Publicado conforme acordo com a Harvard Business Review Press
A cópia ou a distribuição não autorizada desta obra constitui
violação de direitos autorais
Título original: *What's Your Problem?: To Solve Your Toughest Problems,
Change The Problems You Solve*

**Tradução** Sônia Augusto
**Preparação** Paula Carvalho
**Revisão** Tulio Kawata
**Diagramação** Caio Cardoso
**Capa** Adaptada do projeto gráfico original de Stephani Finks
**Impressão e acabamento** EGB Gráfica Editora Bernardi Ltda

---

**Dados Internacionais de Catalogação na Publicação (CIP)**
**Angélica Ilacqua CRB-8/7057**

Wedell-Wedellsborg, Thomas
  Qual é o seu problema?: para resolver seus problemas mais
difíceis, mude os problemas que você resolve / Thomas Wedell-
-Wedellsborg; tradução de Sônia Augusto. São Paulo: Benvirá,
2021.
    224 p.

  Bibliografia
  ISBN 978-65-5810-028-7 (impresso)
  Título original: *What's Your Problem: To Solve Your Toughest Pro-
blems, Change The Problems You Solve*

  1. Resolução de problemas. I. Título. II. Augusto, Sônia.

20-0430

CDD 370
CDU 316.34

Índice para catálogo sistemático:
  1. Resolução de problemas

---

1ª edição, janeiro de 2021 | 2ª tiragem, maio de 2021

Nenhuma parte desta publicação poderá ser reproduzida por qualquer meio ou
forma sem a prévia autorização da Saraiva Educação. A violação dos direitos autorais
é crime estabelecido na Lei n. 9.610/98 e punido pelo artigo 184 do Código Penal.

Todos os direitos reservados à Benvirá, um selo da Saraiva Educação.
Av. Paulista, 901 – 3º andar
Bela Vista – São Paulo – SP – CEP: 01311-100

**SAC:** sac.sets@saraivaeducacao.com.br

CÓDIGO DA OBRA 703963    CL 670979    CAE 734986

**Para Paddy Miller**

# Sumário

**Parte Um**
## Resolva o problema certo

Introdução
**Qual é o seu problema?** 11

Capítulo 1
**Recontextualização explicada** 21

**Parte Dois**
## Como recontextualizar

Capítulo 2
**Preparando-se para recontextualizar** 35

Capítulo 3
**Contextualize o problema** 47

Capítulo 4
**Olhe fora do contexto** 63

Capítulo 5
**Repense o objetivo** 77

Capítulo 6
**Examine os pontos luminosos** 91

Capítulo 7
**Olhe no espelho** 105

Capítulo 8
**Assuma a perspectiva deles** 119

Capítulo 9
**Siga em frente** 135

**Parte Três**
## Supere a resistência

Capítulo 10
**Três desafios táticos** 151

Capítulo 11
**Quando as pessoas resistem à recontextualização** 169

Conclusão
**Uma palavra de despedida** 181

Apêndice | Leituras recomendadas 185

Notas 191

Agradecimentos 215

# Resolva o problema certo

Introdução

# Qual é o seu problema?

Problema → Solução

## VOCÊ ESTÁ RESOLVENDO OS PROBLEMAS CERTOS?

Vamos começar com uma pergunta. Responda pensando em sua equipe, seu local de trabalho, sua sociedade, sua família ou apenas em você mesmo:

*Quanto desperdiçamos – tempo, dinheiro, energia e até vidas – resolvendo os problemas errados?*

Fiz esta pergunta a pessoas de todo o mundo, e raramente alguém pensa que a resposta é insignificante. Se sua resposta fizer você parar, pense nesta segunda pergunta:

*E se você pudesse se sair melhor resolvendo os problemas certos?*

Que diferença poderia fazer na sua vida – para as pessoas e as causas com as quais você se importa – se todos ficassem um pouco melhores em identificar os problemas certos?

Este livro é sobre como fazer isso. Seu objetivo é aprimorar a capacidade do mundo de resolver problemas.

O livro faz isso compartilhando uma habilidade muito específica chamada **recontextualização de problema** ou só **recontextualização**.

Mais de 50 anos de pesquisa[1] mostram que recontextualizar é uma habilidade excepcionalmente poderosa – e não só para resolver problemas. As pessoas que dominam a recontextualização tomam decisões melhores, têm ideias mais originais e tendem a levar vidas mais notáveis.

O melhor de tudo é que não é tão difícil aprender.[2] Ao ler este livro, você vai se tornar um pensador e solucionador de problemas melhor. Provavelmente vai progredir em alguns de seus desafios atuais também – e vai fazer isso enquanto lê este livro.

Para entender o que é a recontextualização, continue a leitura. Um elevador lento está esperando você.

## O PROBLEMA DO ELEVADOR LENTO[3]

Esta é a ideia central deste livro:

*O modo como você contextualiza um problema determina as soluções que vai encontrar.*

*Mudando a maneira como vê o problema – isto é, recontextualizando-o – você pode, às vezes, encontrar soluções radicalmente melhores.*

Para ver como isso funciona, pense neste exemplo clássico, o problema do elevador lento:

*Você é o proprietário de um prédio de escritórios e seus inquilinos estão reclamando do elevador. Ele é velho e lento, e eles têm de esperar muito. Vários inquilinos estão ameaçando quebrar o contrato de locação caso o problema não seja resolvido.*

Em primeiro lugar, observe como esse problema não foi apresentado de modo neutro. Como a maioria dos problemas que encontramos no mundo real, alguém já o contextualizou para você: *o problema é que o elevador é lento.*

Em nossa ânsia por encontrar uma solução, muitos de nós não reparamos na maneira como o problema está contextualizado; nós o consideramos como certo. Como resultado, começamos a pensar sobre como tornar o elevador mais rápido: podemos trocar o motor? Melhorar o algoritmo? Precisamos instalar um novo elevador?

Essas ideias caem em um espaço de soluções, isto é, um conjunto de soluções que compartilham suposições sobre o que é o problema:

Essas soluções podem funcionar. Porém, se você apresentar este problema para alguns administradores prediais, eles vão sugerir uma solução muito mais elegante: colocar espelhos[4] perto do elevador. Essa medida simples se mostrou eficaz para reduzir queixas porque as pessoas tendem a perder a noção do tempo quando têm algo fascinante para olhar, ou seja, elas mesmas.

## UM PROBLEMA MELHOR PARA RESOLVER

A solução do espelho não resolve o problema declarado: ela não torna o elevador mais rápido. Em vez disso, ela propõe uma outra compreensão, isto é, recontextualiza o problema:

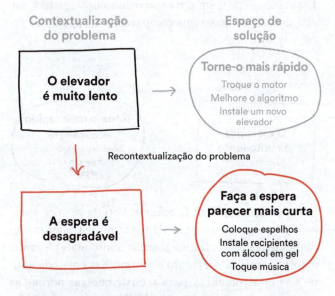

É isso que recontextualização significa. No cerne do método está um insight contraintuitivo: algumas vezes, para resolver um problema difícil, *você tem de parar de procurar as soluções para ele*. Em vez disso, você precisa voltar sua atenção para o próprio problema – não só para analisá-lo, mas para mudar o modo como o contextualiza.

## UMA FERRAMENTA PODEROSA E COMPROVADA

O poder da recontextualização é conhecido há décadas,[5] e pessoas como Albert Einstein, Peter Drucker e muitos outros atestaram sua importância. Combinando inovação, solução de problemas e fazendo as perguntas certas, a recontextualização é relevante independentemente do que você faça, quer esteja liderando uma equipe, lançando uma startup, fechando uma venda, criando uma estratégia, lidando com um cliente exigente ou fazendo qualquer outra coisa. Isso é útil também para os problemas pessoais, conforme as pessoas trabalham para construir sua carreira, melhorar seu casamento ou tornar seus filhos teimosos um pouco menos teimosos. Você pode usar a recontextualização em praticamente qualquer problema que enfrentar, em qualquer área da sua vida, para resolver dilemas e encontrar novos caminhos para seguir em frente. Ou, como eu gosto de dizer: todos têm problemas. A recontextualização pode ajudar.

E a ajuda é necessária porque a maioria das pessoas não aprendeu o que é recontextualização ou como fazê-la. Na verdade, por meio do meu trabalho, passei a acreditar que a recontextualização é a ferramenta que falta em nossa caixa de ferramentas cognitiva.

## O PROBLEMA COM A SOLUÇÃO DE PROBLEMAS

Há alguns anos, uma famosa empresa da Fortune 500 me contratou para ensinar recontextualização a 350 de seus funcionários. Minha aula foi parte de um programa de liderança de uma semana planejado especialmente para os líderes mais talentosos da empresa. Para entrar na sala, você tinha de estar nos 2% melhores de seu grupo de colegas.

No final da semana, fizemos uma pesquisa com os participantes e perguntamos o que eles tinham achado mais útil. Entre todas as coisas que as pessoas aprenderam em cinco dias recheados de conteúdo, a sessão de contextualização de duas horas estava no topo da lista.

Não foi a primeira vez que vi essa reação. No decorrer da última década, ensinei recontextualização para milhares de pessoas de todo o mundo, e quase todas dizem que isso foi muito útil para elas. Aqui estão algumas reações típicas, retiradas de forma literal dos formulários de feedback:

- "A nova maneira de enxergar as coisas abre os olhos."

- "Adorei, abriu minha mente para um modo diferente de pensar."

- "Recontextualizar é um conceito incrível que eu nunca tinha visto. Vou usá-lo ao trabalhar com minha equipe no futuro."

Para mim, essas reações foram – e continuam sendo – profundamente perturbadoras.

Pense sobre isso: *por que essas pessoas ainda não sabiam disso?* Como pessoas tão inteligentes, que trabalhavam em uma empresa global da Fortune 500 – os 2% melhores da empresa –, não sabiam como resolver os problemas certos?

A fim de compreender a extensão do problema, fiz uma pesquisa com 106 diretores executivos que representavam 91 empresas públicas e privadas de 17 países. O resultado: **85% disseram que suas empresas não eram boas em recontextualização.**[6] Quase o mesmo número disse que suas empresas desperdiçavam recursos significativos por causa disso.

Isso é profundamente errado. Recontextualização é uma habilidade de pensamento fundamental. Francamente, isso é algo que todos deveriam ter aprendido há muito tempo. É totalmente insano que não sejamos melhores nisso. E me assusta considerar quantos erros são cometidos todos os dias porque pessoas inteligentes e talentosas continuam a resolver os problemas errados.

*Esse* é o problema que este livro visa resolver.

Transformei meu trabalho na última década em um guia único e acessível para resolver os problemas certos. O argumento central aqui é o **método rápido de recontextualização**, uma abordagem simples e comprovada que você pode usar para lidar com problemas em quase qualquer contexto. Em essência, o método é projetado para ser usado *rapidamente*, como parte de um ambiente de trabalho cotidiano agitado: poucos de nós podemos nos dar ao luxo de assumir uma abordagem lenta diante de nossos problemas.

**Qual é o seu problema?** | 15

Desenvolvi o método gradualmente na última década, enquanto ensinava recontextualização para pessoas de todos os tipos e níveis hierárquicos, ajudando-as a resolver problemas do mundo real. As estratégias são baseadas em uma pesquisa anterior sobre solução de problemas e inovação. Além disso, minha seleção de quais estratégias incluir no método não se baseou em nenhum modelo teórico abrangente. Simplesmente escolhi as estratégias que se mostraram, de forma consistente, mais úteis para as pessoas na hora de repensar e resolver seus próprios problemas – e que, ao mesmo tempo, eram amplas o bastante para serem úteis em uma gama maior de problemas e setores.

Também validei as estratégias por meio de pesquisas sobre como as pessoas resolviam problemas difíceis "no mundo real", como parte de seus trabalhos, em vez de em um ambiente de treinamento. Já realizei diversos estudos em profundidade sobre como indivíduos específicos resolviam problemas difíceis e criavam inovações revolucionárias, trabalhando em tudo, desde pequenas startups até empresas grandes e complexas como Cisco e Pfizer. Embora a recontextualização seja certamente mais confusa do que uma estrutura clara poderia sugerir, cada estratégia representa abordagens que têm sido usadas pelos profissionais para resolver problemas do mundo real e encontrar maneiras novas e criativas de entregar resultados.

Lendo este livro, você vai:

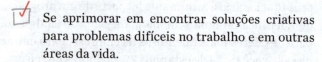 Se aprimorar em encontrar soluções criativas para problemas difíceis no trabalho e em outras áreas da vida.

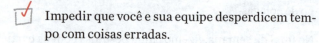 Impedir que você e sua equipe desperdicem tempo com coisas erradas.

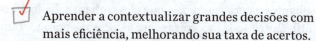 Aprender a contextualizar grandes decisões com mais eficiência, melhorando sua taxa de acertos.

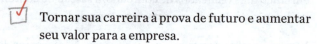 Tornar sua carreira à prova de futuro e aumentar seu valor para a empresa.

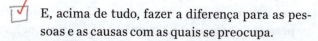 E, acima de tudo, fazer a diferença para as pessoas e as causas com as quais se preocupa.

Em especial, o livro foi escrito para aplicação imediata: à medida que lê, capítulo por capítulo, você pode colocar o método em prática para lidar com seus problemas. Veja como o livro foi planejado.

## O QUE VOCÊ ENCONTRARÁ NESTE LIVRO

Parte Um: **Introdução**

| Recontextualização explicada |
| --- |

→

Parte Dois: **Como recontextualizar**

| O método, passo a passo |
| --- |

→

Parte Três: **Supere a resistência**

| Complicações e como lidar com elas |
| --- |

O próximo capítulo – **Recontextualização explicada** – apresenta de forma breve uns poucos conceitos-chave juntamente com um exemplo admirável de recontextualização no mundo real.

A Parte Dois – **Como recontextualizar** – conduz você passo a passo pelo método de recontextualização, com ênfase especial em que perguntas fazer. Algumas coisas que vamos abordar são:

- Como uma pergunta simples – *qual problema estamos tentando resolver?* – impede que as pessoas se apaixonem por ideias ruins.

- Por que profissionais especializados *olham fora do contexto* antes de se aprofundarem nos detalhes.

- Como *repensar os objetivos* levou uma equipe a reduzir sua carga de trabalho em 80%.

- Como buscar e examinar *exceções positivas* pode levar a revoluções imediatas.

- Por que *olhar no espelho* é crucial para resolver conflitos interpessoais.

- Como dois empreendedores utilizaram a *validação de problemas* para encontrar uma oportunidade multimilionária em duas semanas.

Depois de ler a Parte Dois, você já estará totalmente equipado para usar o método.

A Parte Três – **Supere a resistência** – é um recurso que você pode consultar conforme necessário e que oferece sugestões para o que fazer quando as pessoas resistem ao processo de recontextualização, quando elas não ouvem os seus conselhos, quando ficam presas no pensamento fragmentado e ainda mais.

Durante todo o livro, vou compartilhar também muitos exemplos reais de como a recontextualização levou a grandes revoluções. Em sua maioria, esses exemplos não se referem a CEOs. Em vez disso, se concentram no que poderíamos chamar de pessoas "comuns", no melhor sentido da palavra *comum*. Não que os CEOs não usem a recontextualização; várias pesquisas de estudiosos de gerenciamento mostraram que eles fazem isso e obtêm grandes resultados.[7] Mas o cargo de CEO é um emprego bastante raro, que tem pouco em comum com o trabalho cotidiano de quase todas as pessoas. Eu me interesso por como melhorar a solução de problemas não só na sala de reunião, mas em todos os ambientes em que encontramos problemas. Em resumo, eu quero *democratizar* a recontextualização. As histórias e as pessoas que você vai encontrar neste livro refletem esse foco.

Você também será apresentado às mais importantes pesquisas por trás do conceito. Por mais de meio século, a recontextualização tem sido cuidadosamente estudada por acadêmicos e profissionais de uma ampla gama de campos – operações, psicologia, matemática, empreendimento, design, filosofia e muitos mais –, e este livro tem uma imensa dívida com o trabalho deles. Você vai encontrar alguns dos principais pensadores sobre recontextualização nos capítulos deste livro; muitos outros estão descritos na seção de Notas. O site deste livro (em inglês), <www.howtoreframe.com>, também oferece, na seção "Resources", mais detalhes

teóricos, úteis se você quiser entender as evidências científicas por trás da recontextualização (ou se precisar de um pouco de conteúdo acadêmico para incluir em suas apresentações a clientes).

## A TELA DE RECONTEXTUALIZAÇÃO[8]

Por fim, quero apresentar a **tela de recontextualização**. A tela oferece uma visão geral dos passos-chave do método, e você pode usá-la com sua equipe ou clientes para recontextualizar problemas. Você pode fazer download de versões gratuitas e prontas para impressão no site <http://somos.in/QSP01>.*

Na próxima página, você encontra uma versão de alto nível da tela. Tire um segundo para se familiarizar com ela, mas ainda não se preocupe com os detalhes. Nós vamos chegar lá. Por enquanto, só observe que o método tem três passos – Contextualize, Recontextualize, Siga em frente –, com algumas estratégias adicionais incluídas no segundo passo.

Então, vamos começar.

---

* Na página 2, você encontra instruções de como acessar esse site. [N. E.]

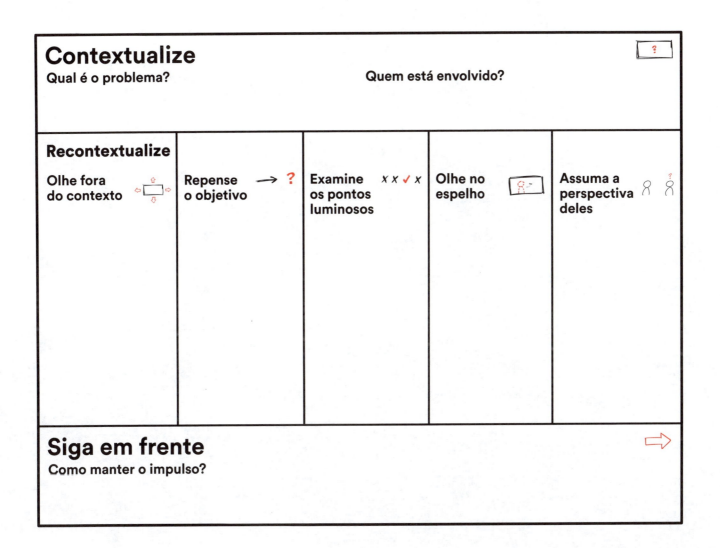

Qual é o seu problema? | 19

**Capítulo 1**

# Recontextualização explicada

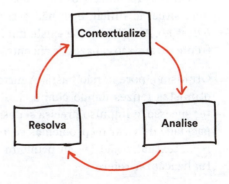

## ALÉM DA ANÁLISE

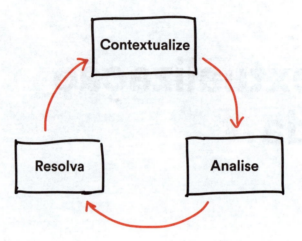

O traço mais básico das pessoas que conseguem resolver bem os problemas é o otimismo.[1] Quando enfrentam uma situação difícil, elas não aceitam simplesmente o destino. Acreditam que existe um caminho melhor à frente – e que são capazes de encontrá-lo.

Otimismo, porém, não basta. A história está cheia de otimistas felizes dando com a cara na parede.[2] Para ter sucesso, o impulso precisa ser associado com a capacidade de visar os problemas corretos. É a isso que recontextualização (e seu primeiro exemplo, contextualização) se refere.

É importante notar que recontextualizar é diferente de analisar um problema. Analisar, da maneira como uso a palavra aqui, é quando você pergunta: *por que o elevador está lento?*, e tenta entender os diversos fatores que influenciam a velocidade. Ser bom em análise é ser preciso, metódico, orientado aos detalhes e bom com números.

A recontextualização, em comparação, é uma atividade de nível mais elevado. É quando você pergunta: *a velocidade do elevador é a coisa certa para focarmos?* Ser bom em recontextualizar não tem a ver necessariamente com os detalhes. Está mais relacionado com ver o quadro completo e ter a capacidade de considerar situações a partir de perspectivas diversificadas.

A recontextualização não se limita ao início do processo, nem deveria ser feita independentemente do trabalho de análise e resolução do problema. Pelo contrário, sua compreensão do problema vai se desenvolver ao mesmo tempo que a solução. Como empreendedores e *design thinkers* vão lhe dizer, você não pode esperar contextualizar um problema corretamente a menos que suje as mãos e teste seu pensamento no mundo real.

Para mostrar como esse processo funciona na prática, vou compartilhar um dos exemplos mais poderosos que encontrei. É um pouco mais longo do que a história do elevador, mas fique comigo: tem a ver com cachorrinhos.

## O PROBLEMA DO ABRIGO DE CÃES NOS ESTADOS UNIDOS

Os norte-americanos amam cães: mais de 40% dos lares nos Estados Unidos têm um. Mas esse carinho pelos adoráveis espalhadores de pelo de quatro patas tem um lado ruim: estima-se que, todos os anos, mais de três milhões de cães sejam enviados para abrigos[3] e colocados para adoção.

Os abrigos e outras organizações de bem-estar animal trabalham duro para aumentar a conscientização sobre essa questão. Um anúncio típico mostra um cãozinho negligenciado, com olhar triste, cuidadosamente escolhido para provocar compaixão, junto com uma chamada como "Salve uma vida – adote um cachorro", ou talvez um pedido de doações.

Por meio dessas iniciativas, cerca de 1,4 milhão de cães são adotados a cada ano. Mas isso deixa mais de um milhão sem lar, isso sem falar dos gatos e de outros animais. Apesar dos esforços impressionantes de abrigos e de grupos de resgate, a escassez de adotantes tem persistido há décadas.

No entanto, há boas notícias. Nos últimos anos, duas pequenas organizações encontraram novas maneiras de abordar essa questão. Uma delas é a BarkBox, uma startup de Nova York que ensinei a recontextualizar. A BarkBox doa uma porcentagem de sua receita para cães necessitados, e, assim, um dia, a equipe sem fins lucrativos da empresa decidiu olhar para o problema dos cachorros em abrigos por uma nova perspectiva.

### Resolver para acessar, não anunciar

Considerando seu baixo orçamento, a BarkBox sabia que investir em anúncios não faria muita diferença. Em vez disso, eles começaram a procurar outras maneiras de contextualizar o problema. Como Henrik Werdelin, cofundador da BarkBox e líder do projeto, me disse:

> Percebemos que o problema de adoção era parcialmente um problema de acesso. Os abrigos dependem muito da internet para exibir seus cães. Porém, os sites podem ser difíceis de achar e, como o setor tem tão pouco dinheiro, raramente são otimizados para serem vistos em dispositivos móveis. Esse foi um problema que pensamos ser fácil de consertar.[4]

O resultado foi um app divertido chamado BarkBuddy, construído nos mesmos moldes dos apps de encontros para seres humanos, por meio do qual as pessoas podiam ver os perfis de cães adotáveis e contatar o abrigo em que eles se encontravam.

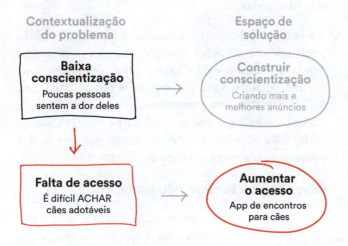

Lançado com o slogan "Encontre peludos solteiros na sua área", o BarkBuddy já foi baixado mais de 250 mil vezes. Logo depois do lançamento, ele tinha mais de um milhão de visualizações de perfis por mês. Como o primeiro app de encontro para cães, o BarkBuddy também apareceu em vários programas de TV e conseguiu tempo de veiculação em um famoso *talk show*. Essa é uma boa quantidade de latidos pelo seu dinheiro,[5] por assim dizer, considerando que o desenvolvimento e o lançamento do app custaram cerca de 8 mil dólares.

Essa é uma recontextualização clássica: ao repensar qual era o problema, Werdelin e sua equipe identificaram uma abordagem nova e mais eficiente. Mas, ao mesmo tempo, você vai notar que, em um sentido importante, a equipe ainda estava trabalhando *dentro do contexto original do problema*: como conseguir que mais cachorros sejam adotados? Esse não é o único modo de contextualizar o problema dos abrigos.

## Uma abordagem diferente: programas de intervenção em abrigos

Lori Weise é diretora-executiva do Downtown Dog Rescue em Los Angeles e uma das pioneiras por trás do programa de intervenção em abrigos.[6] O programa de Lori não busca conseguir que mais cachorros sejam adotados. Em vez disso, ela trabalha para *manter os cães com sua primeira família*, para que eles nunca cheguem a ir para abrigos.

Em média, cerca de 30% dos cães que vão parar em um abrigo são "entregues pelo dono", cães deliberadamente deixados por seus tutores. Dentro da comunidade de voluntários de abrigos, unida por seu profundo amor pelos animais, esses tutores muitas vezes são julgados duramente: você tem de ser alguém sem coração para descartar seu cachorro como se ele fosse um brinquedo quebrado. Para evitar que os cães acabem com esses donos "ruins", muitos abrigos – apesar da superpopulação crônica de cães sem donos – exigem que os adotantes em potencial passem por trabalhosas verificações de antecedentes, o que cria mais barreiras para a adoção.

Lori viu as coisas de outra maneira. Como ela me disse: "Eu não aceitava essa história de 'tutor ruim'. Encontro muitas dessas pessoas no meu trabalho, e a maioria delas se importa muito com seus cachorros. Elas não são pessoas ruins. Essa história é simples demais".

Para descobrir mais, Lori criou um experimento simples em um abrigo no sul de Los Angeles. Sempre que uma família ia entregar seu cachorro, alguém da equipe de Lori perguntava: "Se pudesse, você preferiria manter o seu cachorro?".

Se a família dissesse que sim, a pessoa da equipe então perguntava por que a família estava entregando o cachorro. Se fosse um problema que Lori e sua equipe pudessem ajudar a resolver, eles fariam isso, usando os fundos do grupo e suas conexões no setor.

O experimento de Lori revelou um dado que contradizia diretamente as suposições do setor: 75% dos donos diziam que queriam ficar com o cachorro. Muitos estavam chorando no momento de entregar os cães – e frequentemente tinham cuidado muito bem deles durante anos antes de os levarem ao abrigo. Como Lori disse:

> "Cães entregues pelos donos" não são um problema das pessoas. De modo geral, é um problema de pobreza. Essas famílias amam seus cães tanto quanto nós, mas elas também são muito pobres. Estamos falando de pessoas que em alguns casos não sabem como vão alimentar os filhos no fim do mês. Então, quando um proprietário do imóvel de repente exige um depósito para permitir um cão em sua propriedade, elas simplesmente não têm de onde tirar o dinheiro. Em outros casos, o cão precisa de uma vacina contra raiva que custa 10 dólares, mas a família não tem acesso a um veterinário ou pode ter receio de abordar qualquer tipo de autoridade. Levar o cão para um abrigo muitas vezes é a última opção que eles acham que têm.

Como Lori descobriu, o programa de intervenção não era apenas economicamente viável, era na verdade mais eficiente em termos de custo-benefício do que as outras atividades do grupo. Antes do programa, a organização de Lori gastava em média 85 dólares por animal que ajudava. O novo programa reduziu esse custo para cerca de 60 dólares por animal, aumentando muito o impacto por dólar da organização. A iniciativa também permitiu que as famílias mantivessem os animais que amavam, e assim, mantendo os animais fora do abrigo, o programa liberou espaço para ajudar outros animais necessitados.

Devido ao trabalho de Lori e de vários outros pioneiros, os programas de intervenção em abrigos estão sendo replicados em todos os Estados Unidos, e a abordagem recebeu o apoio de diversas organizações do setor. Como consequência dessa e de outras iniciativas, o número de animais que acabam em abrigos e o dos que são sacrificados estão em seu ponto mais baixo.[7]

## EXPLORAR O CONTEXTO *VERSUS* ROMPER O CONTEXTO

As duas histórias ilustram o poder da recontextualização. Nos dois casos, ao encontrar um novo problema para resolver, um pequeno grupo de pessoas conseguiu fazer uma grande diferença. As histórias também mostram como existem duas formas diferentes de recontextualizar um problema – *explorar* o contexto *versus romper* o contexto.

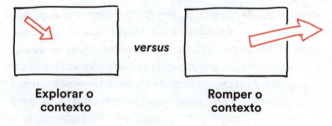

Explorar o contexto   versus   Romper o contexto

**Explorar o contexto é quando você mergulha mais profundamente na afirmação de problema original.**

É parecido com analisar o problema, mas com o elemento adicional de que você fica atento aos aspectos desconsiderados da situação, que poderiam fazer diferença. Foi isso que a equipe do BarkBox fez. Eles começaram dizendo: *não há pessoas suficientes adotando nos abrigos* e, depois, se aprofundaram até verem um problema "oculto": a questão do acesso. Com o problema recontextualizado, eles criaram um impacto incrível com os 8 mil dólares investidos.

**Romper o contexto é quando você se afasta completamente do contexto inicial do problema.**

O programa de Lori rompeu o contexto. Ela repensou o próprio objetivo de seu trabalho – vendo-o não como um problema de adoção, mas como um problema de ajudar as famílias pobres a manterem seus animais de estimação – e ajudou a mudar o setor durante esse processo.

Essas duas abordagens podem levar a revoluções. Mas a ideia de romper o contexto é mais importante, porque, se não a dominar, *você ficará preso no contexto inicial do problema*. Mesmo pessoas acostumadas a resolver problemas ficam facilmente presas aos detalhes, vasculhando um problema declarado em busca de pistas enquanto se esquecem completamente de desafiar o contexto geral. Ao manter em mente a ideia de romper o contexto, você será menos limitado pelo modo como um problema está contextualizado quando o encontra pela primeira vez.

## REVOLUÇÕES TÉCNICAS *VERSUS* REVOLUÇÕES MENTAIS

Existe uma outra diferença, mais sutil, entre as duas histórias. A história de BarkBuddy parece uma típica história do Vale do Silício: um problema até então desconsiderado foi identificado e, devido ao enorme poder da tecnologia, agora temos um modo melhor de resolvê-lo. O app BarkBuddy, nesse sentido, estava profundamente ligado a seu tempo. Ele não seria possível sem smartphones, padrões de compartilhamento de dados e uma grande quantidade de pessoas que treinaram seus polegares em apps de encontros. O professor de

Dartmouth Ron Adner chama isso de "lente de longo alcance",[8] o que quer dizer que, para que uma inovação possa ser bem-sucedida, um ecossistema de tecnologia e colaboradores já precisa existir.

A invenção de Lori não tinha nada a ver com a nova tecnologia, nem dependia de ter uma grande quantidade de pessoas previamente treinadas em um novo comportamento. Ela certamente se apoiou em um grande ecossistema de colaboradores parceiros, inclusive veterinários e abrigos, mas todos eles já existiam havia décadas, operando praticamente da mesma maneira.

Isso levanta uma questão interessante: o que nos impedia de encontrar as duas soluções *antes*? O BarkBuddy não poderia ter sido criado muito antes do que foi. As condições simplesmente ainda não existiam. Mas e o programa de intervenção de Lori? Teoricamente, nós poderíamos ter encontrado essa solução 20 ou talvez até 40 anos antes. A barreira central a essa implementação não era tecnológica. Ela era uma crença errada – neste caso, de que as famílias que entregavam seus cães eram todas maus tutores. Por décadas, toda uma comunidade tinha sido blindada por essas crenças. Lori rompeu o contexto ao pegar um dado que todos já conheciam e nos oferecer uma nova maneira de entendê-lo.

Esse é um tema-chave das histórias neste livro. Inovadores e pessoas voltadas para a resolução de problemas têm uma fascinação compreensível pela nova tecnologia, quer sejam engenheiros ampliando os limites da física, médicos desenvolvendo novos fármacos ou programadores fazendo maravilhas com bits e bytes.

Mas, em um número surpreendentemente grande de casos – sobretudo os encontrados em nossa vida diária –, a solução para um problema não depende de revoluções tecnológicas, mas de revoluções mentais. Como tal, resolver problemas difíceis nem sempre tem a ver com os detalhes ou com ser um pensador especialmente sistemático. Essa solução pode também ter a ver com interpretação e encontrar sentido; com ver o que já está lá, mas repensar o que isso significa. Muito depende de nossa capacidade de questionar nossas próprias crenças e desafiar suposições que podemos ter mantido por um longo tempo – sobre nossos colegas, clientes, amigos, famílias e, por que não, nós mesmos.

———

Essas histórias devem ter dado a você uma ideia da diferença que a recontextualização pode fazer. Para concluir este capítulo, aqui estão cinco benefícios específicos que você ganhará ao ler este livro, explicados com um pouco mais de profundidade.

## 1. VOCÊ VAI EVITAR RESOLVER OS PROBLEMAS ERRADOS

A maioria das pessoas tem um viés de ação. Ao se depararem com um problema, elas imediatamente entram em modo de solução, rejeitando a análise em favor de um movimento rápido para a frente. *Por que ainda estamos falando sobre o problema? Vamos encontrar uma solução, gente!*

O viés de ação é geralmente uma coisa boa: você não quer ficar preso em uma deliberação sem fim. Mas ele carrega o perigo de que as pessoas comecem a agir *sem entender plenamente o problema que estão tentando resolver,* ou sem considerar se estão visando o problema certo, para início de conversa. E, como consequência, elas muitas vezes desperdiçam sua energia nas coisas erradas, mexendo com pequenas variações da mesma "solução" inútil até que fiquem sem tempo ou dinheiro. Algumas vezes isso é descrito como "rearrumar as cadeiras no convés do *Titanic*".

O processo que compartilho neste livro foi projetado para possibilitar que você recontextualize os problemas de forma rápida, de modo a receber os benefícios da velocidade e do poder de deliberação. Ao introduzir a recontextualização no início do processo, antes de as pessoas se apaixonarem por uma solução específica, você pode evitar desperdício de esforços e atingir seus objetivos mais depressa.

## 2. VOCÊ VAI ENCONTRAR SOLUÇÕES INOVADORAS

Nem todos cometem o erro de entrar cedo demais em ação. Muitos têm aprendido a dedicar algum tempo para analisar o problema. Mas mesmo assim podem perder oportunidades importantes. Especificamente, muitas pessoas abordam o diagnóstico do problema perguntando: *qual é o problema real?* Guiados por essa pergunta, eles se aprofundam nos detalhes, buscando encontrar a "causa raiz" do problema.

A história do elevador destaca uma falha importante nesse modo de pensar. A lentidão do elevador é presumivelmente um problema real, e comprar um novo elevador seria a solução. Mas, na essência, *esse não é o único*

modo de ver o problema. Na verdade, a própria ideia de que exista uma única "causa raiz" pode ser enganadora. Os problemas normalmente têm causas múltiplas e podem ser abordados de muitas maneiras. O problema do elevador também poderia ser recontextualizado como um problema de pico de demanda – pessoas demais precisam do elevador ao mesmo tempo –, que seria resolvido ao espalhar a demanda, por exemplo, escalonando o intervalo de almoço das pessoas.

A recontextualização não tem a ver com encontrar o problema *real*; tem a ver com encontrar um *problema melhor para resolver*. Ao insistir que existe uma interpretação correta de um problema, nós nos cegamos à possibilidade de soluções mais inteligentes e criativas. A recontextualização torna você melhor em encontrar essas soluções.

## 3. VOCÊ VAI TOMAR DECISÕES MELHORES

Pesquisas têm mostrado que uma das coisas mais poderosas que você pode fazer ao resolver problemas é **gerar múltiplas opções para escolher uma**. Paul C. Nutt, professor da Universidade Estadual de Ohio e um dos principais estudiosos do assunto, descobriu que as pessoas tomam decisões ruins mais da metade das vezes quando consideram apenas uma opção real:[9]

- *Devo ou não fazer um MBA?*

- *Devo ou não investir nesse projeto?*

Por outro lado, as pessoas que criam e consideram várias opções tomam a decisão errada apenas um terço das vezes – e isso é verdadeiro mesmo se elas terminarem ficando com o plano original.

- *Devo fazer um MBA, criar uma startup, procurar um novo trabalho ou continuar onde estou?*

- *Devemos investir no projeto A, B ou C, ou é melhor esperar um pouco agora?*

O simples fato de aumentar as opções já ajuda você a tomar decisões melhores.

Mas tem uma pegadinha: as opções que você considera têm de ser *genuinamente diferentes*. Uma equipe que não entende a recontextualização pode pensar que sua análise foi realmente exaustiva porque identificou 15 fornecedores de elevadores novos e mais rápidos. É claro que eles só encontraram 15 versões diferentes da mesma solução. A recontextualização leva a decisões melhores porque permite que você encontre opções genuinamente diferentes para escolher.

E há mais. Correndo o risco de fazer o que todos os autores fazem com seu assunto favorito – *e é por isso, querido leitor, que o re-estofamento de móveis vai salvar humanidade* –, vou, no entanto, argumentar que o domínio difundido da recontextualização pode ter um efeito positivo ainda maior. Veja apenas dois exemplos – um pessoal, um social.

## 4. VOCÊ VAI AMPLIAR SUAS OPÇÕES DE CARREIRA

Em um nível pessoal, resolver problemas difíceis é uma das coisas mais gratificantes que existem e é uma ótima maneira de fazer a diferença para as pessoas e as causas com as quais você se importa. Além disso, ensinar a si mesmo a recontextualizar terá também alguns efeitos tangíveis na sua carreira.

Evidentemente, ao se tornar um solucionador de problemas melhor, você imediatamente se torna mais valioso para a sua empresa. E, como a recontextualização não exige que você seja um especialista no assunto de um dado problema – como você verá mais tarde, os especialistas às vezes podem ficar presos em sua própria especialidade –, isso também significa que você pode contribuir para áreas fora da sua função, da mesma forma que consultores de gestão podem adicionar valor a setores em que não trabalharam. Isso pode ser útil caso você algum dia queira mudar para uma função diferente.

Não é coincidência que a capacidade de resolver problemas também é muito valorizada no mercado de trabalho. Em um relatório recente, o Fórum Econômico Mundial compartilhou uma lista com as habilidades mais importantes para o futuro. As três primeiras, relacionadas aqui, devem parecer familiares: [10]

1. Resolução de problemas complexos

2. Pensamento crítico

3. Criatividade

**Recontextualização explicada | 29**

Por fim, recontextualizar também tornará sua carreira à prova de futuro de um modo muito específico: tornando-o menos vulnerável a ser substituído por um computador.

Dependendo de sua ocupação atual, essa ameaça pode parecer remota para você. Porém, a maioria dos especialistas lhe dará uma mensagem preocupante: IA e outras formas de automação já começaram a assumir muitos dos trabalhos que eram feitos por pessoas, inclusive trabalhos administrativos.

O diagnóstico do problema, porém, é diferente. Por sua própria natureza, definir e recontextualizar um problema é uma tarefa unicamente humana, que exige uma compreensão multifacetada da situação; uma aptidão para absorver informações vagas e difíceis de quantificar, e a capacidade de interpretar e repensar o que os dados significam. Essas são coisas que os computadores não serão capazes de fazer no futuro próximo,* e, como tal, tornar-se melhor nelas o ajudará a criar segurança no trabalho e também novas oportunidades no mercado para você.

## 5. VOCÊ VAI AJUDAR A CRIAR UMA SOCIEDADE MAIS SAUDÁVEL

Por fim, a recontextualização também é importante para o funcionamento contínuo da nossa sociedade. Resolver conflitos de maneira sustentável exige que as pessoas encontrem um terreno comum com seus adversários – e isso muitas vezes começa descobrindo quais problemas as pessoas estão tentando resolver, em vez de lutar pelas soluções. Como vou mostrar, a recontextualização tem sido usada para encontrar novas soluções para conflitos políticos profundamente arraigados.[11]

Ao mesmo tempo, aprender a recontextualizar é também um sistema de defesa mental útil, porque as pesquisas têm mostrado que a recontextualização pode ser usada como arma.[12] Preste atenção em como os membros de partidos políticos em disputa falam sobre um assunto polêmico e verá como eles usam a recontextualização para tentar influenciar seu modo de pensar.

Neste sentido, a recontextualização pode ser vista como uma habilidade cívica central. Ao ampliar seus conhecimentos de contextualização de problemas, você se tornará melhor em detectar quando alguém está tentando manipulá-lo. Uma população mais fluente em contextualização é uma população mais bem protegida contra demagogos e outras pessoas mal-intencionadas.

E, por isso, querido leitor, você deve recomendar este livro a seus aliados, enquanto suavemente fala mal dele para seus oponentes políticos.

---

* Bom, não antes da próxima quarta-feira, de qualquer modo.

RESUMO DO CAPÍTULO
# Recontextualização explicada

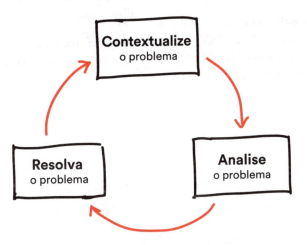

Lidar com os problemas envolve três atividades que são repassadas repetidamente:

1. **Contextualizar (e posteriormente recontextualizar) o problema:** quando você determina em que se concentrar.

2. **Analisar o problema:** quando você estuda em profundidade o contexto do problema escolhido, tentando quantificá-lo e entender os menores detalhes.

3. **Resolver o problema:** os passos reais que você dá para resolvê-lo; coisas como experimentação, prototipagem e, por fim, implementação da solução completa.

Existem duas maneiras diferentes de olhar para os novos ângulos de um problema:

1. **Explorar o contexto:** quando você tenta recontextualizar um problema mergulhando mais profundamente nos detalhes da primeira contextualização.

2. **Romper o contexto:** quando você se afasta do primeiro contexto, olhando o problema de um ponto de vista totalmente diferente.

A maioria dos problemas tem múltiplas causas – e, dessa forma, podem ter diversas soluções viáveis. As pessoas que procuram o problema real correm o risco de deixar de lado soluções criativas porque param na primeira resposta viável que encontram.

Nem todas as soluções de problemas são técnicas. Algumas vezes, novas abordagens podem ser encontradas ao questionarmos nossas crenças em vez de utilizar novas tecnologias.

Criar opções diversificadas aumenta a qualidade de suas decisões – desde que essas opções sejam genuinamente diferentes.

Sua carreira pode se beneficiar com a recontextualização, e a nossa sociedade como um todo também.

# Como recontextualizar

**Capítulo 2**

# Preparando-se para recontextualizar

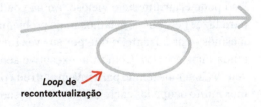

*Loop* de recontextualização

## O PROCESSO

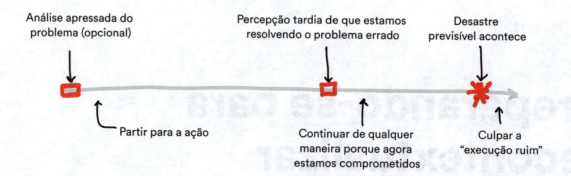

A maioria das pessoas reconhece o perigo, ilustrado acima, de entrar em ação rápido demais. Mas qual, exatamente, é a alternativa, considerando quão ocupados todos são? Com certeza um autor que fica tomando *latte* calmamente como eu pode ter muito tempo para se envolver no que a filha de uma amiga chama de *"thinky thoughts"*[1] (este é um termo técnico), algo como "pensamentos pensados". Pessoas com empregos reais geralmente não têm esse luxo. Quando pressionados pelo tempo, quase todos nós optamos por seguir em frente, esperando ser capazes de resolver qualquer confusão posterior.

Isso pode criar um ciclo vicioso. Ao não dedicar tempo para fazer perguntas, criamos mais problemas para nós mesmos mais à frente, o que por sua vez torna o tempo ainda mais escasso. Como um executivo sênior descreveu: "Não temos tempo para inventar a roda porque estamos muito ocupados carregando coisas pesadas".[2]

Para sair dessa armadilha, primeiro você tem de confrontar duas suposições falsas sobre diagnóstico de problemas:

- É um mergulho profundo e demorado no problema.
- Você precisa completar esse mergulho profundo e entender o problema perfeitamente antes de iniciar qualquer ação.

Esses mitos são capturados no que talvez seja a citação mais famosa do mundo sobre solução de problemas, muitas vezes atribuída a Albert Einstein:[3] "Se eu tivesse uma hora para resolver um problema e minha vida dependesse disso, eu gastaria 55 minutos definindo o problema e, depois, cinco minutos resolvendo-o".

Com certeza essa é uma citação inteligente, mas ela tem alguns problemas. Primeiro, ela não é de Einstein.

O famoso físico acreditava muito em diagnóstico de problemas, mas não existem evidências de que a citação dos "55 minutos" seja realmente dele. Mais importante, mesmo que Einstein tivesse dito isso, este *ainda* seria um conselho ruim. (Na verdade, as lições da física teórica avançada nem sempre se transferem para a solução cotidiana de problemas.) Aqui está o que tende a acontecer se você gerencia seu tempo segundo a citação de "Einstein":

O termo comum para isso é paralisia por análise, e muitas vezes termina mal.

## UMA ABORDAGEM MELHOR

Aqui está um modo melhor de pensar sobre a contextualização de problemas. Em primeiro lugar, pense na solução de problemas como uma linha reta indicando o impulso natural das pessoas na direção de encontrar uma solução:

A recontextualização é um *loop* fora desse caminho: um redirecionamento breve e deliberado[4] que muda temporariamente o foco das pessoas para a questão de nível mais elevado sobre como o problema é contextualizado. Isso resulta em voltar ao caminho com um entendimento novo ou melhorado do problema. Se quiser, pense nisso como um intervalo breve no movimento para a frente, como dar um passo para trás, afastando-se da ação.

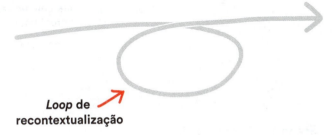

Esse *loop* de recontextualização é repetido durante toda a jornada de solução de problema, com intervalos múltiplos durante o movimento para a frente. Uma equipe pode começar com uma rodada de recontextualização na segunda-feira, depois passar ao modo de ação durante a semana e, então, rever o problema na sexta-feira, perguntando: *aprendemos algo novo sobre o problema considerando o que fizemos nesta semana? Nossa contextualização ainda está correta?*

Como mencionei na visão geral (a tela de recontextualização), o método tem três etapas – Contextualize, Recontextualize, Siga em frente –, com algumas estratégias incluídas na segunda etapa. Na figura a seguir, você pode ver como isso mapeia o *loop*.

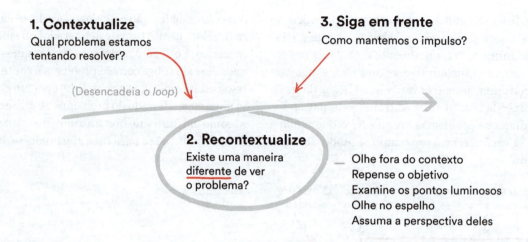

## Etapa 1 – Contextualize

Este é o gatilho para o processo. Na prática, ele começa com alguém perguntando: *qual é o problema que estamos tentando resolver?* A afirmação resultante – idealmente escrita – é sua primeira contextualização do problema.

## Etapa 2 – Recontextualize

A recontextualização é o ponto em que você desafia seu entendimento inicial do problema. O objetivo é revelar rapidamente o máximo possível de contextualizações alternativas potenciais. Você pode pensar nisso como um tipo de brainstorming, só que, em vez de ideias, você está buscando maneiras diferentes de contextualizar o problema. Isso pode vir na forma de perguntas (*Por que exatamente o elevador estar lento é um problema para as pessoas?*) ou de sugestões diretas (*Isso pode ser uma manobra para abaixar o aluguel*).

As cinco estratégias incluídas podem ajudar você a encontrar esses contextos alternativos do problema. Dependendo da situação, você pode explorar algumas, todas ou nenhuma delas:

- **Olhe fora do contexto.** *O que não estamos percebendo?*

- **Repense o objetivo.** *Existe um objetivo melhor para buscarmos?*

- **Examine os pontos luminosos.** *Onde o problema não existe?*

- **Olhe no espelho.** *Qual é o meu/nosso papel na criação deste problema?*

- **Assuma a perspectiva deles.** *Qual é o problema deles?*

### Etapa 3 – Siga em frente

Isso fecha o *loop* e devolve você ao modo de ação. Isso pode ser uma continuação de seu curso atual, um movimento para explorar alguns dos novos contextos que você encontrou, ou as duas coisas.

Sua principal tarefa aqui é determinar como você pode *validar a contextualização do seu problema* por meio de testes no mundo real, garantindo que seu diagnóstico esteja correto. (Pense em uma médica que faz um diagnóstico – *isso está parecendo meningite* – e, depois, pede um exame para confirmar a suspeita antes de iniciar o tratamento.) Neste ponto, também pode ser agendada uma checagem de recontextualização posterior.

## DE QUE FERRAMENTAS PRECISO PARA RECONTEXTUALIZAR?

Você não precisa de nenhum material para recontextualizar um problema, mas **flip charts ou quadros brancos** são úteis, especialmente com grupos. Superfícies compartilhadas de escrita mantêm as pessoas envolvidas e colaborando.

**Checklists** também podem ajudar. No final deste livro, você vai encontrar um checklist que pode usar no seu espaço de trabalho.

Para os problemas realmente importantes – ou para quando você precisar criar legitimidade ao redor do processo –, use a **tela de recontextualização**. Você encontrará cópias extras dessa tela no final deste livro e também pode fazer download de versões gratuitas para impressão no site <http://somos.in/QSP01>.

## QUEM DEVE ESTAR ENVOLVIDO?

Você pode recontextualizar um problema sozinho – e, algumas vezes, esse é um bom modo de começar, só coloque seus pensamentos em ordem. Mas, de modo geral, você deve *envolver outras pessoas o mais rápido possível.* Compartilhar seu problema com outras pessoas – em especial aquelas que são diferentes de você – fornece um atalho extremamente poderoso para novas perspectivas e pode ajudá-lo a detectar pontos cegos em seu pensamento com muito mais agilidade.

Se for começar pequeno, recomendo trabalhar em grupos de três. Um grupo de três pessoas permite que uma ouça e observe enquanto as outras duas falam.

Para um melhor efeito, envolva pessoas de fora no processo – pessoas que não estejam tão perto do problema quanto você e suas conexões imediatas. Envolver pessoas de fora exige mais esforço, mas, principalmente com os problemas importantes, tende a valer a pena.

Além disso, não existem limites particulares nem requisitos em relação ao tamanho do grupo. Isso é mais uma questão do que é possível em termos práticos. Se for viável compartilhar seu problema amplamente, por exemplo em uma intranet da empresa ou mesmo nas mídias sociais, vá em frente e experimente.

## QUANDO DEVO USAR O PROCESSO?

Sempre que necessário. Não suponha que um problema tem de ser de determinado tamanho para que a recontextualização funcione. Em vez disso, modifique o processo para se adequar ao tamanho do problema.

No outro extremo do espectro da recontextualização, existe o que poderia ser chamado de **recontextualização improvisada**. Digamos que um colega pare você no corredor e peça ajuda, ou que um problema surja subitamente durante um telefonema com um cliente. Em tais situações, ser metódico raramente é viável. Em vez disso, simplesmente pergunte qual é o problema e, depois, use sua intuição para se focar em um ou dois ângulos que pareçam mais promissores para a recontextualização.

Na outra ponta do espectro está a **recontextualização estruturada**, situações em que você pode aplicar o processo de maneira metódica. Pode ser quando você está liderando uma reunião e pode usar a tela ou quando está sentado para pensar em um de seus problemas, como pode fazer enquanto lê este livro.

Das duas possibilidades, a recontextualização improvisada é a mais importante de ser dominada, porque a recontextualização é mais *um modo de pensar* do que um processo. Stephen Kosslyn, psicólogo e especialista em educação, fala sobre "hábitos mentais",[5] rotinas mentais simples que, uma vez aprendidas, podem ser usadas na

maioria dos problemas que você encontrar. Com o tempo, você chegará a um ponto em que pode recontextualizar os problemas de imediato, sem precisar utilizar uma lista de verificação.

Utilizar versões mais estruturadas, no entanto, ainda é um modo fantástico de conseguir experiência com o método, individualmente ou em grupo, e ajudará você a se sair muito melhor quando precisar usá-lo de imediato. Conforme lê este livro, recomendo que use um checklist ou a tela para pensar em alguns de seus problemas também (falarei mais sobre isso daqui a pouco).

## QUANTO TEMPO LEVA?

Analisar um problema por completo pode ser demorado, mas descobrir *se esse é o problema certo a ser analisado* não precisa ser. Depois de alguma prática, passar de cinco a 15 minutos na parte intermediária (a recontextualização propriamente dita) muitas vezes será suficiente.

Isso pode fazer com que pessoas novatas em recontextualização levantem as sobrancelhas. Ao ouvir que pode ser tão rápido, elas tendem a responder: *cinco minutos? Isso não é suficiente nem para explicar meu problema, que dirá para recontextualizá-lo.*

Claro, alguns problemas são mesmo muito complicados e precisam de mais tempo. Porém, em outros casos, você encontrará problemas que podem ser recontextualizados com rapidez, com base apenas na descrição mais superficial da questão. Em meus workshops, quando peço às pessoas que experimentem o método em um problema pessoal por apenas cinco minutos, há, muitas vezes, uma ou duas que vivenciam revoluções apenas com esse primeiro exercício – algumas vezes em um problema com o qual lidaram durante meses ou anos.

Aliás, não sou o único que descobriu que aplicações rápidas podem funcionar. O professor do MIT Hal Gregersen, um colega estudioso da solução de problemas, defende um exercício chamado **"estouro de questões"**, em que ele dá às pessoas dois minutos para explicar seu problema, seguidos por quatro minutos de questionamento em grupo.[6] Como Gregersen diz: "As pessoas muitas vezes acreditam que seus problemas exigem explicações detalhadas, mas o fato de compartilhar o desafio rapidamente obriga você a contextualizá-lo em um modo de alto nível que não restringe nem direciona o questionamento".

Muitos problemas *não* vão render momentos "ahá!" depois de apenas cinco minutos. Alguns exigem várias rodadas de recontextualização, entremeadas com experimentação. Mas, mesmo quando esse é o caso, a rodada inicial de recontextualização ainda é crucial, pois pode abrir a porta para insights posteriores, depois que as questões tiverem tido algum tempo para serem refletidas.[7] Geralmente recomendo várias rodadas curtas de recontextualização, mais do que sessões prolongadas, simplesmente porque a capacidade de usar a recontextualização em "estouros" breves é crucial para torná-la útil em um ambiente cotidiano. Quanto mais longo você tornar o processo, menos vai usá-lo.

## A ORDEM DAS ESTRATÉGIAS IMPORTA?

Em relação às estratégias relacionadas na etapa 2 (Recontextualize), você não tem de necessariamente manter essa sequência. Quando a solução de problemas for parte de uma conversa rápida no trabalho, sinta-se à vontade para ir direto para a estratégia específica que pareça mais promissora, considerando o problema que tem em mãos.

No entanto, existe uma exceção parcial a isso, que é "assumir a perspectiva deles", a qual tem a ver com entender as partes interessadas. Ao enfrentar um problema, muitas pessoas sentem-se tentadas a ir direto para isso: *você disse que Peter ficou perturbado? Tem alguma coisa acontecendo com ele?* Porém, na minha estrutura, você vai observar que essa é uma das últimas etapas. Isso é deliberado. O grande problema com começar pela análise das partes interessadas é que você pode ficar preso numa tentativa de assumir a perspectiva do *grupo errado de pessoas*.

O especialista em inovação Clayton Christensen, entre outras pessoas, observou que a inovação muitas vezes vem não de estudar seus clientes, mas de estudar aqueles que não são seus clientes. Na verdade, como Christensen indicou em seu trabalho sobre inovação disruptiva, quando as empresas se concentram demais em entender e suprir as necessidades dos clientes já existentes, elas involuntariamente tornam seus produtos menos úteis para os não clientes, criando uma abertura para seus concorrentes. Em resumo, comece pensando nas metas e nos pontos luminosos, e perguntando se existe alguma outra parte interessada a que você deva dar atenção

Preparando-se para recontextualizar | 41

(olhar fora do contexto). Só mergulhe nas partes interessadas depois de ter certeza de que está olhando para as pessoas certas.

---

Mais uma observação: neste livro, você vai encontrar muitos exemplos de perguntas que pode usar para recontextualizar os problemas. Mas elas são exatamente isso: exemplos. Ao contrário da série Harry Potter, não existem palavras mágicas que você precisa memorizar e depois entoar na sequência exata para ter sucesso.

Eu destaco isso porque algumas estruturas de solução de problemas colocam muita ênfase em usar sentenças perfeitamente redigidas, como a introdução "como nós podemos" ou o conselho muito repetido de perguntar "por que" cinco vezes. Frases padronizadas como essas podem ser muito úteis algumas vezes. Mas, ao mesmo tempo, quando se trata de recontextualização, eu tomo cuidado para não depender demais de perguntas e fórmulas.

Os problemas do mundo real são geralmente diversificados demais para que perguntas padronizadas funcionem. Mesmo em situações em que uma questão específica acabe sendo crucial, podemos dar ênfase exagerada em qual é essa questão. O mais importante, na minha experiência, não é a pergunta exata, mas sim o pensamento subjacente que levou alguém a fazê-la.

As perguntas padronizadas também não levam em conta as normas culturais de comunicação. Isso é particularmente verdadeiro se você trabalhar com equipes internacionais. Menos óbvio é que isso também vale para contextos mais locais. Reuniões de vendas e de pais e mestres pedem formas diferentes de análise, e o mesmo acontece em tribunais e grupos de carona solidária, ou salas de reunião e quartos.

Mesmo uma questão básica como *Estamos revolvendo o problema certo?* será mais bem redigida em alguns contextos como *Estamos nos concentrando nas coisas certas?* Já trabalhei com algumas empresas em que as pessoas preferiam falar sobre "desafios" ou "oportunidades de aprimoramento" em vez de "problemas", para soar menos negativo. Pessoalmente, eu prefiro chamar um problema de problema – *Houston, temos uma oportunidade de aprimoramento* –, mas o contexto em que você está pode exigir um toque diferente.

Em última instância, o questionamento é importante porque reflete um espírito de curiosidade. As pessoas que fazem perguntas entendem que o mundo é mais profundo e mais complexo do que seus modelos mentais atuais podem sugerir. Elas entendem que podem estar erradas, e esse é o primeiro passo para encontrar respostas melhores. Ao aderir rigidamente demais a um modo padronizado de fazer perguntas, você se arrisca a perder a força dessa atitude.

Por esse motivo, conforme avançar na leitura deste livro, busque entender a essência de cada estratégia: qual é a intenção das perguntas que estamos fazendo? Concentre-se em como pensar, não no que dizer.

UM CONVITE

# Preparando-se para recontextualizar

### QUAL É O SEU PROBLEMA?

Na maioria dos livros, primeiro absorvemos as ideias e, depois, quando terminamos de ler, as colocamos em prática. No caso deste livro, você pode usar os ensinamentos contidos aqui em seus próprios problemas *enquanto o lê*, aplicando o método capítulo a capítulo.

Escrevi esta obra para que você possa fazer isso, sabendo que algumas pessoas preferem só entender as ideias. Mas recomendo que você tente aplicar o método conforme avança na leitura. Você ficará melhor em recontextualização e terá perspectivas novas sobre alguns de seus problemas.

Se seguir esse caminho, aqui estão algumas dicas que ajudarão você a maximizar sua aprendizagem com o processo.

### Como escolher os problemas

Em geral, ao usar a recontextualização, você simplesmente pega qualquer problema com que se importa. Mas, aqui, você também está aprendendo o método de recontextualização, então sugiro a seguinte abordagem:

*Escolha dois problemas.* Os problemas do mundo real são diversos. Nem todas as estratégias serão úteis – nem mesmo aplicáveis – para um problema específico. Ao escolher dois problemas, você vai usar e praticar mais estratégias.

*Escolha problemas de áreas diferentes.* Sugiro que você escolha um *problema relacionado ao trabalho* e um problema de sua *vida pessoal*.

Por que um problema da vida pessoal também? Isso não é um pouco como autoajuda? Será que logo vou levar você para a Nova Era e recomendar chás de ervas e leituras de chacras?

Nem tanto. Descobri que problemas pessoais são os ideais para "treinar" enquanto você trabalha para dominar o método. E, é claro, os dois mundos estão intimamente relacionados: resolver um problema em casa muitas vezes significa que você terá mais energia para os desafios no trabalho, e vice-versa.

**Preparando-se para recontextualizar | 43**

***Escolha problemas que não sejam básicos demais.*** Todo mundo tem pequenos atritos na vida: roupa para lavar, ida e volta do trabalho demoradas, sobrecarga de e-mails e muito mais. Questões como essas certamente podem ser recontextualizadas, mas, para os objetivos de aprender o método, elas raramente são as mais úteis porque são simples demais. (Por exemplo, eu me lembro de um cliente cujo problema era: "Os coelhos estão comendo as frutas no meu pomar!". Isso não era uma metáfora para nada, infelizmente, e, ao contrário dos coelhos em questão, as tentativas de recontextualização foram menos do que frutíferas.)

Em vez disso, sugiro que você escolha *problemas relativos a pessoas*. A recontextualização é especialmente potente quando aplicada a problemas "embaçados" como liderança, relacionamento com colegas, criação de filhos ou mesmo autogerenciamento (por exemplo, um mau hábito do qual quer se livrar).

Também sugiro escolher *problemas com os quais se sente pouco à vontade* ou que até hesite em confrontar. Podem ser:

- **Situações com as quais você não lida bem**. *Tenho dificuldade com networking. Acho difícil ser ouvido em reuniões com clientes. Fico estressado quando tenho de dar feedback negativo para alguém.*

- **Relacionamentos difíceis**. *Acho desgastante lidar com o cliente X. As conversas com meu chefe/colega/filho mais velho muitas vezes acabam em brigas. Sinto que não tenho autoridade em minha nova função nesta equipe.*

- **Gerenciar a si mesmo**. *Por que cargas d'água eu sempre sou tão ruim com disciplina? O que eu deveria fazer para viver realmente o meu potencial? Eu queria muito encontrar uma maneira de viver com o meu lado mais criativo.*

Também é uma boa ideia escolher problemas que você já tentou resolver. Quando os problemas resistiram a várias tentativas de solução, é um sinal de que eles poderiam se beneficiar com a recontextualização.

Por enquanto, escolha os problemas com os quais gostaria de trabalhar e anote cada um deles. Eu recomendo escrevê-los em um pedaço separado de papel ou em um post-it, para poder revê-los depois – ou você pode usar a tela de recontextualização (pegue uma no final do livro ou faça download no site < http://somos.in/QSP01 > e imprima).*

No final de cada capítulo, vou ensinar você a aplicar, nos problemas que escolheu, as técnicas de recontextualização presentes naquele capítulo. E, se tiver dificuldade para escolher os problemas, deixei um pouco de inspiração na próxima página.

---

* Na página 2, você encontra instruções de como acessar esse site. [N. E.]

### Relacionamentos

Encontros, amores. Parceiros de negócios, vizinhos chatos, síndicos. Guardas de trânsito. Sogros. Escolha um.

### Propósito

Por que estou aqui? O que eu quero fazer com a minha vida? Como posso dar forma à minha carreira e encontrar significado, felicidade etc.?

### Chefes

Preciso dizer alguma coisa?

### Filhos

Como os chefes, só que piores. Nossos lindos e loucos mestres.

### Encontros

Encontrar a pessoa certa. Evitar os idiotas. Não confundir os dois. Fracassar nisso. Começar de novo.

### Liderança

Fazer as pessoas seguirem você. Estimular a paixão. Desenvolver talentos. Culpar os outros por seus fracassos. O de sempre.

### Dinheiro

Ganhar mais. Gastar menos. Ou, pelo menos, gastar com coisas melhores.

# Qual é o seu problema?

Só para o caso de você ser uma daquelas pessoas irritantemente livres de problemas que precisam de ajuda para lembrar de alguns

### Produtividade

Ter mais tempo. Aproveitar ao máximo os recursos escassos. Melhorar a produção.

### Inovação

Fazer isso acontecer em sua empresa de um modo ou de outro. Criar o futuro. Evitar a obsolescência.

### Crescimento

De onde isso virá? Como vencer a concorrência?

### O quadro geral

Acabar com a fome. Erradicar doenças. Preservar a democracia. Consertar sistemas quebrados. Salvar nosso planeta. Colonizar Marte. Dominar a inteligência artificial. Vencer o envelhecimento, a morte e a montagem de móveis.

Capítulo 3

# Contextualize o problema

## PRIMEIRO, CONTEXTUALIZE O PROBLEMA

No monitor do computador do designer Matt Perry fica um post-it amarelo com uma pergunta simples:

*Qual problema estamos tentando resolver?*

Matt trabalha na *Harvard Business Review*. Junto com Scott Berinato, Jennifer Waring, Stephani Finks, Allison Peter e Melinda Merino, ele é parte da equipe que criou este livro. Logo depois de nossa primeira reunião nos escritórios arejados da editora em Boston, Matt me enviou um e-mail:

> Tenho um post-it no meu monitor há cerca de um ano. Embora seja uma pergunta simples, é um lembrete útil em diversas ocasiões. E é por isso que ele continua ali (ahá!) – ao contrário de alguns outros que não são tão atemporais.

À primeira vista, a ênfase em simplesmente declarar o problema parece intrigante. Não é bastante óbvio que você precisa fazer isso? Por que esse post-it específico se manteve em vez de alguma outra pérola de sabedoria atemporal de designer? ("Sempre use roupas pretas.")

Fale com qualquer pessoa que trabalhe resolvendo problemas de outras – não só designers, mas advogados, médicos, consultores empresariais, *coaches* ou psicólogos –, e você encontrará a mesma insistência enfatizada: comece perguntando qual é o problema.

É aí que o processo de recontextualização começa também. Em termos simples, você deve:

- Criar uma breve **afirmação de problema**, idealmente com uma sentença completa: "O problema é que...". Se você trabalhar com um grupo, use um flip chart para que todos olhem para o mesmo lugar.

- Esboçar um **mapa de partes interessadas** ao lado da afirmação, listando as pessoas que estão envolvidas no problema. As partes interessadas podem ser indivíduos e coisas, como empresas ou unidades empresariais.

Tenha em mente:

*Escrever é importante.* Por mais simples que pareça, escrever um problema traz uma série de benefícios. Faça isso, se for possível.

*Escreva depressa.* A afirmação de problema não pretende ser uma descrição perfeita da questão. Ela é simplesmente matéria-prima para o processo que vem a seguir. Pense nela como uma placa de argila molhada que você joga sobre a mesa, dando-lhe alguma coisa tangível para escavar quando começar a trabalhar.

*Use sentenças completas.* Usar *bullet points* ou descrever o problema com uma só palavra dificulta a recontextualização.

*Seja breve.* A recontextualização funciona melhor quando você limita a descrição do problema a algumas sentenças.

----

Se você decidiu trabalhar com alguns de seus próprios desafios, sugiro que faça uma pausa aqui e crie afirmações de problemas e mapas de partes interessadas para cada um deles antes de continuar. Use uma folha para cada problema.

## POR QUE ESCREVER OS SEUS PROBLEMAS?

Existem muitos benefícios em escrever o seu problema. Aqui estão alguns deles:

- **Desacelera um pouco as coisas.** Escrever cria um espaço de pensamento natural breve que redireciona o impulso e evita que as pessoas entrem prematuramente em modo de solução.

- **Obriga você a ser específico.** Os problemas podem ser estranhamente nebulosos quando estão na sua cabeça. Colocar os problemas por escrito cria clareza.

- **Cria uma distância mental.** É mais fácil olhar objetivamente para um problema depois que ele existe como uma coisa física separada de você.

- **Dá aos conselheiros mais com o que trabalhar.** É mais fácil para os conselheiros ajudar quando eles têm uma afirmação de problema escrita diante deles. Escrever expande dramaticamente o número de itens que as pessoas podem manter em seu espaço de trabalho mental.

**Contextualize o problema** | **49**

- **Cria uma âncora para a discussão.** Quando as pessoas têm ideias, você pode apontar rapidamente para a afirmação e perguntar: *essa ideia resolve esse problema?* (Algumas vezes, uma ideia pode fazer você mudar a afirmação de problema. Tudo bem fazer isso. A questão não é apegar-se à sua primeira contextualização, mas manter as duas perspectivas – problemas e soluções – em mente.)

- **Cria um histórico.** Se você estiver trabalhando para um cliente, ter uma afirmação de problema escrita pode ajudar você a evitar conflitos mais adiante. As memórias das pessoas são falhas, e, sem uma afirmação de problema, existe um risco de os clientes começarem a lembrar distorcidamente do problema que pediram para você resolver.

## QUAL É O TIPO DO SEU PROBLEMA?

Depois que você tem a afirmação de problema, o próximo passo é revisá-la. Para preparar a revisão, vamos fazer um pequeno desvio até o início da pesquisa de contextualização do problema, a fim de explorar algumas das diferentes maneiras como os problemas se apresentam.

-----

Nos anos 1960, cerca de uma década depois de o campo da pesquisa de criatividade ter sido iniciado,[1] o influente educador Jacob Getzels fez uma observação crucial. Ele percebeu que os problemas que somos treinados a resolver na escola muitas vezes são bem diferentes daqueles que encontramos na vida real.

Na escola, os problemas tendem a se apresentar de uma maneira ordenada: *aqui está um triângulo! Se um lado é blá blá blá, qual é o comprimento do terceiro lado?* Convenientemente, o problema aparece no final de um capítulo sobre o teorema de Pitágoras, dando-nos uma ideia muito boa sobre como podemos resolvê-lo. Getzels os chamava de *problemas apresentados,*[2] aqueles em que o seu trabalho é achar uma solução sem estragar tudo enquanto faz isso.

Nos primeiros trabalhos que temos, os problemas apresentados são comuns: *a chefe precisa de uma visão geral dos últimos dados do mercado. Reveja estes três relatórios e prepare um resumo para ela.* Mas, conforme progredimos em nossas carreiras e começamos a lidar com questões mais complexas, os problemas aparecem cada vez mais em três outras formas, e cada uma delas apresenta desafios especiais:

1. Uma confusão mal definida ou ponto de dor.

2. Um objetivo que não sabemos como alcançar.

3. Alguém se apaixonou por uma solução.[3]

Para dominar a arte do diagnóstico do problema – Getzels falou sobre a ideia de *encontrar problemas* –, é útil entender os três tipos mais profundamente.

## Problema de tipo 1: uma confusão mal definida ou ponto de dor

Antes de reconhecermos formalmente os problemas, nós os sentimos como "problemas" mal definidos ou pontos de dor. Alguns são súbitos, dramáticos e sentidos agudamente: *nossas vendas estão caindo como uma pedra.* Outros são mais sutis e queimam lentamente, carregando um senso de desespero calado. *Minha carreira parece estagnada. Nossa indústria está em declínio. Minha irmã está num mal caminho.*

Muitas vezes, a causa da dor não é clara. Na psicologia clínica, por exemplo, o psicoterapeuta Steve de Shazer estimou que, ao começar a fazer terapia, dois entre cada três pacientes inicialmente não conseguem indicar um problema específico que desejam resolver.[4] O fenômeno ocorre também com os problemas do local de trabalho. Por exemplo, quando as pessoas dizem *Nossa cultura é o problema*, isso pode ser interpretado com confiança como *Não temos ideia de qual é o problema.*

Os pontos de dor muitas vezes fazem com que as pessoas cheguem a soluções sem parar para considerar o que está acontecendo. Aqui estão alguns exemplos típicos. Observe o movimento sem esforço do ponto de dor para a solução.

- Nosso novo produto não está vendendo. *Precisamos investir mais em marketing.*

- As pesquisas mostram que 74% de nossa equipe muitas vezes se sente pouco engajada. *Temos de nos tornar melhores em comunicar nosso propósito corporativo.*

- Existem violações de segurança demais na nossa fábrica. *Precisamos de regras mais claras e talvez de punições mais fortes também.*

- Nossos funcionários estão resistindo aos esforços de reorganização. *Precisamos fazer mais treinamentos para que eles possam aprender a ~~fazer o que mandam~~ abraçar as mudanças.*

Em alguns casos, as soluções a que as pessoas chegam apressadamente são baseadas em uma lógica duvidosa. *Eu e minha esposa estressada brigamos o tempo todo. Ter um bebê, ou cinco, certamente acalmaria as coisas por aqui.* O mais frequente, porém, é que a solução pareça muito racional, e pode até ter sido eficiente em outras circunstâncias, mas, nesse caso, ela não visa o problema que você está realmente enfrentando.

### Problema de tipo 2: um objetivo que não sabemos como alcançar[5]

Os problemas também podem se apresentar na forma de um objetivo difícil de atingir. Um exemplo empresarial clássico é a chamada lacuna de crescimento: a equipe de liderança definiu uma meta de 20 milhões de receita, mas as vendas regulares só nos levarão a 17 milhões. Como podemos gerar mais 3 milhões de receita? As declarações de missão e estratégias de crescimento de novos CEOs também são fontes frequentes desse tipo de metas: *queremos nos tornar líderes de mercado em X.*

Quando está diante de um ponto de dor, pelo menos você tem algum tipo de ponto de partida para explorar. As metas não têm necessariamente isso: talvez você não tenha a menor ideia de por onde começar. *Como encontro um parceiro romântico de longo prazo? Meu método atual de gritar com estranhos na rua parece ter algumas deficiências.*

Tudo o que você sabe é que seu comportamento atual não será suficiente. Objetivos difíceis de alcançar exigem que as pessoas tenham novas ideias em vez de se apegar ao modo usual de fazer negócios. (Essa, é claro, é uma das razões pelas quais os líderes gostam de defini-los.)

Em um contexto de solução de problemas, aqueles impulsionados por objetivos são os primeiros e mais importantes caracterizados pela necessidade de *identificação de oportunidades*. Embora a identificação de oportunidades tenha sido estudada principalmente por especialistas em inovação, e não por pesquisadores de solução de problemas, as habilidades necessárias para fazer isso são intimamente relacionadas à recontextualização e identificação de problema. Por exemplo, muitas inovações bem-sucedidas baseiam-se em repensar o que realmente é importante para os clientes em comparação com as soluções existentes no mercado.

### Problema de tipo 3: alguém se apaixonou por uma solução[6]

A situação mais desafiadora é quando você se depara com uma demanda para uma solução. Imagine que o cliente de um designer gráfico diga: *preciso de um grande botão verde no meu site.* Um designer novato simplesmente vai criar o botão, e depois disso há uma grande possibilidade de que o cliente volte e reclame: *o botão não funcionou!* (Ou ainda melhor: *quando eu disse um botão verde, você devia ter entendido que eu realmente queria dizer um interruptor vermelho.*) Se você não entendeu o problema a ser resolvido, dar às pessoas o que elas pediram pode ser uma má ideia.

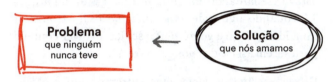

Quando você começar a procurar, vai descobrir que a dinâmica da solução primeiro está por toda parte. Aqui estão alguns exemplos, um dos quais você vai encontrar mais adiante neste livro:

- "Devemos criar um app!"
- "Estou sonhando em abrir uma empresa que venda sorvetes italianos."
- "Vi um site muito legal em que os funcionários podem compartilhar suas ideias. Devemos fazer um igual."

Algumas vezes, as pessoas se apaixonam por uma ideia – devemos fazer X! – sem nenhuma evidência de que a solução com que estão sonhando resolve um problema do mundo real. (*Você perguntou qual problema estamos resolvendo? Bom, fazer uma fenda no universo, evidentemente.*) Isso às vezes é chamado de **uma solução em busca de um problema**. Essas situações podem ser especialmente problemáticas porque uma solução pode fazer mais do que apenas desperdiçar tempo e dinheiro. Ela também pode causar dano ativo.

Em outra variação popular, a solução é disfarçada como um problema. No exemplo do elevador lento, o síndico poderia encontrar você e dizer: *precisamos de dinheiro para pagar o novo elevador. Você pode me ajudar a descobrir o que posso cortar do orçamento?*

## REVISE O PROBLEMA

Antes de aplicar qualquer estratégia específica de recontextualização, uma boa prática é começar com uma revisão geral da afirmação de problema.

A seguir, esbocei algumas perguntas que podem ajudar você a fazer isso. A lista vai começar a desenvolver seu conhecimento sobre os problemas, ou seja, sua sintonia geral com a forma como os problemas são contextualizados. A lista também destaca exemplos típicos de recontextualização que não eram amplos o suficiente para merecer seus próprios capítulos, mas que ainda são importantes e merecem ser levados em conta.

Estas são as perguntas:

1. A afirmação é verdadeira?
2. Existem limitações simples autoimpostas?
3. Há uma solução "embutida" na contextualização do problema?
4. O problema está claro?

5. Com quem está o problema?
6. Existem emoções fortes?
7. Existem falsas escolhas?

**1. A afirmação é verdadeira?**

Quando compartilho o problema do elevador lento, muitas pessoas esquecem de fazer a pergunta básica sobre o contexto: *o elevador é realmente lento?*

De algum modo, como os inquilinos dizem que ele é lento, isso é aceito como um fato. Mas é claro que muitas outras coisas podem estar acontecendo: pode ser uma questão de percepção, uma tentativa de abaixar o aluguel ou alguma outra coisa.

Quando olhamos para uma afirmação de problema, uma boa primeira pergunta a fazer é: *como sabemos que isso é verdade?*[7] *Isso pode estar errado?*

- *Nossas entregas realmente estão chegando tarde nesse mercado? Como os dados de rastreamento são criados?*
- *Esse relatório sobre armas de destruição em massa é confiável?*
- *O professor de matemática do nosso filho é realmente tão incompetente quanto eu acho? Como os alunos anteriores dele se saíram nos exames finais?*
- *É possível que os relatos sobre minha morte tenham sido muito exagerados?*

**2. Existem limitações simples autoimpostas?**

Às vezes, basta ler a descrição do problema para perceber que você está impondo uma restrição desnecessária à solução.

Veja a experiência do meu irmão, Gregers Wedell-Wedellsborg.[8] Nos primórdios da internet móvel, Gregers estava trabalhando na emissora de TV dinamarquesa TV2 quando alguns de seus funcionários lhe trouxeram uma ideia: "E se a gente tentasse desenvolver conteúdo para serem assistidos nos celulares?".

Gregers gostou da ideia, mas enfrentou um problema: como o conteúdo para dispositivos móveis era um território desconhecido naquela época, não havia um modelo estabelecido para ganhar dinheiro com isso – e a TV2 estava enfrentando cortes financeiros naquele momento. Por esse motivo, colocar a nova ideia no orçamento daquele ano seria bem difícil. Talvez fosse possível no ano seguinte.

Porém, Gregers logo percebeu que o problema tinha sido definido de modo muito restritivo; afinal, quem tinha dito que o dinheiro precisava sair dos cofres da TV2? Ele só necessitava de um pouco de dinheiro para iniciar o projeto. Será que poderia consegui-lo em outro lugar? Ele disse a sua equipe para sair em busca de potenciais parceiros para o financiamento.

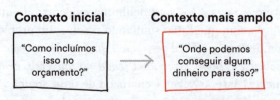

54 | Qual é o seu problema?

A equipe conseguiu o financiamento. As operadoras de celulares dinamarquesas ficaram muito interessadas no desenvolvimento de conteúdo móvel pela TV2, pois o alto volume de conteúdo em vídeo elevaria seus ganhos com tráfego de dados e aumentaria as vendas de smartphones. O experimento seguiu em frente e, no final das contas, marcou o início da TV2 no mercado de dispositivos móveis, tornando-a líder de mercado – tudo isso praticamente sem custo para a TV2.

Para encontrar as limitações autoimpostas, simplesmente reveja o contexto do problema e pergunte: *como estamos contextualizando isso? É restritivo demais? Estamos colocando restrições na solução que não são necessariamente reais?*

### 3. Há uma solução "embutida" na contextualização do problema?

Há alguns anos, dei aulas em um MBA eletivo no qual pedíamos aos alunos que fizessem um projeto de inovação. Uma das equipes descreveu seu projeto deste modo:

*Queremos desenvolver uma educação melhor sobre nutrição para promover uma alimentação mais saudável na escola.*

A afirmação contém uma suposição clara: ou seja, de que a falta de conhecimento impede que as pessoas se alimentem de modo mais saudável.[9] Essa é uma contextualização questionável do problema. A grande maioria dos estudantes de escolas de administração sabem bem o que é e o que não é saudável. Ninguém nunca disse: *batatas fritas contam como hortaliças, não é?*

De maneira semelhante, as pessoas muitas vezes contextualizam os problemas de modo que aponta para uma solução específica. Pense nesta afirmação de problema de uma iniciativa empresarial em que eu estive envolvido e que visava promover a igualdade de gênero.

---

**Problema**

Nós não capacitamos as líderes suficientemente bem para se tornarem modelos eficazes e visíveis.

---

Note que uma solução – *vamos criar mais exemplos femininos a serem seguidos* – está embutida na afirmação inicial de problema. A questão não é discutir se esse diagnóstico específico estava correto. O importante aqui é *notar* a contextualização, permitindo que você a questione.

As pessoas que não fazem recontextualização podem perguntar: *como podemos ajudar mais mulheres a se tornarem um modelo a ser seguido?*, e assim ficar presas, potencialmente, em uma contextualização que pouco ajuda.

Por outro lado, as pessoas que são treinadas em recontextualização farão perguntas como: *existem outros fatores em jogo? E nossos processos de promoção? E as conexões informais? As mulheres têm menos exposição perante os responsáveis seniores por tomada de decisões?*

O simples ato de fazer essas perguntas torna mais provável que você chegue a uma boa solução, mesmo que acabe mantendo o primeiro diagnóstico.

**Contextualize o problema | 55**

## 4. O problema está claro?

No exemplo anterior, a equipe tinha uma afirmação de problema bastante clara, o que é um bom ponto de partida para o processo de recontextualização. Em comparação, veja esta, também de um cliente:

> O problema é que precisamos aumentar a lucratividade da nova aquisição de clientes (receita de primeira linha).

Essa afirmação não é realmente um problema. É uma meta escrita na forma de um problema, com um pouco de especificidade adicional a respeito de onde esperam que a receita venha. Uma afirmação de "problema" como essa normalmente significa que a equipe tem de mudar sua perspectiva, deixando de lado o seu problema para identificar um com o qual os *clientes* se importem – como o que a torna atraente para que novos clientes se conectem? O que os faz sair de novo?

Aqui está um segundo exemplo, de uma empresa que estava perdendo muitos funcionários talentosos para as concorrentes.

| Meta | Reduzir a rotatividade de 14% para <10% |
|---|---|
| Problema | Não ver redução depois de tentar algumas coisas nos últimos cinco meses |

Essa é uma típica afirmação de ponto de dor: experimentamos várias coisas por cinco meses sem resultado. Uma situação como essa é provavelmente uma boa candidata para alguma recontextualização. Desde que exista uma solução, você terá mais chances de encontrá-la repensando o problema em vez de partir para outros cinco meses de tentativa e erro. Com duas das estratégias de recontextualização que vamos abordar adiante, você poderia:

*Repensar o objetivo.* Existe um objetivo melhor para buscar? Por exemplo, em vez de evitar a rotatividade, podemos fazer algo para atrair nossos ex-funcionários de volta depois de eles saírem? Podemos encontrar maneiras de obter mais dos colaboradores enquanto estiverem aqui? Podemos repensar nossas práticas de recrutamento para encontrar pessoas que tenham menor probabilidade de sair? Se as pessoas com um perfil específico tendem a sair antes de termos recuperado o investimento em seu treinamento, será que não deveríamos parar de recrutar essas pessoas para início de conversa?

*Examinar os pontos luminosos.* Em vez de perguntar por que as pessoas saem, poderíamos perguntar por que elas *ficam*. Olhando para nossos melhores talentos, o que em nossa empresa faz com que eles digam não a ofertas mais lucrativas ou empolgantes? Podemos construir sobre esses pontos fortes em vez de tentar consertar nossos pontos fracos? Existem bolsões da empresa em que não vemos a mesma rotatividade? O que poderíamos aprender com eles? O que dizer das pessoas que conseguimos recrutar de empresas mais atraentes? O que fez com que essas pessoas se juntassem a nós? Podemos utilizar melhor as redes pessoais deles de ex-colegas ou de algum outro modo transformá-las em embaixadoras informais de nossa empresa?

## 5. Com quem está o problema?

Uma das razões pelas quais você deve usar sentenças completas ao descrever o problema é que isso lhe permite identificar detalhes pequenos mas cruciais. Um deles é a presença ou ausência de palavras como *nós, eu* ou *eles* – palavras que *localizam* o problema.

Achamos que o problema foi causado apenas por outras pessoas? *A questão é que os funcionários do turno noturno são muito preguiçosos.* Ou o dono do problema assume alguma responsabilidade pelo problema também, como fez a equipe com o problema das líderes que não eram vistas como um modelo a ser seguido? ("Nós não capacitamos...")

A questão está contextualizada de uma maneira que a relega a poderes mais elevados ou graus de pagamento, a uma distância segura do controle do dono do problema? *Não podemos inovar a menos que o CEO fale sério a respeito disso.* No caso mais grave, não se encontra nenhum agente humano: *o problema é que a cultura de nossa empresa é rígida demais.*

Quando chegarmos à estratégia de recontextualização chamada "olhar no espelho", vou compartilhar alguns conselhos sobre como encontrar contextualizações que gerem ações, entre elas o questionamento de seu próprio papel na criação do problema.

## 6. Existem emoções fortes?

As afirmações que analisamos até agora são redigidas de maneira mais neutra. Embora não sejam necessariamente desapaixonadas, elas não transmitiam exatamente uma sensação de que corriam emoções intensas pelas veias das equipes de projeto. Compare essas com a afirmação de problema em letras maiúsculas de um gerente que era, devemos admitir, não o coelhinho mais feliz na floresta:

PROCESSOS INEFICIENTES CRIADOS
ALEATORIAMENTE POR PESSOAS
SEM MENTALIDADE DE DESIGN

Aqui está um conselho útil, compartilhado comigo pelo professor da Antwerp Business School Steven Poelmans: sempre se aprofunde nas palavras carregadas de emoção. Palavras como *aleatoriamente*, ou a frase levemente mais sutil *pessoas sem mentalidade de design* (tradução: idiotas), sugerem que você vai ter dificuldades para resolver o problema em um nível lógico ou factual apenas.

Além disso, suposições de que outras pessoas são estúpidas, egoístas, preguiçosas ou descuidadas sempre merecem um olhar mais profundo. Em geral, o que a princípio parece uma burrice completa é inteiramente sensato depois que você entende a realidade da outra pessoa. (Em outros casos, é claro, suas suspeitas acabam se mostrando amplamente justificadas.) Entraremos em mais detalhes sobre esse assunto quando chegarmos à estratégia de recontextualização chamada "assumir a perspectiva deles".

**Contextualize o problema | 57**

## 7. Existem falsas escolhas?

Os problemas mais insidiosos se apresentam como uma escolha, pedindo que você opte entre duas ou mais alternativas predefinidas: *você quer A ou B?*

Alternativas mal contextualizadas são armadilhas clássicas para os responsáveis pela tomada de decisão.[10] A presença de opções múltiplas cria a ilusão de completude e liberdade de escolha, mesmo que as alternativas apresentadas possam deixar de fora outras muito melhores.

Em algumas situações, as pessoas que contextualizam as opções estão deliberadamente tentando conduzir você para alguns resultados. O estadista norte-americano Henry Kissinger, por exemplo, é famoso por ter brincado com o modo como os burocratas que queriam manter o *status quo* apresentavam três opções para o responsável por criar políticas: "Guerra nuclear, política atual ou rendição".[11]

O mais frequente, porém, é que as opções que lhe são apresentadas não sejam resultado de manipulação deliberada. Em vez disso, elas são simplesmente supostas como "naturais" ou como escolhas difíceis que todos estão enfrentando. *Você quer alta qualidade ou custo baixo? Seu app deve ser fácil de usar ou ter muitas opções de personalização? Você quer um alcance amplo ou um alvo preciso em sua campanha de marketing?*

Roger L. Martin, um estudioso da solução de problemas, e outros pesquisadores têm documentado que os pensadores criativos tendem a evitar essas escolhas. Onde outras pessoas fazem uma análise de custo-benefício e optam pela alternativa menos dolorosa, os indivíduos experientes em solução de problemas tentam explorar mais profundamente a questão e gerar uma alternativa nova e superior.

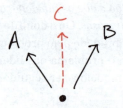

O ponto de partida para isso é o hábito de tentar romper o contexto, perguntando: *como esta escolha está contextualizada? Essas são as únicas opções que temos? Qual é o problema que estamos tentando resolver?*

Aqui está uma história de como uma das pessoas mais impressionantes ao resolver problemas que já conheci lidou com uma falsa escolha.

## ALIMENTANDO OS HIPSTERS NO ROYAL PALMS

A empreendedora em série Ashley Albert[12] estava na Flórida. (Vou lhe contar algo sobre Ashley: ela estava na Flórida para receber um certificado de juíza de competições de churrasco.) Durante sua visita, ela notou que algumas quadras de *shuffleboard* em um parque local tinham sido tomadas por jovens hipsters – e eles pareciam gostar imensamente do jogo.

O encontro inspirou Ashley e seu sócio Jonathan Schnapp a começar um empreendimento similar: o The Royal Palms Shuffleboard Club, no bairro hipster rico Gowanus, no Brooklyn. Logo de início, eles tiveram uma escolha difícil: deviam servir comida no local?

Qualquer pessoa com experiência em hospitalidade vai lhe dizer que essa é uma decisão importante. Servir comida é bastante trabalhoso: há inspeções sanitárias, necessidade de mais funcionários e muitas outras tarefas administrativas. Ainda pior, não é um trabalho muito lucrativo; as bebidas, especialmente as alcoólicas, são as mais rentáveis. Tudo isso sugeria que Ashley e Jonathan deviam se limitar a servir bebidas.

O problema era que os hipsters são famosos por gostarem de comer. Sem comida no The Royal Palms, os clientes ficariam lá apenas uma ou duas horas. Isso não daria certo. Ashley e Jonathan precisavam que as pessoas ficassem durante toda a noite, permitindo que eles se beneficiassem do consumo de bebidas, que são cruciais para os rituais prolongados de paquera dos hipsters.

A maioria dos empreendedores diante desse dilema acabaria aceitando o fardo administrativo que vem com a escolha de servir comida. Outros evitariam isso, mas teriam um local que ficaria quase vazio na hora do jantar. Ashley decidiu tentar encontrar uma terceira opção. Como ela me disse:

> As duas opções que tínhamos eram ruins. Então começamos a fazer brainstorming sobre outro problema: *como podemos ter os benefícios de servir comida sem o trabalho que isso dá?* Por vários motivos, nenhuma das opções existentes – como usar serviços de *delivery* ou estabelecer uma parceria com o serviço de entregas de um restaurante próximo – teria funcionado. Mas continuamos a pensar no problema e finalmente chegamos a uma nova ideia – algo que, pelo que sei, nunca havia sido feito.

Hoje, ao entrar no The Royal Palms, você verá hipsters jogando *shuffleboard*. Verá barbas. Verá jeans. Verá escolhas únicas de moda. E, no canto direito do clube, você verá algo incomum: uma abertura para uma garagem adjacente construída por Ashley e Jonathan. Nessa garagem, um dos inúmeros food trucks de Nova York está estacionado todas as noites, alimentando os clientes do clube.

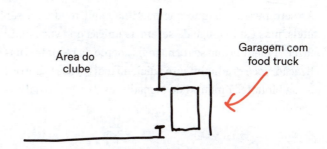

A solução é brilhante. Como a preparação da comida é feita inteiramente dentro do food truck, usando a licença do proprietário, Ashley evitou o desgaste de conseguir uma licença. Ao mesmo tempo, o modelo dá a Ashley e Jonathan a liberdade de selecionar tipos diferentes de comidas dependendo do dia e da estação.

Da perspectiva do dono do food truck, ele tem um público cativo que vai ficar ali durante toda a noite, algo especialmente atraente durante o inverno. E, como Ashley e Jonathan ganham muito dinheiro com as bebidas, eles podem até oferecer uma receita mínima garantida ao proprietário do food truck no caso de ser uma noite fraca.

Noites fracas, no entanto, não são um problema. Enquanto escrevo este livro, o clube é muito lucrativo, e Ashley acabou de abrir o segundo clube de *shuffleboard* em Chicago. Por que Chicago?, perguntei a ela. "Precisamos de um lugar com tempo ruim para que as pessoas queiram ficar dentro do clube."

## UMA OBSERVAÇÃO FINAL: GUARDE OS DETALHES PARA DEPOIS

As sete perguntas que compartilhei aqui tendem a ser úteis, mas estão longe de serem as únicas que você pode fazer. À medida que se torna mais adepto da recontextualização, você gradualmente adiciona mais desses padrões à sua biblioteca mental de armadilhas de contextualização de problemas.

Depois de ter feito uma revisão inicial da afirmação de problema, a etapa Contextualize do processo está completa (lembre-se do *loop*: Contextualize, Recontextualize, Siga em frente). Antes de começar a próxima etapa (Recontextualize), quero fazer uma observação sobre o que *não* fazer nesta etapa. Se você tem alguma experiência com estabelecimento de metas, mudança de comportamento ou disciplinas similares, é provável que algumas das afirmações aqui tenham provocado um intenso desejo de torná-las mais específicas e passíveis de ação. *Que tipo de meta é "alimentação mais saudável"? Isso é vago demais! Uma meta melhor seria: "Comer pelo menos três frutas todos os dias, sem incluir batatas fritas".*

O instinto de ser mais claro a respeito desses detalhes é algo bom. Como mostrado por décadas de pesquisa em mudança de comportamento, as pessoas têm muito mais probabilidade de sucesso se suas metas forem específicas[13] e mensuráveis e se o comportamento necessário para atingi-las for claramente expresso. A imprecisão é inimiga da mudança.

Porém, nesse ponto, há uma armadilha em ceder a seu desejo por especificidade. Se você for rápido demais para se concentrar nos detalhes, existe um risco significativo de que se perca neles e esqueça de questionar o contexto geral do problema. Você tem de ampliar antes de mergulhar: não mexa com os aspectos específicos da afirmação antes de ter confiança de estar olhando para o problema certo. É isso que vamos ver a seguir ao mergulharmos na primeira das cinco estratégias específicas de recontextualização.

RESUMO DO CAPÍTULO

# Contextualize o problema

Antes que possa recontextualizar um problema, primeiro você tem de contextualizá-lo, para ter algo com que trabalhar. Para isso:

- Pergunte: *qual problema estamos tentando resolver?* Isso desencadeia o processo de recontextualização. *Você poderia dizer: estamos resolvendo o problema correto?* ou *Vamos olhar de novo o problema por um minuto.*

- Se possível, escreva rapidamente uma afirmação de problema, descrevendo-o em algumas sentenças. Seja breve e use sentenças completas.

- Depois da afirmação, liste as principais pessoas interessadas: quem está envolvido no problema?

Depois da primeira recontextualização, faça uma revisão rápida. Veja os seguintes pontos.

- **A afirmação é verdadeira?** O elevador é realmente lento? Em comparação com o quê? Como sabemos disso?

- **Existem limitações simples autoimpostas?** Na TV2, a equipe perguntou: "Onde podemos conseguir o dinheiro?" em vez de supor que ele tinha de sair do orçamento deles.

- **Há uma solução "embutida" na contextualização do problema?** Muitas vezes, os problemas estão contextualizados de um modo que apontam para uma resposta específica. Isso não é necessariamente ruim, mas é importante observar.

- **O problema está claro?** Os problemas nem sempre se apresentam como problemas. Muitas vezes, você está olhando para uma meta ou para um ponto de dor disfarçados.

- **Com quem está o problema?** Palavras como *nós*, *eu* e *eles* sugerem quem pode ser o "dono" de problema. Quem *não* é mencionado ou implicado?

- **Existem emoções fortes?** Palavras emocionais normalmente indicam áreas que você deveria explorar em mais profundidade.

- **Existem falsas escolhas?** Quem definiu as escolhas que estão sendo apresentadas? Você pode criar uma opção melhor do que essas?

Depois de ter concluído a revisão inicial, a etapa 1 (Contextualize) está feita, deixando você a postos para recontextualizar o problema.

Capítulo 4

# Olhe fora do contexto

## UM DESAFIO RÁPIDO

No século 19, o matemático francês Édouard Lucas apresentou um problema para alguns de seus colegas. O problema não exigia habilidades matemáticas e poderia ser resolvido em menos de um minuto. Mas, ainda assim, nenhum deles acertou.

Será que você pode se sair melhor do que matemáticos profissionais? Fique tranquilo, não é uma pegadinha. Você não tem de reinterpretar criativamente as palavras, virar o livro de cabeça para baixo nem procurar por frases escondidas mergulhando a página em suco de limão.[1]

Não leia além desta página até estar pronto para a resposta. (E, se não quiser pensar em muitos detalhes, só dê um palpite rápido.)

### O problema de Nova York-Le Havre[2]

A empresa de transportes Bonjour opera uma rota direta de navegação entre Nova York e a cidade francesa de Le Havre, com uma partida por dia nas duas direções. Sendo mais específico, todo dia um navio zarpa de Nova York para Le Havre e, simultaneamente, um navio zarpa de Le Havre para Nova York. A travessia leva exatos sete dias e sete noites nas duas direções.

A pergunta é: se sair de Nova York em um navio da Bonjour hoje, **por quantos outros navios da Bonjour você passará no mar** antes de chegar em Le Havre? Você deve contar apenas os navios da empresa e apenas aqueles que encontrar no mar (ou seja, não no porto).

———

### Pronto para a solução?

Algumas pessoas respondem seis ou oito navios. Depois de pensar cuidadosamente, porém, a maioria das pessoas conclui que devem ser sete – então, se você respondeu isso, está em excelente companhia.

Infelizmente, você também está errado, porque a resposta correta não é nenhuma dessas: são 13 navios. Sim, 13. Vou explicar daqui a pouco.

### O perigo de uma contextualização limitada

O problema Nova York–Le Havre ilustra uma armadilha comum na solução de problemas: o perigo de contextualizar o problema de maneira muito restrita.

Em resumo, não chegamos aos problemas com uma visão neutra da situação. Pelo contrário, em situações confusas, é como se nossa mente subconsciente imediatamente desenhasse um contexto ao redor de uma parte específica do problema antes de passá-lo para seu eu consciente.

Essa primeira contextualização carrega profundas consequências. Tudo *dentro* do contexto é cuidadosamente examinado. Porém, tudo que está fora do contexto não recebe nenhuma atenção. Na verdade, como o processo de contextualização é, em grande medida, subconsciente –

os pesquisadores têm usado a palavra "automático" –, nós geralmente nem estamos conscientes de que não estamos vendo o quadro completo.[3]

É assim que acontece no problema Nova York–Le Havre.

### Contagem de navios

A maioria das pessoas pensa no problema mais ou menos deste modo:

- A viagem leva sete dias e sete noites, então sabemos que um total de oito navios zarpam de Le Havre nesse período. (Um modo de confirmar isso é listar os dias da semana – você verá um desenho disso na próxima página.)

- Temos de encontrar todos esses navios no mar, com exceção do último, o oitavo navio. Esse vai partir na hora em que chegarmos no porto, então não o contamos e obtemos uma resposta final de sete navios.

O cálculo está correto, mas também está incompleto: deixamos de lado os navios que zarparam antes da nossa partida e que *já estavam no mar* quando saímos de Nova York. A contextualização incompleta é mostrada na próxima página e seguida pela contextualização correta.

**Olhe fora do contexto | 65**

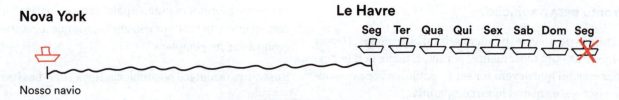

**Contextualização incompleta: sete navios**

**Contextualização correta: 13 navios**

Bom, se você acertou, parabéns! Algum grau de orgulho e presunção é inteiramente justificado. Mas, se errou – e é isso que acontece com a maioria das pessoas –, você deve parar e refletir. *Por que você deixou esses navios de lado?* Afinal de contas, o desafio não foi apresentado em um contexto completamente inócuo. Você está lendo um livro sobre solução de problemas cujo ponto principal é que nós não contextualizamos os problemas corretamente. Com uma configuração como essa, você sabia que tinha uma pegadinha em algum lugar.[4]

Para entender por que as pessoas erram, é necessário perceber que existe mais em jogo do que o efeito de contextualização inconsciente. De modo significativo, com o problema de Nova York–Le Havre, também existem problemas altamente "visíveis" para ponderarmos *dentro* do contexto, atraindo a atenção de nossas mentes trituradoras de problemas. Examinando o contexto inicial, nossa mente é imediatamente atraída por perguntas como: *hum, são sete ou oito navios lançados durante a semana? E o último? Acho que encontramos esse no porto. Talvez eu deva contá-los, só para ter certeza. [Estica os dedos e começa a contar.]*

Como existem algumas questões evidentes a resolver dentro do contexto, nós começamos alegremente a pensar sobre elas e esquecemos de perguntar se existe alguma parte do problema à qual não estamos dando nenhuma atenção.

## A estratégia: olhe fora da contextualização antes de mergulhar nela

De que maneira os especialistas em solução de problemas evitam essa armadilha? Eles evitam deliberadamente mergulhar nos detalhes do que está na frente deles. Em vez disso, "se afastam" mentalmente e examinam a situação mais ampla, fazendo perguntas como: *o que está faltando na afirmação atual de problema? Existem elementos que não estamos considerando? Existe alguma coisa fora do contexto a que não estamos dando atenção neste momento?*

O hábito de se afastar para aumentar a perspectiva é usado pelos especialistas em muitos campos diferentes. Em um estudo com especialistas em design, por exemplo, o estudioso de design Kees Dorst descobriu que, ao trabalhar com clientes, os designers "não abordam diretamente o paradoxo central, mas tendem a se concentrar nas questões ao redor dele. Eles procuram pistas no contexto mais amplo do problema".[5]

Médicos fazem a mesma coisa. Como descrito no livro *Todo paciente tem uma história para contar* (uma excelente introdução ao diagnóstico em medicina), os bons médicos não se concentram apenas na queixa manifestada.[6] Eles também assumem uma visão holística do paciente, seus sintomas e sua história. Ao fazer isso, esses médicos percebem pistas que outros deixaram passar, algumas vezes durante anos ou décadas.

Os especialistas na ciência de operações também praticam o afastamento. Inspirados pela influente disciplina chamada pensamento de sistemas, os especialistas de solução de problemas em áreas como manufatura e segurança no local de trabalho são treinados para olhar além da causa imediata de um incidente,[7] em busca das causas sistêmicas de nível mais elevado. *Sim, o cachorro comeu sua lição de casa. Mas quem deixou a lição de casa na tigela dele, com ração por cima?*

Todas essas abordagens compartilham o conceito central de olhar para fora do contexto antes de mergulhar nos detalhes visíveis. Aqui estão quatro táticas que podem evitar que você contextualize o problema de modo restrito demais.

## 1. OLHE ALÉM DE SUA PRÓPRIA ESPECIALIDADE

Em seu livro de 1964, *A conduta na pesquisa*, o filósofo Abraham Kaplan cunhou o que ele chamou de "a lei do instrumento".[8] "Dê um martelo a um menino, e ele achará que tudo que encontrar precisa de uma martelada".

A lei deliciosamente memorável de Kaplan não veio do estudo de filhos selvagens de carpinteiros, mas de suas observações de cientistas. Especificamente, ele descobriu que os cientistas muitas vezes contextualizavam um problema de modo a "casar" com as técnicas em que eram mais proficientes.

Eles não são os únicos. A maioria das pessoas tem uma tendência a contextualizar os problemas para corresponder a seu próprio "martelo", inclinando-se para as ferramentas ou perspectivas analíticas que preferem. Em alguns casos, essa solução padronizada simplesmente não funciona, o que – por fim – os leva a reconsiderar sua abordagem.

Um resultado potencialmente pior, porém, é quando a solução preferida funciona, mas, ao usar seu martelo sem pensar, eles deixam de ver um caminho muito melhor à frente.

Aqui está um exemplo de meu trabalho com uma equipe de executivos seniores no Brasil.[9] Foi pedido à equipe que fornecesse ideias ao CEO para melhorar a percepção do mercado acerca do preço das ações da empresa.

Apoiando-se em seu conhecimento financeiro, a equipe rapidamente listou os vários fatores que influenciavam o preço de suas ações: previsão do índice preço/lucro, quociente de dívida, lucro por ação, e assim por diante. É claro que nada disso era novidade para o CEO, e esses fatores não eram especialmente fáceis de serem influenciados, levando a um abatimento na equipe. Mas, quando eu pedi aos executivos para dar um passo para trás e considerar o que estava faltando em sua contextualização do problema, surgiu algo novo.

(Se você quiser tentar adivinhar, pare aqui e pense no que a equipe encontrou. Uma dica: o insight veio de um executivo de RH.)

---

O executivo de RH perguntou: "Quem fala com os analistas?". Quando os analistas financeiros externos ligavam para a empresa pedindo informações, normalmente eram colocados em contato com líderes um pouco menos experientes – e nenhum destes tinha recebido treinamento sobre como falar com analistas. Assim que esse ponto foi levantado, o grupo soube que tinham encontrado uma nova potencial recomendação para o CEO.

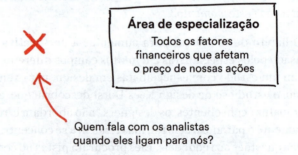

A história também ilustra o poder de convidar pessoas de fora para participar do processo de recontextualização. Como o problema do preço das ações parecia claramente ser uma questão financeira, poderia ter sido tentador incluir na reunião apenas pessoas especializadas em finanças. A decisão de convidar o executivo de RH (que não era um especialista em finanças) trouxe para o problema uma lente mais orientada para pessoas, permitindo que a equipe olhasse além do contexto financeiro.

No entanto, ter na sala pessoas de fora nem sempre é suficiente. É preciso convidá-las de forma ativa a sugerir contextos alternativos. A estratégia de se afastar e perguntar o que está faltando é um modo poderoso de fazer isso.

### Deixar o seu martelo de lado

Um comentário rápido sobre a lei do instrumento de Kaplan: não é necessariamente ruim ter uma solução padrão. Sim, existem situações em que é problemático seguir cegamente com o seu padrão – por exemplo, quando você só tem uma chance de acertar ou quando sua solução preferida pode causar danos se aplicada erroneamente.

Com exceção desses cenários, porém, nem sempre é um erro pegar o martelo que você conhece melhor. Pelo contrário, muitas vezes temos uma preferência por uma ferramenta específica exatamente porque ela funcionou bem no passado para a maioria de nossos problemas. Ao enfrentar um problema desconhecido, pode ser inteiramente lógico começar com a ferramenta que você conhece melhor.

O erro verdadeiro acontece quando você continua a usar o martelo mesmo depois de estar claro que ele não está funcionando. *Minha esposa nunca está pronta para sair de casa na hora, não importa quanto eu grite com ela. Hum, talvez eu deva tentar gritar um pouco mais da próxima vez. Os primeiros 50 fracassos podem ter sido aberrações estatísticas.*

Se o problema que você está enfrentando é um no qual já fracassou repetidamente usando sua solução preferida, então existe uma boa chance de que precise recontextualizar o problema. Como a escritora de histórias de crime Rita Mae Brown diz: "Insanidade é fazer a mesma coisa repetidamente e esperar resultados diferentes".[10]

## 2. OLHE OS EVENTOS ANTERIORES

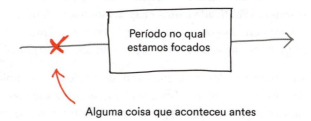

Pense em como você poderia reagir a essa situação:

*Sua filha adolescente volta da escola mais cedo, visivelmente perturbada. Quando você pergunta o que aconteceu, ela explica que entrou em uma discussão aos gritos com o professor. A briga chegou a um ponto em que ela saiu correndo da classe. Isso não é do estilo dela; ela normalmente se comporta muito bem.*

Quais perguntas você faria a sua filha para entender melhor o problema?

Em situações como essa, os pais normalmente se concentram nos detalhes "visíveis": *como a briga começou? O que o professor disse? Como você respondeu? Por que isso deixou você tão chateada?* Com base nessa análise detalhada da conversa, são extraídas conclusões. *Minha filha está ficando mais rebelde; acho que ela é uma adolescente típica, afinal de contas.* Ou talvez a culpa seja colocada no professor: *como o adulto na sala, ele deveria ser capaz de lidar melhor com a situação, não é? A escola precisa mesmo encontrar professores melhores!*

Se você falar com conselheiros escolares treinados, porém, eles provavelmente farão uma pergunta diferente a sua filha: *você se lembrou de tomar café da manhã hoje cedo?*[11] Com muita frequência, a diferença entre uma discussão civilizada e uma briga acalorada se resume às pessoas envolvidas estarem ou não com o estômago vazio. (Outra variação popular é ter dormido muito pouco.)

Como no problema de contagem de navios, o exemplo do café da manhã mostra que algumas vezes você pode lançar nova luz sobre os problemas ao notar o que aconteceu antes do momento em que está concentrando sua atenção.

- O que aconteceu da última vez que um de nossos funcionários tentou inovar?
- Que soluções o cliente tentou aplicar antes de nos procurar?
- O que aconteceu com o último grupo de adolescentes que alugou esta cabana remota na floresta?

A abordagem pode ser exagerada, é claro. Vá longe demais e acabará contemplando fatores históricos profundos que são difíceis de mudar. Ainda assim, pense se você está contextualizando o problema de maneira restrita demais, a partir de uma perspectiva temporal.

## 3. PROCURE INFLUÊNCIAS OCULTAS

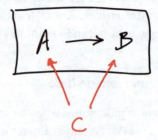

Fator oculto

Se você perguntar a um estudioso sobre as armadilhas lógicas, provavelmente ouvirá a frase *confundir correlação com causação*. Só porque duas coisas tendem a acontecer juntas não significa necessariamente que uma seja causa da outra. Muitas vezes existe um terceiro fator subjacente que é culpado de fato. (Os cientistas chamam isso de uma "variável de confusão".) Aqui está um exemplo.

### O que o teste de marshmallow realmente mostra?[12]

Se você lê livros sobre ciência popular, provavelmente já deve ter ouvido falar do teste do marshmallow. No experimento, Walter Mischel, um psicólogo de Stanford, e sua equipe puseram crianças pequenas na frente de um marshmallow, uma por vez, e disseram: "Se você não comer este marshmallow nos próximos 15 minutos, eu vou lhe dar mais um". E, depois, saíram da sala e observaram secretamente o que acontecia.

Mischel e seus colegas argumentaram que a capacidade das crianças de adiar a gratificação era fortemente preditiva de seu sucesso como adolescentes. As crianças que resistiram à tentação se tornaram jovens saudáveis e de alto desempenho. As com pouca força de vontade não se saíram tão bem: elas eram menos saudáveis e também tiveram resultados piores em uma série de outras medições.

**Vínculo presumido**

**Autocontrole**
medido pela abstinência do marshmallow → **Sucesso mais tarde na vida**

Lição aprendida: para tornar as crianças bem-sucedidas, ensine força de vontade a elas. Mas será mesmo que foi isso que o estudo mostrou?

Segundo um estudo recente de Tyler Watts, Greg Duncan e Haonan Quan, há mais nessa história. Mischel e seus colegas fizeram o estudo original com 90 alunos de pré-escola, todos eles do campus de Stanford. No novo estudo, Watts e seus colegas testaram a teoria em 900 crianças, e, crucialmente, incluíram crianças de locais menos privilegiados.

O resultado: não tinha a ver com força de vontade. Tinha a ver com dinheiro.

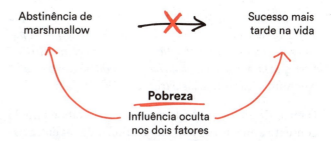

A explicação completa tem nuances, mas aqui está o essencial: as crianças pobres engoliam o marshmallow mais depressa porque cresceram em ambientes em que a comida podia não estar disponível no dia seguinte e no qual os adultos nem sempre conseguiam manter suas promessas. Crianças de famílias com mais posses, em comparação, estavam acostumadas com um futuro mais previsível, e nesse ambiente a comida nunca era escassa.

Quando os pesquisadores levaram isso em consideração, a correlação entre a abstinência de marshmallow e o sucesso futuro ficou muito menos clara. Se você quiser ajudar as crianças a serem bem-sucedidas, não é preciso ensiná-las a adiar a gratificação, basta melhorar as condições socioeconômicas delas.

Aqui está um exemplo empresarial sobre encontrar fatores causais ocultos, compartilhado comigo por um executivo de finanças a quem chamaremos de Pierre. Pediram a Pierre que examinasse o processo de seleção de sua empresa, um grande banco. A instituição tinha uma ótima marca e recebia currículos de pessoas muito talentosas. Porém, muitos dos candidatos que o banco entrevistara tinham preferido não trabalhar lá.

Inicialmente, a equipe examinou vários fatores: será que as entrevistas eram cansativas demais? *Será que os pacotes de pagamento e benefícios não eram competitivos? Será que importava quem do banco conduzia a entrevista?* Nenhuma dessas teorias parecia explicar o padrão.

O mistério só foi resolvido quando Pierre olhou fora do contexto e encontrou um fator oculto: todas as entrevistas com altos níveis de rejeição aconteceram *no edifício mais antigo do banco*. Por outro lado, os candidatos que eram entrevistados no prédio novo, mais moderno, gostavam da empresa e, em geral, ela era sua primeira opção. Desse ponto em diante, os candidatos só visitavam os escritórios antigos depois de terem assinado o contrato e o cofre do banco ter se fechado atrás deles.

## 4. PROCURE OS ASPECTOS NÃO ÓBVIOS DA SITUAÇÃO

As duas últimas táticas que abordei – procurar eventos anteriores e influências ocultas – são realmente duas versões diferentes da mesma coisa, ou seja, uma busca dos fatores causais.

Causas como essas não são o único tipo de elementos que podem estar "ocultos" fora do contexto. Algumas vezes, encontrar a solução não óbvia vem de pensar cuidadosamente sobre as propriedades de um objeto ou situação. Veja este desafio clássico do mundo da solução de problemas.

## O problema da lâmpada[13]

Existem três lâmpadas no porão da sua casa nova, mas, por algum motivo, os interruptores estão localizados no piso térreo – e não estão etiquetados. Você tem dor no joelho, então prefere minimizar o número de vezes que tem de usar as escadas. A questão é: quantas viagens você tem de fazer até o porão para descobrir qual interruptor liga cada lâmpada? Detalhes: todas as lâmpadas funcionam, cada interruptor aciona apenas uma das lâmpadas e todas as três estão apagadas quando você começa.

Pare aqui se quiser tentar resolver esse problema.

---

Se você pensou um pouco, provavelmente percebeu que pode resolver isso em duas viagens. A terceira viagem é desnecessária, pois você vai descobrir a terceira combinação por um processo de eliminação. Até aí, tudo bem.

Mas existe também um modo de resolver isso com uma só viagem. Você consegue descobrir como? Mais uma vez, essa não é uma pergunta difícil, nem envolve coisas loucas como fazer buracos, mexer nos fios ou criar um sistema de espelhos elaborados. A solução é simples e realista e não envolve itens ou pessoas que não tenham sido mencionadas na afirmação de problema.

Você pode tentar, mas já vou avisando: esse é mais difícil de descobrir. Se precisar de uma dica, posso lhe dizer que a solução de uma viagem depende de um aspecto não óbvio de uma das coisas que estão envolvidas. Pense nas outras propriedades que uma lâmpada tem além de emitir luz.

## A solução de uma viagem

Aqui está a solução de uma viagem para o problema da lâmpada:

1. Ligue dois dos interruptores.

2. Espere um minuto.

3. Desligue um dos interruptores.

4. Desça e *sinta* as duas lâmpadas apagadas. Uma delas estará quente ao toque.

Se você for como a maioria das pessoas, achou esta solução muito menos óbvia do que a de duas viagens. E,

no entanto, todos sabem que as lâmpadas ficam quentes quando são acesas. Então, por que essa solução é tão mais difícil de encontrar?

## Os contextos nos permitem ver...

Como nossa mente subconsciente tenta ser o mais eficiente possível quando contextualiza um problema – alguns pesquisadores dizem que o cérebro é um pão-duro cognitivo[14] –, ela permite que apenas as características consideradas mais essenciais sejam incluídas no contexto.

Ao refletir sobre o problema da lâmpada, por exemplo, você provavelmente não parou para imaginar a cor do papel de parede ou se era verão ou inverno. Nenhuma dessas coisas parecia ter relevância para resolver o problema, e, assim, muito sensatamente, sua mente não se incomodou em pensar a respeito disso. Em vez disso, ela criou uma representação simplificada do problema – isto é, um modelo mental –, que você começou a olhar, buscando alternativas e saídas até encontrar a solução.

## ... e os contextos nos cegam

Essa simplificação é algo bom. Sem a capacidade de se concentrar rapidamente nas partes essenciais de um problema, nós ficaríamos pensando infinitamente sobre papéis de parede, para alegria dos decoradores do mundo todo. Mas isso também significa que elementos ou propriedades potencialmente úteis do mundo real são deixados de fora.

Um fator que contribui para isso é algo chamado de "fixidez funcional",[15] que descreve nossa tendência a nos

**Olhe fora do contexto** | **73**

concentrarmos apenas nos usos mais comuns das coisas (lâmpadas criam luz) e desconsiderarmos os usos menos óbvios (as lâmpadas podem ser usadas para criar calor).

Para identificar esses aspectos ocultos, faça perguntas como:

- Quais objetos estão envolvidos na situação?

- Que outras propriedades eles têm? Eles podem ser usados de maneiras não tradicionais?

- O que mais está disponível?

Aqui está um exemplo simples de como um problema é resolvido ao identificar e usar uma faceta oculta da situação.

Imagine que você trabalha como atendente de estacionamento na Disneylândia,[16] administrando o gigantesco estacionamento do lado de fora do parque temático. Todos os dias, mais de dez mil famílias chegam, estacionam os carros e se dirigem para a entrada.

As diferentes áreas do enorme estacionamento estão marcadas claramente para que as pessoas possam encontrar seus carros e voltar para casa: *nosso carro está na zona do Pato Donald, seção 7B*. No entanto, todas as semanas, cerca de 400 famílias queimadas de sol, atordoadas pela experiência e cansadas com crianças superestimuladas com orelhas de rato, conseguem esquecer onde deixaram o carro. Como esse problema poderia ser resolvido?

Uma primeira observação poderia ser que esse tipo de problema provavelmente já foi resolvido antes. (Essa

é a essência da estratégia dos "pontos luminosos" que veremos adiante.) Se olhar os serviços de entrega como FedEx ou, talvez, instalações de contêineres em portos comerciais, você encontrará diversas soluções que usam rastreamento por GPS, escaneamento de placas dos carros e tecnologias similares.

Essas soluções seriam caras aqui. Poderia haver uma solução mais inteligente que usasse o que está disponível e não requeresse novas tecnologias?

Sim. Os atendentes de estacionamento da Disney perceberam que havia uma informação de que as pessoas geralmente lembravam, mesmo quando esqueciam o lugar onde estacionaram: a hora de chegada. Como o jornalista Jeff Gray escreveu no jornal canadense *The Globe and Mail*: "A equipe da Disney simplesmente escreve o horário em que cada fileira do estacionamento enche de manhã. Se os clientes souberem quando chegaram, os funcionários podem encontrar os carros".

———————

Se você escolheu trabalhar com seus próprios problemas como parte da leitura deste livro, agora é hora de começar. Pegue as afirmações de problemas que escreveu e tente aplicar as táticas a um ou mais deles. (Você decide quanto tempo quer gastar nisto antes de seguir em frente.)

Se você não quer trabalhar com seus problemas, simplesmente trate as duas próximas páginas como uma recapitulação do que foi visto aqui e ignore todas as instruções para rever suas afirmações de problemas.

RESUMO DO CAPÍTULO

# Olhe fora do contexto

Para cada problema, lembre-se de olhar fora do contexto:

- Não fique preso nos detalhes visíveis.
- Pense no que pode estar faltando em sua contextualização atual do problema.

Depois de fazer uma revisão geral, tente aplicar as quatro táticas descritas no capítulo e resumidas aqui.

**1. Olhe além de sua própria especialidade**

Lembre-se da lei do martelo: tendemos a contextualizar os problemas para que eles "casem" com as nossas soluções preferidas. No Brasil, os funcionários do setor de finanças se concentraram nas métricas financeiras do preço das ações, deixando de lado o aspecto de comunicação.

Considere o seguinte:

- Qual é seu "martelo" favorito, ou seja, qual é o tipo de solução que você é bom em aplicar?

- Qual tipo de problema combina com o seu martelo?

- E se o problema não for um problema desse tipo: o que mais ele poderia ser?

## 2. Olhe os eventos anteriores

Lembre-se da briga aos gritos com o professor em que um evento anterior pode ter causado o problema: *você tomou café da manhã hoje cedo?*

Considere estes pontos:

- Como você está contextualizando o problema, pensando em uma perspectiva temporal?

- Alguma coisa importante aconteceu antes do período que está examinando?

- Aliás, existe alguma coisa depois desse período que você possa ter deixado de lado? Por exemplo, as pessoas agem de uma determinada forma porque temem um resultado futuro?

## 3. Procure influências ocultas

Lembre-se do teste do marshmallow e de como os pesquisadores subestimaram a influência da pobreza. Ou pense em como Pierre descobriu a influência que o prédio do banco tinha sobre o recrutamento. Pergunte:

- Existem partes interessadas cuja influência você esteja deixando de considerar?

- Estão em jogo fatores sistêmicos de nível mais alto que influenciam as pessoas envolvidas?

## 4. Procure os aspectos não óbvios da situação

Lembre-se do problema das lâmpadas, em que uma característica menos visível – o fato de as lâmpadas emitirem calor – levou a uma solução mais eficiente do que aquela que a maioria das pessoas encontra.

- Existem aspectos não óbvios do problema ou da situação que possam ser examinados?

- Você tem dados que podem ajudar, ou outras coisas que já estão disponíveis para nós?

- Como a fixidez funcional está afetando você?

Finalmente, existem *outras* coisas "fora do contexto" a que você não está dando atenção? Incentivos? Emoções? Pessoas ou grupos que você possa ter esquecido? Pense brevemente nisso e, depois, siga em frente.

Capítulo 5

# Repense o objetivo[1]

## POR QUE AS METAS PRECISAM SER QUESTIONADAS

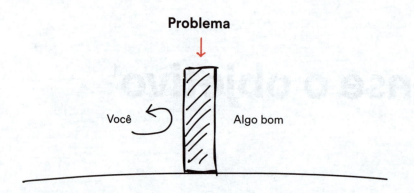

Muitas vezes pensamos nos problemas como obstáculos: coisas perturbadoras que ficam no caminho e nos impedem de conseguir algo que desejamos, como dinheiro, felicidade ou uma doce vingança.

O modelo do problema-como-obstáculo parece intuitivamente correto: todos nós já tivemos a experiência de sermos atrapalhados por um sistema burocrático, um colega que não coopera ou algum conjunto estúpido de leis antissuborno. Mas existe uma armadilha sutil nesse modo de pensar. Colocar o foco no obstáculo – como podemos contornar isso? – nos impede de questionar uma coisa mais importante: a meta que estamos tentando atingir.

Na verdade, a maioria das metas desfruta de uma estranha imunidade diante de escrutínios. Faça a sua escolha: vencer a concorrência. Ampliar os negócios. Impulsionar inovações. Ser promovido a uma função de liderança. Todas essas coisas são, inquestionavelmente, supostas como metas adequadas, que valem a pena. O mesmo vale na vida pessoal para coisas como estudar, encontrar um parceiro e comprar uma casa. Metas como essas estão profundamente enraizadas em nossas narrativas culturais, e, como resultado, nós muitas vezes nos esquecemos de questioná-las.

Não é que as coisas mencionadas acima sejam ruins e devam ser evitadas a todo custo. Na maioria dos casos, elas *são* de fato boas. Mas nem sempre.

Algumas vezes, a chave para mudanças radicais não é analisar o obstáculo, mas fazer um outro conjunto de perguntas:

- *Estamos buscando a meta certa?*
- *Existe uma meta melhor para buscar?*

Essa é a essência de *repensar a meta*. Veja a história a seguir de um líder que chamaremos de Mateo.

### Encontrar uma meta melhor

Quando Mateo assumiu a liderança da equipe de revisão, eles estavam trabalhando muito para atingir uma meta importante e muito ambiciosa definida pelo antigo líder. *Precisamos diminuir o tempo de resposta pela metade.*

A equipe de revisão gerenciava um importante banco de dados central para a empresa. Todos os dias, muitas outras pessoas dentro da companhia enviavam diversas pequenas solicitações de mudança para a equipe. Depois de confirmar que a mudança estava certa, a equipe a aplicava, atuando essencialmente como uma câmara de compensação para o banco de dados.

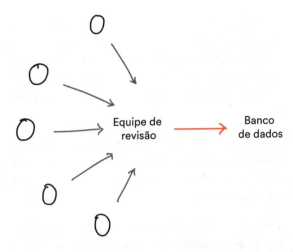

No início da empresa, o processo de revisão funcionava bem. Mas, conforme a empresa cresceu e as solicitações de mudanças se multiplicaram, a equipe começou a ficar sobrecarregada, chegando ao ponto em que todas as mudanças estavam sujeitas a uma espera de duas semanas antes de serem efetivadas.

Para lidar com o problema, o antigo líder da equipe tinha reunido seus subordinados e estabelecido uma meta.

> Nosso tempo atual de resposta não é aceitável. Precisamos tornar nossa equipe duas vezes mais rápida no processamento das solicitações, para que sejam atendidas em uma semana.

Esse é um exemplo típico de uma meta estendida bem definida: o estado final que desejamos atingir é muito claro, e é evidente para todos por que ele é importante. Estimulada pela meta, a equipe começou a trabalhar.

Alguns meses depois, o antigo líder saiu, e Mateo assumiu a equipe. Ao passar o cargo para Mateo, o responsável anterior tinha mencionado o projeto: "A equipe está a caminho de atingir nossa meta de uma semana, então você só precisa deixar que continuem nisso. Eles vão chegar lá".

Mateo podia facilmente ter deixado que o trabalho prosseguisse e declarado vitória quando o objetivo fosse atingido. O que ele fez, porém, acabaria criando resultados ainda melhores:

> Todos estavam trabalhando muito para tornar a equipe mais rápida no atendimento às solicitações. Mas será que essa era necessariamente a meta certa a buscar? Conforme eu pensava nisso, percebi que a meta real não era a velocidade da *equipe*: tinha a ver com a redução do tempo necessário *para a empresa* fazer alterações no banco de dados. A meta antiga tinha uma grande suposição oculta, ou seja, que tudo tinha de passar pela equipe e ser aprovado manualmente. Quando paramos de nos concentrar na equipe, ficou claro que podia haver outro caminho: deixar que a empresa fizesse algumas das mudanças mais simples diretamente, sem nosso envolvimento.

### Surge o acesso direto

Com o novo foco de Mateo, a equipe começou a examinar os tipos de alterações que eram solicitadas. No fim das contas, cerca de 80% delas eram simples e de implementação bastante segura. Então, no caso dessas solicitações, a equipe teve a ideia de criar uma interface de acesso direto que permitisse que pessoas externas ao grupo de Mateo fizessem mudanças imediatas, sem acionar a equipe de revisão.

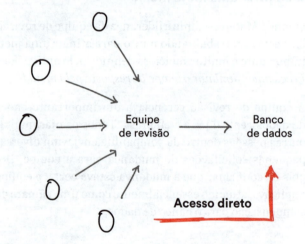

Para ser claro, a solução de acesso direto não foi fácil de implementar. A equipe de Mateo teve de treinar o resto da empresa para usá-la e tiveram de fazer isso ao mesmo tempo que gerenciavam a carga de trabalho diária. Mateo liberou tempo para seu time ao avisar as outras unidades de negócios: "Durante alguns meses, ficaremos *mais lentos* do que o normal. Mas, quando terminarmos, teremos uma solução muito melhor para vocês".

Mateo cumpriu a promessa. Alguns meses depois, a espera de duas semanas tinha sido completamente removida para esses 80% de solicitações que podiam ser efetivadas por meio da interface de acesso direto. Essas agora podiam ser processadas sem nenhuma espera. E, como a equipe agora tinha mais tempo, eles também ficaram mais rápidos para lidar com as solicitações que eram complexas demais para serem feitas pelo acesso direto. Como resultado da decisão de Mateo de questionar o objetivo, a equipe superou em muito a meta original de tempo de processamento de uma semana.

---

A história de Mateo mostra o poder de repensar suas metas. Ao questionar o que está tentando atingir, você pode às vezes encontrar um caminho que cria resultados drasticamente melhores. Aqui estão cinco táticas que você pode usar.

## 1. ESCLAREÇA AS METAS DE NÍVEL MAIS ALTO

As metas não existem isoladamente, como simples pontos de término de uma jornada:[2] *Consiga bacon, o êxtase eterno surgirá*. Como o estudioso de solução de problemas Min Basadur e outros já argumentaram, um modo melhor de pensar sobre metas é vê-las como parte de uma hierarquia ou cadeia causal,[3] passando do nível mais baixo de "coisas boas" para o mais alto.

Pense em alguém que está buscando uma promoção. Presumivelmente, a promoção não é apenas um fim em si mesmo, mas é um meio para atingir alguma outra coisa que a pessoa quer – isto é, uma ou mais *metas de nível mais alto*, como ganhar mais dinheiro ou se tornar mais respeitado. Aqui, você pode ver um exemplo de como alguém poderia descrever as principais metas de nível mais alto por trás do desejo de ser promovido.

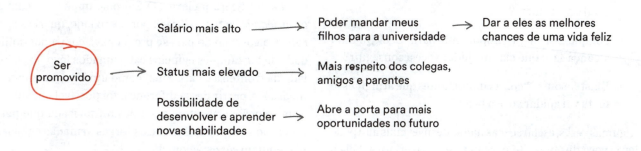

Repense o objetivo | 81

O desenho ilustra duas coisas importantes. Primeiro, raramente existe apenas uma coisa que esperamos conseguir ao alcançar uma meta. Usualmente existem diversos resultados diferentes que importam para nós.

Segundo, note como algumas das metas de nível mais alto também podem ser meios para um fim. No exemplo, ganhar mais dinheiro não é apenas uma meta geral para a pessoa; é a diferença entre mandar os dois filhos para a universidade ou ter de dizer a um deles que não poderá estudar. Na ciência da operação, essas metas são algumas vezes chamadas de "objetivos distais", para distingui-las dos "objetivos proximais". Na publicidade, uma expressão comum é "entender o benefício do benefício" que um cliente espera atingir. Essa é a mesma ideia. Os designers distinguem entre características e benefícios; os negociadores, entre posições e interesses; a política oscila entre resultados e consequências.

Em qualquer conversa sobre um problema, seu ou de outra pessoa, você deveria ter certeza de trazer à tona as metas de nível mais alto. Faça isso com perguntas como:

- Qual é a sua meta?

- Por que essa meta é importante para você? Quando alcançá-la, o que ela vai ajudar você a conseguir?

- Existem outras coisas importantes que atingir essa meta vai ajudar você a fazer?

Algumas vezes, esclarecer as metas de nível mais alto pode levar você diretamente para uma solução criativa. Veja o exemplo a seguir do campo da pesquisa das negociações, compartilhado por Roger Fisher, William Ury e Bruce Patton no clássico livro clássico *Como chegar ao sim*.

## Os acordos de Camp David[4]

A ideia de revelar metas de nível mais alto ajudou a estabelecer um famoso tratado de paz entre Egito e Israel em 1978, quando o presidente dos Estados Unidos na época, Jimmy Carter, convidou as partes a Camp David. Como descrito em *Como chegar ao sim*, o conflito se referia a uma disputa territorial na Península do Sinai. O Sinai, originalmente egípcio, estava sob ocupação israelense desde a Guerra dos Seis Dias, em 1967. O Egito queria todo esse território de volta. Israel queria manter pelo menos parte dele. As metas afirmadas das partes – os negociadores chamam isso de "posições" – eram fundamentalmente incompatíveis, e, como consequência, todas as tentativas de estabelecer uma fronteira tinham sido rejeitadas.

O impasse foi resolvido quando os *interesses* respectivos das partes ficaram claros. O Egito se importava com a *propriedade* da terra. Israel, por outro lado, queria *segurança*: o governo do país se preocupava com a possibilidade de ter tanques egípcios estacionados logo do outro lado da fronteira e via o Sinai como um tampão contra a invasão. A partir dessa diferença, foi possível encontrar uma solução: criar uma zona desmilitarizada que pertencia ao Egito, mas em que as forças armadas egípcias não podiam ser estacionadas.

Como a história mostra, explicitar as metas de alto nível é útil para conflitos que envolvem mais de uma parte.

No entanto, a tática também é relevante para problemas que envolvem apenas uma pessoa – porque as pessoas muitas vezes *não compreendem suas próprias metas*. O psicoterapeuta Steve de Shazer disse que "os clientes muitas vezes chegam com metas vagas e/ou mutuamente excludentes ou metas que não conseguem descrever. Na verdade, a versão mais difícil e confusa disso é que algumas pessoas não têm ideia de como vão saber que seu problema foi resolvido."[5]

Quando você esclarece as metas de nível mais alto, normalmente isso é suficiente para revelar os dois ou três objetivos mais importantes. Raramente uma boa solução é rejeitada porque a sétima meta mais importante de alguém não foi atingida.

O mesmo vale para "subir" na hierarquia, significando ir em direção às metas de nível mais alto. A recontextualização útil costuma estar nos primeiros níveis de abstração. Se você for muito mais longe, as metas serão de nível tão alto a ponto de serem quase inúteis para os propósitos de recontextualização. (Elas ainda podem guiar a tomada de decisão geral, no entanto – envolvendo, por exemplo, valores pessoais ou afirmações de propósito corporativo.)

## 2. DESAFIE A LÓGICA

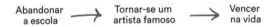

Um mapa de objetivos (como o exemplo da promoção) é mais do que apenas uma lista de coisas boas. Ele é também um modelo completo, com os principais mecanismos causais que você acredita estarem em jogo, de *como você pensa que o mundo funciona*.[6] É importante que esses vínculos causais venham à tona porque, às vezes, eles estão errados.

Um exemplo fácil são os adolescentes, que nós, os adultos sábios, concordamos que estão errados a respeito de quase tudo. Veja este modelo de carreira de sucesso um pouco simplificado:

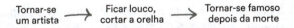

A maioria dos adultos provavelmente adorariam apontar os saltos lógicos deste modelo, talvez ao enfatizar como as coisas aconteceram com, digamos, Van Gogh:

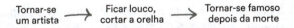

Porém, não são apenas os jovens que às vezes têm modelos ruins de como o mundo funciona.[7] Profissionais experientes também podem ficar presos em uma lógica ruim – mesmo quando se trata de sua própria área de especialidade. A seguir está um exemplo disso, de Henrik Werdelin.

**Repense o objetivo** | 83

## Repense a função de finanças: os pagamentos a longo prazo são melhores?

Se você já vendeu um produto ou serviço para uma grande empresa, provavelmente está familiarizado com termos com *Net-30*, *Net-60* e *Net-90*; esses são termos de pagamento, especificando em quantos dias a empresa deve pagar aquilo que deve a você.

Da perspectiva de uma grande empresa, uma política Líquido-90 é como receber um empréstimo sem juros por três meses, então não é de surpreender que grandes empresas muitas vezes usem seu poder para pressionar por termos de pagamento mais longos, pagando os fornecedores o mais tarde possível. Basicamente, a maioria dos profissionais de finanças em grandes empresas tem algo parecido com esse modelo em mente:

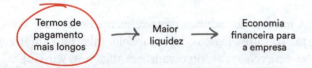

A lógica do modelo parece bem incontestável. Mas *é* realmente melhor? Como Werdelin explicou:

> Se você leva três meses para pagar suas contas, está efetivamente obrigando sua empresa a trabalhar apenas com grandes fornecedores, porque eles são os únicos que têm caixa suficiente para receber o dinheiro tão tarde. Os freelancers, que muitas vezes são mais baratos, não conseguem sobreviver nesses termos de pagamento. Então, uma política de Net-90 em toda a empresa pode, na verdade, prendê-la à contratação apenas de fornecedores mais caros.[8]

Seguindo essa lógica, várias das grandes empresas que Werdelin aconselha introduziram um sistema de pagamento escalonado, com o qual conseguem o melhor dos dois mundos.

Para verificar saltos lógicos similares, olhe seu modelo de metas[9] e se pergunte:

- Nossas principais suposições são mesmo verdadeiras? A meta afirmada necessariamente leva ao resultado que desejamos?

- Mesmo que uma suposição seja verdadeira de modo geral, existem circunstâncias especiais em que ela não se aplique? Precisamos refinar ou revisar nosso pensamento a respeito de como ganhar?

Nesta etapa em particular, pode ser útil envolver pessoas externas na discussão. Como disse Anna Ebbesen, uma especialista em encontrar sentido da Red Associates:

> Existe uma linha tênue entre fatos e suposições. Algumas vezes, nossas suposições estão tão enraizadas em nosso pensamento que as confundimos com fatos sobre o mundo. Outras vezes, a suposição foi originalmente um fato, mas algo no mundo mudou e ela se tornou inválida. É difícil vermos desse modo as nossas suposições mais fundamentais. Muitas vezes você precisa de algum tipo de informação externa para isso.[10]

## 3. EXISTEM OUTRAS MANEIRAS DE ATINGIR AS METAS IMPORTANTES

Quando souber as metas de nível mais alto, você poderá explorar a questão central: a meta imediata é a melhor maneira de chegar lá? Ou existem outros modos de atingir o resultado que desejamos?

Veja a meta pessoal de promoção esboçada antes. Um objetivo importante de ser promovido é conseguir um "salário mais alto" para que você possa alcançar algo que realmente importe, como pagar a universidade para seus filhos.

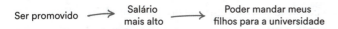

Uma primeira observação poderia ser que a palavra *salário* é visivelmente restritiva: ela limita nosso pensamento ao implicar que o dinheiro tem de entrar através de um contracheque quando realmente tem a ver com o dinheiro em geral. (Lembre-se da discussão das limitações simples autoimpostas no Capítulo 3.) Uma meta mais útil poderia ser *poupar X dólares nos próximos cinco anos*.

Isso, por sua vez, permite que você procure outras formas de atingir a meta além da promoção. Aqui está um exemplo de alguns modos alternativos de progresso que poderiam valer a pena explorar.

Aqui está um memorável exemplo real dessa tática, apresentado por Robert J. Sternberg, uma figura importante na pesquisa de resolução de problemas e criatividade.

### Como escapar de um chefe horrível

Em seu livro *Wisdom, Intelligence, and Creativity Synthesized*, Sternberg conta a história de um executivo que amava seu trabalho mas odiava o chefe. O desprezo do executivo pelo seu chefe era tão forte que ele decidiu contatar um headhunter e procurar um novo emprego dentro do mesmo setor. O headhunter explicou que, com o sólido histórico do executivo, encontrar um trabalho similar em outro lugar deveria ser fácil.[11]

Na mesma noite, porém, o executivo falou com a esposa, que era uma especialista em recontextualização. Isso levou a uma abordagem melhor. Nas palavras de Sternberg: "Ele voltou ao headhunter e deu-lhe o nome do chefe. O headhunter encontrou um novo emprego para o chefe do executivo, que, sem ter ideia do que estava acontecendo, aceitou. O executivo, então, ficou com o cargo do chefe".

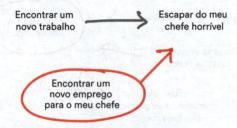

## 4. QUESTIONE TAMBÉM AS METAS ÓBVIAS

Algumas metas parecem tão autoevidentemente boas que parece tolo questioná-las. Quem não gostaria de tornar as coisas mais rápidas, mais baratas, mais seguras, com aparência melhor ou mais eficientes? Mas, na verdade, a própria obviedade dessas metas pode nos enganar – porque o que parecia ser uma boa meta em um sentido isolado não é necessariamente a coisa certa a fazer quando você olha para o quadro geral. Veja este exemplo da Intel.[12]

A maioria das pessoas conhece a Intel por causa dos processadores de computador. O que é menos conhecido é o trabalho da empresa para Stephen Hawking, o icônico físico teórico e usuário de cadeira de rodas. Desde que Gordon Moore, cofundador da Intel, encontrou Hawking em uma conferência em 1997, a Intel atualizou, gratuitamente, o software da cadeira de Hawking a cada dois anos.

A parte mais importante desse trabalho era melhorar o computador que transformava texto em fala projetado especialmente para Hawking e que possibilitava que o físico se comunicasse com o mundo. Em 1997, o sistema permitia que Hawking digitasse apenas uma a duas palavras por minuto, o que tornava a conversa dolorosamente lenta. A equipe da Intel trabalhou para aumentar a velocidade drasticamente, usando o tipo de algoritmos preditivos de texto que agora vemos em nossos smartphones.

Alguns anos depois, quando chegou a hora de outra atualização, o designer Chris Dame era parte da equipe da Intel: "Ficamos orgulhosos ao mostrar para Stephen a nova versão do software que lhe permitiria se comunicar ainda mais depressa do que o modelo antigo. E ficamos muito surpresos com a reação dele: "Vocês podem torná-lo mais lento?".

Como descobriram, Hawking era multitarefa. Enquanto escrevia uma sentença, as outras pessoas na sala continuavam a conversar naturalmente com ele e entre si, e Hawking gostava de seguir a conversa e, de vez em quando, manter contato visual com as pessoas conforme escrevia. O novo e "melhorado" sistema não permitia que ele fizesse isso. Era tão rápido que Hawking se sentia "preso" no computador até acabar de escrever. Em algum ponto, mais velocidade tornou-se algo ruim, mesmo tendo sido a característica desejada no princípio.

O mundo está cheio de exemplos contraintuitivos como esse. Sabe aqueles comerciais que passam tarde da noite na TV[13] e que parecem ter sido produzidos décadas atrás? Eles têm uma aparência amadora deliberada porque isso vende mais do que comerciais impressionantes e de produção cara. Sabe aquela caminhada longa do portão de chegada do seu voo até a área de bagagem? Isso dá à companhia aérea um pouco mais de tempo para tirar as bagagens do avião para que você passe menos tempo esperando e resmungando na esteira (algo que as pessoas gostam ainda menos de fazer do que ter de andar um pouco mais).

## Autenticidade e outras coisas ruins

Nosso fracasso em questionar metas é exacerbado porque algumas palavras só têm conotação positiva. Pense em *autenticidade*. Quem em perfeito juízo não gostaria de ser mais autêntico? (*Ótima apresentação, Kate, mas você poderia tentar soar um pouco mais ensaiada da próxima vez?*) A própria palavra nos diz tudo que você precisa saber sobre a desejabilidade de atingi-la.

E, no entanto, a autenticidade também pode ser uma meta ruim para se visar. Pense na transição para um novo emprego como líder. Entrar em um papel de liderança não é, por definição, natural para a maioria das pessoas. Como Herminia Ibarra,[14] professora do Insead, indicou, permitir-se experimentar novos comportamentos que podem não dar a sensação de "autênticos" no início é, na verdade, uma parte central de se desenvolver

como pessoa. Uma adesão cega à meta de autenticidade pode prender você em seu eu antigo e estático.

Existem muitos outros exemplos. Originalidade também soa como uma ótima qualidade. Mas, para os responsáveis por tomar decisões que evitam riscos, *original* significa não experimentado, não testado e pronto para pegar fogo. Pense, por exemplo, na indústria cinematográfica e sua preferência por *sequels* e refilmagens. (Se quiser encontrar investidores para seu novo filme, você pode ter mais sucesso com "diferente o suficiente para não ser processado".)

Deixando o trabalho de lado, considere a felicidade pessoal como uma meta. Maximizar sua felicidade cotidiana é sempre uma boa ideia? Martin Seligman,[15] fundador do movimento da psicologia positiva, argumentou que o bem-estar genuíno não é só ter emoções positivas. Uma vida verdadeiramente gratificante também envolve buscar objetivos difíceis de atingir e ter impacto positivo sobre os outros – o que pode significar caminhar por uma estrada mais difícil do que a que liga a geladeira à TV.

## 5. EXAMINE TAMBÉM AS SUBMETAS

Até agora, nós nos concentramos nas metas de nível mais alto. Também vale a pena examinar as *sub*metas, ou seja, as etapas intermediárias que acreditamos que nos levarão até uma meta.

No exemplo de conseguir uma promoção, estas são algumas possíveis submetas:

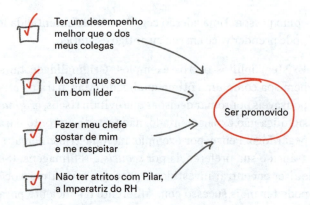

Do mesmo modo que as metas de nível mais alto, as submetas são parte de seu modelo mental geral de como o mundo funciona. Desse modo, as submetas também podem ser erradas, incompletas ou precisar ser repensadas. Veja essa ambição profissional não controversa:

*Conseguir um emprego que me deixe feliz*

Antes de você continuar a ler, pare por um segundo para pensar a respeito de seu próprio modelo mental em relação a essa meta. Quais você diria que são os principais fatores que tornam um emprego gratificante? O que você deveria procurar ao fazer seu próximo movimento de carreira?

Segundo a 80,000 Hours, uma iniciativa britânica sem fins lucrativos fundada por Benjamin Todd e Will MacAskill, a maioria das pessoas pensa que a felicidade no trabalho vem de duas coisas: salário alto e baixo nível de estresse.

Pesquisas sobre o que realmente faz as pessoas amarem seus trabalhos, porém, indica outras coisas. Com base em uma revisão de mais de 60 estudos diferentes da satisfação no trabalho, Todd e MacAskill citam seis fatores que levam à felicidade profissional.[16]

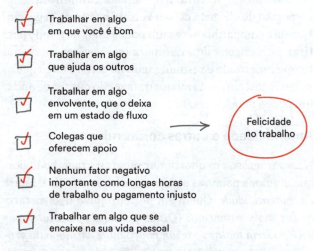

Tanto para as metas de nível mais alto quanto para as de nível mais baixo, primeiro esclareça e depois desafie suas suposições para garantir que você está resolvendo para a meta certa.*

---

* Como você pode notar, é um tanto arbitrário que você use os termos meta, submeta e meta de nível alto. Não enfatize demais a terminologia, essa é apenas uma reflexão de onde na hierarquia você se encontra no início. O importante é explorar "acima" e "abaixo" da meta que você escolheu inicialmente para examinar.

RESUMO DO CAPÍTULO
# Repense o objetivo

Revise suas afirmações de problemas.

- Comece escrevendo a meta: *como seria o sucesso? Qual meta (ou metas) estou tentando atingir?*

- Então desenhe um mapa da meta (como o exemplo da promoção) para esclarecer as metas de nível mais alto.

- Se quiser, também pode mapear as submetas ao mesmo tempo: *quais etapas são necessárias ou úteis para atingir sua meta?*

Se você precisar de mais orientação para desenhar o mapa, tente aplicar estas perguntas a cada meta listada no mapa, com base no trabalho de Min Basadur:

- Traga à superfície as metas de nível mais alto perguntando: *por que queremos atingir essa meta? Qual é o benefício? Qual é a meta por trás da meta?*

- Traga as submetas à superfície perguntando: *o que está nos impedindo de atingir essa meta?*

- Procure também por outras metas perguntando: *o que mais é importante?*

Depois que você tiver desenhado o mapa, faça uma revisão rápida para ver se alguma das metas está definida de maneira muito restrita. (Lembre-se do exemplo de "Preciso de um salário mais alto" em comparação com "Preciso de X dólares em cinco anos".) Pergunte-se: *existe alguma limitação simples autoimposta?* Assegure-se de que a contextualização das metas não implica uma solução específica a menos que seja genuinamente necessário. Depois tente aplicar as outras táticas que abordamos no capítulo.

## Desafie a lógica

Lembre-se de como as equipes de finanças não estavam necessariamente certas sobre os benefícios do Net-90. Pergunte:

- Nossas suposições são mesmo verdadeiras? A meta imediata necessariamente leva ao resultado que desejamos?

- Mesmo que uma suposição seja verdadeira de modo geral, existem circunstâncias especiais em que ela não se aplica? Precisamos refinar ou revisar nosso pensamento a respeito de como ganhar?

## Existem outras maneiras para atingir as metas importantes?

Lembre-se da história do executivo que usou o headhunter para conseguir um novo emprego para o chefe e não para si mesmo, contada por Robert Sternberg.

Lembre-se também da história de Lori Weise (do Capítulo 1): em vez conseguir que mais cães de abrigos sejam adotados, podemos ajudar suas famílias para que os cães nem cheguem a entrar para o sistema de adoção?

De maneira semelhante, pergunte:

- Existe uma meta melhor para buscar?

- Existem maneiras alternativas de atingir a meta de nível mais alto?

## Questione também as metas óbvias

Existe alguma meta que soe tão obviamente boa que nem deveria ser questionada? Questione-a de qualquer modo e fique atento a palavras com conotações positivas, como *autenticidade*, *originalidade* e *segurança*.

## Examine também as submetas

Se ainda não fez isso, mapeie as submetas e, depois, sujeite-as ao mesmo exame. Em que você poderia estar enganado? O que você poderia estar esquecendo?

**Capítulo 6**

# Examine os pontos luminosos

## O PODER DAS EXCEÇÕES POSITIVAS

O início do quase sempre feliz casamento de Tania e Brian Luna foi atormentado por um problema recorrente: às vezes eles acabavam tendo uma grande briga por causa de pequenas coisas, como faxina, gastos ou cuidados com o cão. E, embora todos os casais briguem de vez em quando, Tania e Brian achavam que seus conflitos muitas vezes se tornavam desnecessariamente amargos.

Depois de isso acontecer algumas vezes, eles começaram a analisar o problema. Por que as brigas ficavam tão acirradas? Como Tania me contou: "Nosso foco inicial estava em como e por quê. Nós examinamos quem disse o quê e passamos algum tempo nos concentrando em coisas profundas como valores e como tínhamos sido criados".[1]

Observe o padrão aqui. Quando se trata de problemas de pessoas, muitas vezes tendemos a buscar explicações profundas e históricas, talvez inspirados por Sigmund Freud: *tem de ser alguma coisa na nossa infância.*

Esse contexto bem pode ser verdadeiro, mas também é difícil fazer alguma coisa a respeito dele. O mesmo vale para o contexto de "valores": *nós só temos valores diferentes, querido. Eu valorizo o progresso, e você valoriza ser um idiota. Estou feliz por isso estar claro.* No caso de Tania e Brian, esses tipos de contextualização não foram úteis.

O que ajudou foi a análise que eles fizeram de uma *exceção positiva*. Como Tania explicou:

> Um dia, nós tivemos uma conversa no café da manhã a respeito do nosso orçamento e foi muito tranquila e indolor. O mesmo assunto que tinha parecido incrivelmente complexo e perturbador de noite foi fácil depois de dormirmos e comermos. Isso nos fez parar e repensar o que estava acontecendo. Logo percebemos que quase todas as nossas brigas tinham algo em comum: elas aconteciam depois das dez da noite. Nós não brigávamos por causa de nossos valores diferentes. Nós brigávamos porque estávamos com sono, com fome e irritados por causa disso.

A recontextualização levou Tania e Brian a instituírem o que chamam de "Regra das dez da noite".

> Em resumo: não podemos conversar sobre nada sério nem polêmico depois das dez da noite. E se um de nós tentar começar uma briga, o outro só diz "dez horas!", e toda disputa tem de acabar. A regra tem sido nossa melhor ferramenta de solução de problemas e nos ajudou a ter quase uma década de casamento muito feliz. :-)

A história reforça um ponto importante deste livro: muitas vezes existem vários modos de resolver um problema. Se Tania e Brian tivessem escolhido fazer terapia de casal, por exemplo, há uma boa chance de que tivessem resolvido o problema ou, pelo menos, encontrado uma maneira de lidar com ele. Do jeito que foi, eles encontraram um modo melhor de seguir em frente, dando atenção a uma outra questão: *quando nós* não *temos o problema? Existe algum ponto luminoso?*

### A estratégia: examine os pontos luminosos[2]

O importante na estratégia dos pontos luminosos – um termo útil cunhado pelos autores Chip e Dan Heath – é procurar situações ou lugares em que o problema não seja tão ruim ou onde ele pode até estar totalmente ausente. Prestar atenção a essas exceções positivas pode dar a você uma nova perspectiva do problema e até levá-lo diretamente a uma solução viável.

As origens da abordagem dos pontos luminosos podem ser rastreadas até dois campos. Um é a medicina.[3] Os médicos conhecem há muito tempo o poder de perguntar a seus pacientes: *existem momentos em que você não se sente tão mal?*

O outro é a engenharia, um dos primeiros campos fora da medicina a criar estruturas formais para diagnosticar problemas. Aqui, a estratégia foi popularizada por Charles Kepner e Benjamin Tregoe em um influente livro de 1965 sobre análise de causa raiz,[4] que ensinou os responsáveis por solução de problema a perguntar: *onde o problema não existe?* Desde então, a pergunta sobre os pontos luminosos tem sido um padrão das estruturas de solução de problemas em todos os lugares.[5]

A recontextualização real raramente é complicada com o uso dos pontos luminosos. A parte difícil é tipicamente *achar* esses pontos, porque, às vezes, eles estão em locais muito surpreendentes. As quatro perguntas a seguir ajudarão você a encontrá-los.*

---

\* Como nas outras estratégias neste livro, eu parto de um amplo corpo de trabalhos anteriores na área. Para este capítulo, quero enfatizar minha dívida particular com os excelentes livros de Chip e Dan Heath: *Switch* e *Gente que resolve*. As pessoas familiarizadas com o trabalho dos dois vão notar que eu ecoei parte dos conselhos deles aqui.

1. Você já resolveu o problema pelo menos uma vez?
2. Existem exceções positivas em nosso grupo?
3. Quem mais lida com esse tipo de problema?
4. Podemos divulgar o problema de maneira ampla?

## 1. VOCÊ JÁ RESOLVEU O PROBLEMA PELO MENOS UMA VEZ?

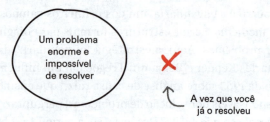

Se você decidisse começar a fazer terapia na década de 1970, provavelmente você e seu terapeuta continuariam a se encontrar durante anos e ficariam sessão após sessão explorando seu passado: *e a mãe da sua mãe? Qual era o defeito profundamente enraizado dela?* O terapeuta era como um mergulhador especialista em cavernas, pronto para rodada após rodada de exploração das partes mais internas de sua psique.

No início da década de 1980, um pequeno grupo de terapeutas de Milwaukee descobriu outra abordagem, conhecida hoje como "terapia focada na solução".[6] O grupo, liderado por Steve de Shazer e sua esposa, Insoo Kim Berg, notou algo surpreendente: da mesma forma como Tania e Brian com sua conversa sem esforço no café de manhã, muitos dos clientes do grupo *já tinham resolvido seu problema pelo menos uma vez*. Mas, ao contrário de Tania e Brian, eles não tinham notado realmente o ponto luminoso e, assim, não aprenderam com isso.

Nesses casos, não era necessário nenhum mergulho em caverna. O trabalho do terapeuta era guiar o paciente a encontrar os pontos luminosos e, depois, incentivá-lo a reaplicar o mesmo comportamento. Usando essa abordagem, o grupo de Milwaukee conseguiu ajudar seus pacientes a seguirem em frente com uma média de apenas oito sessões de terapia.

### Como encontrar os pontos luminosos

Para aplicar o insight do grupo de Milwaukee a seus próprios problemas, faça o seguinte:

- Olhe para o passado. Houve algum momento, mesmo que apenas uma vez, em que o problema não aconteceu ou em que ele era menos grave do que usualmente?

- Se sim, examine cuidadosamente o ponto luminoso. Existe alguma pista que possa esclarecer o problema?

- Se a análise não render pistas, você pode tentar repetir os comportamentos? É possível recriar as circunstâncias que levaram ao ponto luminoso?

- Se você não conseguir achar um ponto luminoso de seu problema atual, pense se você já resolveu um problema *similar*?[7] Será que isso lhe dá alguma pista?

## Três regras práticas

Ao procurar pontos luminosos no seu passado, tenha estas três diretrizes em mente:

***Busque exceções corriqueiras.*** Se o trabalho te deixa muito estressado, lembrar daquela vez que você tirou quatro meses de férias não é um ponto luminoso muito útil. Seria mais útil ter um ponto luminoso mais próximo da situação em que o problema acontece. Houve algum dia recentemente em que seu trabalho não o estressou tanto? O que aconteceu de diferente naquele dia?

***Examine as exceções*** realmente ***positivas também.*** Não procure apenas a ausência de problemas. Também examine as ocasiões em que as coisas eram realmente ótimas. Houve algum dia em que você se sentiu *energizado* no trabalho? Lidar melhor com o estresse, por exemplo, nem sempre tem a ver com evitar as coisas que o deixam estressado. Isso pode ter a ver apenas com acrescentar mais coisas positivas a seu dia, dando a você mais energia mental para lidar com os fatores estressantes.[8]

***Quando o problema aconteceu mas não foi importante?*** A ausência de *efeitos* ruins de um problema é também um ponto luminoso. No caso do problema de estresse, você poderia perguntar: houve um dia em que você ficou estressado mas conseguiu não se deixar afetar por isso? O que você fez de diferente?

No mundo da hotelaria, por exemplo, sabe-se bem que não é possível dar aos hóspedes a estadia perfeita todas as vezes. Vão ocorrer erros: pedidos de comida demoram a chegar, lavagem a seco feita do modo errado, chaves do quarto param de funcionar no momento mais inconveniente possível. No entanto, esses erros nem sempre têm consequências negativas. Como a executiva do hotel Raquel Rubio Higueras me disse:

> Normalmente não é o erro em si que deixa o hóspede infeliz. O que realmente importa é como a equipe do hotel lida com o erro. Em alguns casos, se a equipe reage prontamente e se esforça para consertar a situação, os hóspedes na verdade vão avaliar sua estadia *melhor* do que se o erro nunca tivesse acontecido.[9]

## Pensamento de longo prazo em uma empresa jurídica[10]

Este é um exemplo empresarial de um advogado chamado Anders. De vez em quando, Anders se reunia com alguns dos outros sócios de seu escritório para pensar em novas iniciativas: *como poderíamos ampliar nossos negócios no longo prazo?* Muitas das ideias pareciam promissoras e todos concordavam que valia a pena explorá-las.

Porém, as boas intenções não duravam muito. Para frustração de Anders, quando as reuniões terminavam, todos – inclusive ele – voltavam a se concentrar exclusivamente nos projetos de curto prazo. Como acontece em muitas empresas, a tirania dos resultados do próximo trimestre derrotava impiedosamente as aspirações dos sócios para o futuro, repetidamente.

Quando lhe solicitaram que procurasse os pontos luminosos, Anders lembrou de uma iniciativa de longo prazo que havia ido em frente. O que havia de diferente nela? Aquela reunião, de modo incomum, incluíra não apenas os sócios, mas também uma associada que era considerada uma estrela em ascensão, e ela acabou levando a ideia adiante.

Isso imediatamente sugeriu um curso de ação: incluir associados talentosos em reuniões futuras. Os associados se sentiam privilegiados quando eram convidados para as discussões estratégicas e, ao contrário dos sócios, tinham um incentivo de curto prazo claro para seguir com os projetos de longo prazo, ou seja, impressionar os sócios e obter uma vantagem na concorrência com seus colegas.

## 2. EXISTEM EXCEÇÕES POSITIVAS EM NOSSO GRUPO?

E se você não tiver um ponto luminoso em seu próprio passado? Nesse caso, você deve verificar se existe algum em seu grupo de colegas imediatos:

- Os números de engajamento de nossos colaboradores estão péssimos. *Mas dois de nossos líderes parecem estar se saindo bem.*

- As vendas estão baixas por toda parte. *Bom, exceto naquele mercado pequeno onde elas cresceram 5%.*

- *É tão difícil de conviver com meus pais! Acontece que meus oito irmãos parecem se dar muito bem com eles.*

Mesmo com problemas realmente difíceis, considerando um grupo grande o bastante, muitas vezes existem alguns destaques que encontraram uma maneira de lidar com eles. Como os pioneiros dentro da comunidade de ajuda internacional demonstraram, esses destaques podem ser cruciais na recontextualização do problema. Aqui está um exemplo disso extraído do trabalho de Jerry Sternin, um dos fundadores da chamada abordagem do desvio positivo.

### Fazer pais analfabetos manterem os filhos na escola[11]

Em certo ponto, alguns membros da equipe de Sternin trabalharam com um grupo de professores e diretores de escola de Misiones, uma província rural da Argentina. O problema que eles enfrentavam tinha a ver com evasão escolar: apenas 56% das crianças da província concluíam o ensino fundamental (em comparação com uma média nacional de 86%).

Uma grande razão tinha a ver com os pais, muitos dos quais eram pobres e analfabetos. Como nunca tinham frequentado a escola, a maioria deles não parecia se importar em manter seus filhos indo às aulas. Intimidar os pais a respeito da importância da educação para o futuro dos filhos não ajudava. Como as escolas tinham recursos muito limitados, a maioria dos professores não achava que havia muito a ser feito.

A equipe de Sternin sabia que havia provavelmente outro ângulo do problema, e que deixar os professores examinarem alguns pontos luminosos podia trazê-lo à superfície. Como eles escreveram no livro *O poder do desvio positivo*:

> O contexto inicial do problema muitas vezes é um marcador. Se a experiência ensina uma lição, é que a recontextualização do problema geralmente ocorre no decorrer do tempo. O modo mais seguro de uma comunidade reconhecer um problema como seu é que as pessoas o contextualizem em suas próprias palavras e o baseiem em sua própria realidade.

Para fazer com que isso acontecesse, a equipe de Sternin apresentou ao grupo alguns dados interessantes: embora a maioria das escolas na província tivesse o mesmo problema, havia três exceções. Duas escolas retinham 90% de seus estudantes, acima da média nacional. Uma terceira retinha *100%*. Nenhuma das três tinha acesso a recursos extras. O que estava acontecendo?

A resposta estava ligada ao comportamento dos professores. Em toda a província, a maioria dos professores tratava os pais analfabetos com superioridade. Nas escolas com pontos luminosos, em contraste, os professores tentavam engajar os pais, criando, por exemplo, "contratos de aprendizagem" anuais com eles antes do ano escolar. Esse engajamento levou a um insight importante: em alguns casos, o que as crianças aprendiam na escola podia *beneficiar diretamente seus pais aqui e agora*. Nas palavras da equipe: "Conforme as crianças aprendiam a ler, somar e subtrair, elas podiam ajudar seus pais a aproveitar os subsídios do governo e calcular a quantia ganha com lavouras ou os juros devidos na loja da cidade".

Isso oferecia aos professores um outro modo de conquistar os pais como parceiros. Manter o filho na escola não tinha só a ver com dar à criança alguma vantagem vaga no futuro (que pode parecer muito distante quando você é pobre). Isso podia ter um valor claro e imediato para os pais: *no final do ano, se você ajudar a manter sua filha na escola, ela pode auxiliá-lo com as contas.*

Como resultado do insight, dois distritos escolares na província decidiram replicar a abordagem das escolas com pontos luminosos e viram um aumento de 50% nas taxas de retenção no ano seguinte.[12]

Para encontrar pontos luminosos em seu grupo de colegas, pergunte: *alguém que conhecemos resolveu o problema ou, pelo menos, encontrou uma maneira melhor de lidar com ele?*

## 3. QUEM MAIS LIDA COM ESSE TIPO DE PROBLEMA?

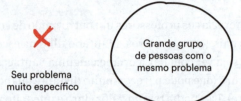

Em minhas palestras para públicos de diversos setores, muitas vezes faço um breve exercício em que peço para as pessoas escolherem um problema que estão enfrentando naquele momento. Depois, peço que o recontextualizem em pequenos grupos, trabalhando com pessoas de outras especialidades.

No início, a maioria das pessoas não entende por quê: *como essas pessoas poderiam me ajudar? Meu problema é profundamente único e específico do setor. Na verdade, ninguém nunca enfrentou nada como isso na história, nunca. São cinco minutos da minha vida que nunca terei de volta.*

Em uma breve conversa depois, enquanto falo sobre o exercício, um dos grupos sempre diz: "Nós descobrimos que todos temos o mesmo exato problema!".

Eles não têm, é claro. Os problemas são sempre únicos nos detalhes. Mas, ao mesmo tempo, quando você olha além dos detalhes, muitos problemas têm em comum o que o autor e cientista cognitivo Douglas Hofstadter chama de "esqueleto conceitual",[13] isto é, eles são o mesmo tipo de problema. É isso que faz as pessoas dizerem: "Eu tenho o mesmo problema!".

Quando você busca os pontos luminosos, os detalhes muitas vezes são secundários: você não tem de encontrar uma correspondência exata para os seus problemas. Na verdade, menos é mais: ao definir seu problema com *menos* detalhes, você tem mais facilidade para achar pontos luminosos em outros lugares. Isto é o que Martin Reeves, diretor do Boston Consulting Group do Henderson Institute e um dos principais pensadores em solução de problemas escreveu:

> Você tem de começar com os detalhes: quais são as principais características observáveis desse problema? Mas, depois de fazer isso, você tem de se afastar dos detalhes e conceitualizar o problema, encontrando um modo mais abstrato de expressá-lo. Isso permitirá que você pergunte: *onde mais vimos este tipo de problema?*[14]

Esse é um importante passo no processo de solução de problemas do Boston Consulting Group, permitindo à empresa procurar por soluções e pontos luminosos em outros setores. Para fazer o mesmo, pergunte:

- Que tipo de problema estamos enfrentando? Como podemos pensar sobre isso em termos mais amplos e gerais?

- Quem mais lida com esse tipo de problema? O que poderíamos aprender com essas pessoas?

Aqui está a história de uma equipe que usou essa abordagem.

## A Pfizer resolve um problema entre culturas[15]

Enquanto trabalhava na Pfizer, a gigante farmacêutica, Jordan Cohen criou um serviço interno de sucesso chamado pfizerWorks. O serviço permitia que os funcionários terceirizassem as partes chatas de seu trabalho, como avaliação de dados, preparação de slides e pesquisas de mercado, para equipes de analistas virtuais.

Alguns dos analistas que trabalhavam para o pfizerWorks estavam localizados em Chennai, na Índia, e, unicamente para esse tipo de serviço, eles interagiam diretamente com os funcionários da Pfizer nos Estados Unidos e em outras localidades, em vez de se comunicar por meio de um escritório central.

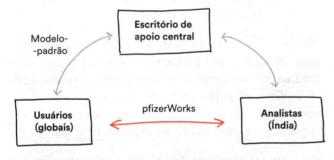

O modelo tornou o pfizerWorks muito mais rápido e eficaz em termos de custo, mas também criou um grande problema. Como Seth Appel, um membro da equipe de Jordan, me disse:

> Uma funcionária da Pfizer em Nova York mandava um e-mail para a equipe em Chennai com uma pergunta sobre um relatório, mas a pessoa com quem ela queria falar não estava no escritório. Bom, se você mandasse um e-mail para alguém familiarizado com as normas de comunicação ocidentais, receberia uma resposta educada: *Prezada Kate, obrigado por sua mensagem. Sinto dizer que Santosh, o líder do nosso projeto, não está no escritório agora, mas vou garantir que ele responda prontamente quando retornar amanhã às oito horas no seu fuso horário.*

Em vez disso, porém, Kate recebia uma resposta de uma linha dizendo: *Santosh não está aqui agora.*

Esse tipo de resposta criava muita raiva e confusão: *que tipo de mensagem é essa? Ninguém vai dar atenção ao meu relatório? Será que vou recebê-lo a tempo? Será que eu preciso escrever de novo só para saber se ele recebeu a mensagem?* Como o sociólogo e importante pensador de recontextualização Erving Goffman apontou já nos anos 1960, as normas culturais são muito mais invisíveis – até o momento em que você as quebra.[16]

Como o problema poderia ser resolvido? Procurar os pontos luminosos dentro de seu próprio setor não ajudou: na época, ninguém deixava que os analistas lidassem diretamente com os usuários. Então Jordan e Set contextualizaram o problema em um nível mais conceitual.

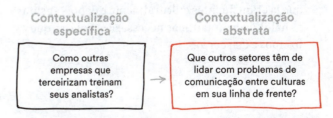

Examine os pontos luminosos | 99

Se você quiser adivinhar, faça uma pausa aqui e tente pensar na questão e no tipo de solução que eles acabaram encontrando.

---

Seth e Jordan encontraram um ponto luminoso no setor de hospitalidade. As grandes cadeias internacionais de hotéis com unidades na Índia precisavam de funcionários nos serviços de recepção e de *concierge* que pudessem se comunicar com moradores locais e com pessoas de muitas culturas diferentes.

A seguir, Seth e Jordan poderiam ter entendido como os hotéis treinavam os funcionários de recepção e, depois, usar a mesma abordagem com seus analistas. Em vez disso, eles tentaram uma abordagem ainda mais simples: *contratar as pessoas diretamente nos hotéis*. Como Seth me disse:

> Nossa equipe precisava ter duas habilidades principais: habilidades analíticas para fazer o trabalho e habilidades culturais para lidar com as comunicações. Assim, em vez de contratar analistas habilidosos e depois ensinar como se comunicar, nós percebemos que era mais fácil contratar pessoas que já eram fluentes culturalmente e depois ensinar as habilidades analíticas necessárias. Foi isso que fizemos e deu certo.

## 4. PODEMOS DIVULGAR O PROBLEMA DE MANEIRA AMPLA?

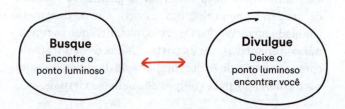

A abordagem que acabamos de examinar tem um claro problema: você precisa ter alguma ideia de onde procurar. Quando a equipe de Jordan perguntou *quem mais tem problemas com comunicação entre culturas*, não foi muito difícil perceber a conexão com grandes hotéis. Mas e se os pontos luminosos úteis estiverem em um setor do qual você nunca ouviu falar?

Nesse caso, existe uma outra abordagem que você pode usar: **divulgar o seu problema**.[17] Como a pesquisa mostrou, ao falar amplamente sobre seu problema e apresentá-lo a diferentes grupos, você aumenta as chances de alguém conectá-lo a um ponto luminoso que você não conhece. Aqui estão algumas maneiras simples de fazer isso:

- Em seu próximo intervalo de almoço, sente-se com pessoas de outros departamentos e fale sobre o seu problema. (Pergunte também sobre os problemas que eles enfrentam.)

- Descreva o problema na intranet ou em canais similares da empresa.

- Fale com amigos que trabalham em outros setores (desde que o problema não seja confidencial).

- Se o problema puder ser compartilhado em público, pense em usar as redes sociais para pedir sugestões.

Para problemas maiores, sobretudo na área de pesquisa e desenvolvimento, existem também opções de divulgação mais avançadas. Algumas plataformas de solução de problemas permitem que você compartilhe seu problema (pagando uma taxa), colocando-o diante de comunidades de "solucionadores" de todo o mundo. Outros podem conectar você com redes de especialistas ou se oferecer para fazer uma competição pública de ideias. Antes de pensar nessas possibilidades, no entanto, experimente primeiro as versões mais simples. Como a história a seguir mostra, você nem sempre precisa de muito para fazer a diferença.

### O caso da E-850[18]

Quando os pesquisadores da empresa DSM inventaram uma nova forma de cola chamada E-850, parecia que era uma vencedora clara. Ela funcionava melhor do que a maioria dos produtos da concorrência e era mais ecológica, o que a tornava muito atraente para os clientes da DSM.

Mas surgiu um problema. Um importante uso da E-850 era colar finas camadas de madeira para criar um tipo de tábua laminada usada como tampo de mesa. Quando os pesquisadores tentaram aplicar um revestimento às chapas que eram coladas com a E-850, o laminado começava a se desgastar nas bordas.

A cola não podia ser lançada no mercado antes de o problema ser resolvido. Infelizmente, esse era um problema difícil. Depois de dois anos, a equipe de pesquisa e desenvolvimento ainda não o tinha resolvido.

Então, Steven Zwerink, Erik Pras e Theo Verweerden, funcionários da DSM, decidiram tentar divulgar o problema.[19] Para facilitar as coisas, eles criaram uma apresentação em PowerPoint que descrevia o problema e compartilharam a apresentação em várias mídias sociais. Para incentivar as pessoas a ajudar, eles ofereceram uma recompensa de 10 mil euros – uma pequena quantia em comparação com os ganhos potenciais que a DSM teria se lançasse o produto.

Dois meses depois, a equipe publicou uma segunda apresentação com um anúncio feliz: muitas pessoas tinham respondido ao desafio, e as informações específicas de cinco pessoas, quando reunidas, permitiram que os pesquisadores encontrassem uma solução.* Como resultado, a DSM pôde finalmente ir em frente e lançar a E-850 no mercado, onde ela se tornou um grande sucesso.

Incidentalmente, o caso da DSM ilustra também que as soluções podem estar mais perto do que você pensa. Cinco pessoas contribuíram para a solução, e *três delas trabalhavam para a DSM*. Um era cientista. O segundo era um gerente de contas. O terceiro era um advogado trainee do departamento de patentes da empresa. Divulgar seu problema permite que informações surjam de lugares inesperados.

---

\* Como costuma acontecer, a solução envolveu recontextualizar o problema. Eu não descrevi os detalhes aqui pois eles são um pouco técnicos, mas, se você for um fã de laminação – e quem não é? –, pode ler tudo a respeito disso na seção de notas.

## Três dicas para divulgar problemas

Ao divulgar um problema, aqui estão três conselhos breves de Dwayne Spradlin, fundador do site de solução de problemas InnoCentive:[20]

- **Evite linguagem técnica.** Tenha certeza de que pessoas que não trabalham no setor consigam entender o problema.

- **Dê muito contexto.** Por que é importante resolver o problema? Quais são as principais limitações? O que você já tentou?

- **Não especifique demais a solução.** Em vez de escrever, digamos: "Precisamos de um modo mais barato de cavar poços", escreva: "Precisamos fornecer água potável para 1,2 milhão de pessoas" (o que pode não envolver poços).

---

A coisa mais estranha sobre a estratégia dos pontos luminosos é que ela é necessária antes de qualquer outra coisa. Como vocês viram, muitos pontos luminosos situam-se em locais que já conhecemos – e alguns podem ser encontrados *no nosso próprio passado* (essa ideia ainda me deixa calmamente atônito). De algum modo, você pensaria que teríamos mais facilidade de encontrá-los automaticamente.

E, no entanto, não temos. Todos sofremos com um fenômeno chamado "viés de negatividade",[21] resumo científico para a ideia simples de que as pessoas tendem a dar mais atenção às coisas ruins do que às boas. Ao enfrentar problemas, nós tendemos a nos concentrar no que está dando errado e, assim, deixamos de aprender com o que está dando certo.

A estratégia dos pontos luminosos tem o objetivo de consertar isso. Ao mudar o roteiro e dirigir sua atenção para o positivo – o que funciona? –, você pode encontrar novos caminhos. É só lembrar de usá-la.

RESUMO DO CAPÍTULO

# Examine os pontos luminosos

Reveja suas afirmações de problemas. Para cada problema, pense se existe algum ponto luminoso.

**Você já resolveu o problema pelo menos uma vez?**

As pessoas muitas vezes têm dificuldade com problemas *que já resolveram*. Depois de sua conversa tranquila no café da manhã, Tania e Brian Luna perceberam que suas brigas eram provocadas em parte pelo horário. Com isso em mente, pense se houve algum momento – mesmo que apenas um:

- Em que você não teve o problema

- Em que o problema era menos grave

- Ou em que o problema aconteceu mas o efeito negativo usual não ocorreu

Existe algo que você possa aprender com esses pontos luminosos? Se não, você pode recriar os comportamentos ou circunstâncias que levaram ao ponto luminoso – basicamente, fazer mais daquilo que funciona?

**Existem exceções positivas em nosso grupo?**

Lembre-se da história dos pais analfabetos na província argentina de Misiones: ao estudar três escolas "fora da curva", as demais escolas encontraram um modo melhor de contextualizar o problema de envolvimento dos pais.

- Existe alguém no seu grupo de colegas que tenha resolvido o problema? Você pode descobrir o que ele está fazendo de diferente?

### Quem mais lida com esse tipo de problema?

Para encontrar os pontos luminosos em outros setores, lembre-se da indicação de Martin Reeves de descrever o problema em termos mais abstratos e como isso ajudou a equipe da pfizerWorks a encontrar um ponto luminoso no setor hoteleiro. Do mesmo modo:

- Como você descreveria seu problema em termos mais abstratos?

- Quem, fora do seu setor, também lida com esse tipo de problema?

- Quem parece *não* ter esse problema, mesmo estando em uma situação similar? O que ele faz de diferente?

### Podemos divulgar o problema de maneira ampla?

Lembre-se do caso da DSM e de como a empresa encontrou uma solução ao divulgar seu problema através de uma simples apresentação de slides. Se não puder identificar alguém que resolveu o problema, você poderia fazer algo parecido?

**Capítulo 7**

# Olhe no espelho

## PROBLEMAS COM AS CRIANÇAS

Você pode ensinar recontextualização para crianças pequenas?

Essa questão foi trazida a mim na Hudson Lab School, uma escola progressista baseada em projetos em Westchester, Nova York. Os fundadores, Cate Han e Stacey Seltzer, conheciam meu trabalho e me desafiaram a experimentar meu workshop de recontextualização com os alunos deles. Então, lá estava eu em uma manhã quente de agosto ensinando recontextualização a um punhado de crianças de 5 a 9 anos.

### Os problemas dos pequenos seres humanos

Você pode estar imaginando que tipo de problemas crianças dessa idade podem ter. Bom, aqui está uma seleção extraída do workshop, um pouco editada para arrumar letras invertidas, corrigir acidentes com suco de fruta e pequenos corações como pingos da letra *i*:

*"Tinha uma pedra que eu queria, mas ela pertencia a outra pessoa."*

*"Eu não consigo vencer o Electabuzz (um monstro de videogame)".*

*"Não posso bater na minha irmã porque ela é menor do que eu."*

Sim, esses problemas existenciais profundos fazem parte do mundo dos pequenos seres humanos. (Para ser justo, o problema sobre querer a pedra de outra pessoa pode ser considerado como base de quase todos os conflitos humanos desde a Guerra do Peloponeso.) E, enquanto eu dava a aula junto com Stacey, Cate e seus colegas, ficou claro que a maioria das crianças – especialmente as menores – tinha dificuldade com o conceito de recontextualização.

Veja o caso de um garoto, que vou chamar de Mike, cujo irmão algumas vezes batia nele quando eles brigavam. A afirmação de problema de Mike era sucinta:

*Nunca consigo me vingar.*

A solução escolhida por ele também era direta:

*Bater primeiro na cabeça.*

Com base em meu workshop, Mike percebeu que ele poderia se beneficiar se desenvolvesse uma abordagem alternativa. Depois de pensar muito, ele pensou em:

*Não bater.*

Apesar dos esforços de Mike, dava para perceber uma certa tendência sistêmica para a primeira solução. Suspeito que os conflitos entre Mike e seu irmão continuaram a ser resolvido pela força em vez de pelo raciocínio.

No entanto, houve exceções. Tente por um segundo se colocar no lugar da colega de classe de Mike, uma garota de 7 anos a quem vou chamar de Isabella, e pense sobre como ela poderia recontextualizar o problema:

*Minha irmã de 5 anos, Sofia, pede o tempo todo que assista à TV com ela. Isso é muito chato.*

No início, Isabella pulou para a conclusão de que o problema estava na personalidade da irmã: Sofia é uma pessoa chata, e, assim, ela naturalmente gostava de chatear sua pobre irmã.

Ao fazer isso, Isabella ilustrou o que se chama "erro fundamental de atribuição",[1] um fenômeno observado na psicologia em que concluímos instintivamente que as pessoas fazem coisas ruins porque são, no fundo, pessoas ruins. *Minha esposa é egoísta. Nossos clientes são estúpidos. As pessoas que votam no meu oponente só querem ver o mundo pegar fogo.*

Essa é uma perspectiva fácil – na verdade, fazemos isso automaticamente – e, se deixada com suas habilidades próprias, é isso que provavelmente Isabella teria continuado a pensar. Mas, quando ela começou a questionar seu problema, incentivada gentilmente por uma das professoras, chegou a duas contextualizações alternativas:

**Recontextualização 1:** *Como posso me sentir menos chateada com a Sofia?*

**Recontextualização 2:** *Como a Sofia pode ser menos solitária?*

Na primeira recontextualização, Isabella voltou a atenção para si mesma, explorando como poderia lidar com suas emoções. Na segunda recontextualização, ela foi além da visão simplista "ela é chata" e fez algo admirável: ela começou a ver a irmã sob uma luz mais gentil e mais humana.

No próximo capítulo, olharemos mais de perto como resolver problemas ao assumir a perspectiva de outra pessoa, trabalhando deliberadamente para entender de verdade o outro. Antes disso, vamos examinar uma das mais subestimadas fontes de insight: nossa própria contribuição para o problema.

## Olhe no espelho: qual é o meu próprio papel na criação desse problema?

Todas as estratégias que abordamos até agora diziam respeito a ver algo que estava oculto fora do contexto – um ponto luminoso, uma meta de nível mais alto ou uma parte interessada que não é percebida.

Este capítulo, em contraste, tem a ver com um fato que tende a estar oculto à vista de todos, dentro do contexto – e isso é *você*. Ao considerar os problemas, muitas vezes subestimamos nosso próprio papel na situação, como indivíduos ou como grupo.

Talvez isso não seja nenhuma surpresa. Desde a infância, aprendemos a contar histórias que convenientemente deixam de fora a nossa ação. Janelas e vasos quebram. Irmãos começam a chorar espontaneamente. Copos cheios de leite, cansados de sua existência presa à mesa, se jogam ao chão.

As pesquisas mostram que esse padrão continua imutável na idade adulta.[2] Os exemplos são abundantes. Aqui vou mencionar uma história que é 1) muito possivelmente uma ficção e 2) boa demais para não ser contada. Em 1977, um artigo de jornal pesquisou o que os motoristas escreviam no formulário do seguro depois de se envolver em um acidente de carro:[3]

> *"Um pedestre me atingiu e foi parar embaixo do meu carro."*

> *"Meu carro estava estacionado de acordo com a lei quando se moveu para trás e bateu no outro veículo."*

> *"Quando cheguei ao cruzamento, uma cerca apareceu e impediu minha visão."*

Seja ou não uma ficção, as citações captam alguma coisa verdadeira: somos consistentemente muito ruins em nos ver com clareza – e falhamos repetidamente em levar nossas próprias ações em conta quando enfrentamos um problema.

### Três táticas para olhar no espelho

A boa notícia é que existem coisas que podemos fazer para ter uma percepção mais precisa de nós mesmos. Aqui estão três táticas para revelar melhor seu próprio papel nos problemas:

1. Explore sua própria contribuição.

2. Dimensione o problema para o seu nível.

3. Tenha uma visão externa de si mesmo.

Porém, devo alertar você que essa estratégia pode ser mais dolorosa do que outras. Não é muito difícil olhar para fora do contexto ou repensar metas, e identificar pontos luminosos pode ser realmente uma delícia. Mas dar uma longa e dura olhada no espelho, confrontando honestamente nosso próprio papel em um problema, pode ser desconfortável. Como uma ida ao dentista, algumas pessoas se esforçam muito para evitá-la.

Meu conselho: aceite o desconforto. Nossa capacidade de reconhecer verdades dolorosas pode às vezes gerar algumas das soluções mais libertadoras. Na verdade, alguns dos melhores solucionadores de problemas que encontrei não se limitam simplesmente a aceitar a dor da autorreflexão. Eles a buscam ativamente, porque sabem que ela carrega a promessa de progresso.[4]

## 1. EXPLORE SUA PRÓPRIA CONTRIBUIÇÃO

Você já usou um app ou site de encontros?[5] Se já fez isso, pode ter notado que os perfis escritos pelas pessoas mudam no decorrer do tempo, refletindo as experiências com o app.

Quando as pessoas criam um perfil pela primeira vez, elas escrevem as coisas felizes usuais: *gosto de cachorrinhos, motocicletas e longas caminhadas na praia*. Logo depois, porém, são adicionados ao perfil detalhes que dizem algo sobre como foram os primeiros encontros.

- *Escreva mais do que "E aí?" quando me mandar uma mensagem.*
- *Por favor, tenha uma aparência igual à das suas fotos.*
- *Se você não for parecido com suas fotos, vai me pagar drinques até ficar parecido.*

E existem as pessoas "sem drama".[6] Essas são aquelas que escrevem em seus perfis de encontros: "Eu não gosto do drama" – ou como elas às vezes dizem: "SEM DRAMA!!!!". Quando vir isso no perfil de alguém – especialmente na versão com LETRAS MAIÚSCULAS –, pode apostar que essa pessoa já passou por uma boa dose de drama em seus relacionamentos passados.

Agora, por que isso? As explicações inocentes incluem que não têm tido sorte ou que vivem em uma área com muitas pessoas inclinadas a drama. Mas, ao mesmo tempo, não podemos evitar uma suspeita assustadora: *são elas que causam os dramas*, ou, pelo menos, ajudam a criá-los.

Mesmo que elas não criem o drama, é provável que tendam a escolher como parceiros pessoas que criem drama – o que deveria talvez desencadear uma revisão dos métodos de triagem que usam para escolher os encontros.

Compartilhei esse exemplo porque nossa vida pode às vezes dar pistas similares sobre como o nosso próprio comportamento pode ter um papel na criação do problema. *Ninguém nunca me dá um feedback sincero. Bom, não desde que eu despedi aquele cara que reclamava o tempo todo.*

Ao enfrentar um problema, pare e pergunte: *é possível que meu (ou nosso) próprio comportamento esteja, em algum nível, contribuindo para o problema?*

- A sede/O departamento jurídico/O departamento de compliance rejeita praticamente todas as ideias que enviamos para eles! *Será que deveríamos repensar o modo como nos desenvolvemos ou vendemos nossas ideias?*

- Nossos vendedores são muito negligentes. Eles cometem muitos erros em seus relatórios e os entregam com atraso. *Será que nossos formulários de relatório precisam ser simplificados? Podemos processá-los de um modo diferente?*

- Nossos funcionários não são bons em colaborar uns com os outros. *O que nós, como líderes, estamos fazendo para criar esse comportamento?*

- Constantemente, tenho de dizer a meus filhos que deixem os dispositivos eletrônicos de lado. *É possível que eu esteja dizendo isso a eles enquanto vejo algo no meu telefone?*

### Evite a palavra *culpa*

Como você provavelmente sente, olhar no espelho pode ser bem desafiador. Isso é ainda pior quando há um grupo envolvido – porque, muitas vezes, o problema foi causado por alguém que está na sala. (Ou, ainda pior, o problema *é* alguém na sala.)

Um modo útil de facilitar a discussão é evitar a palavra *culpa* e, em vez disso, falar sobre a ideia de "contribuição". Esse conselho vem do clássico de gerenciamento *Conversas difíceis*, escrito por Douglas Stone, Bruce

Patton e Sheila Heen, do Projeto de Negociação de Harvard. Como Sheila me disse:

Perguntar "de quem *é* a *culpa*" pode ser problemático porque realmente quer dizer: *quem pisou na bola e deve ser punido?* A palavra *culpa* sugere que alguém fez algo que era objetivamente "errado", por exemplo, quebrar uma regra ou agir de modo irresponsável. *Contribuição* não traz essa suposição embutida: muitas coisas com que você contribuiu podem ter sido perfeitamente razoáveis, mas ainda assim não terem sido úteis. Contribuição é também uma perspectiva mais voltada para a frente, porque nos diz o que gostaríamos de mudar para fazer melhor da próxima vez. E, crucialmente, ela reconhece que os erros normalmente resultam das ações de mais de uma pessoa. *Sim, você ter entrado na rua errada fez com que perdêssemos o voo. Mas, sendo justo, se eu tivesse reservado em um horário mais tarde, nós poderíamos ter mais margem de segurança.*[7]

Reconhecer que várias pessoas contribuíram para um erro, porém, não significa que as contribuições são distribuídas igualmente. Ainda podem ser principalmente as ações de uma pessoa que criaram o resultado. A parte importante é ver o problema como um sistema, de modo que você possa identificar todas as possíveis rotas de melhoria em vez de se concentrar apenas nas ações de uma pessoa.

Como o inimitável estatístico sueco Hans Rosling disse: "Depois que decidimos quem merece um soco na cara, paramos de procurar explicações em outros lugares".[8]

Aqui está o que um líder do setor de óleo e gás, John, fazia quando gerenciava uma fábrica:

> Quando algo dava errado no chão da fábrica, as partes envolvidas eram chamadas ao meu escritório para conversar e descobrir como podíamos agir melhor. Nessa situação, as pessoas estão naturalmente preocupadas em ser responsabilizadas, o que provoca alguma defensividade – e isso realmente não é uma boa maneira de evitar problemas futuros. Assim, criei o hábito de sempre iniciar a conversa com uma questão específica: "Por favor, me diga como a empresa falhou com você."[9]

A pergunta tinha um efeito poderoso nas pessoas, pois elas entendiam que o chefe não estava apenas procurando alguém para culpar. A abertura de John os levava a responder também mais abertamente, explorando suas próprias contribuições e aquelas que eram externas, resultando em uma conversa produtiva a respeito de como evitar a repetição do problema. Ao focar na contribuição em vez de na culpa, e ao ser aberto à possibilidade de que os erros tenham pais múltiplos, John e seus funcionários gerenciaram em conjunto e criaram melhorias significativas na fábrica.

## 2. DIMENSIONE O PROBLEMA PARA O SEU NÍVEL

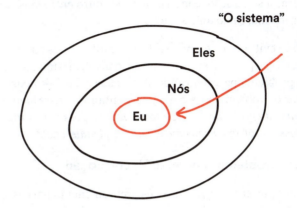

Existe uma tentação profunda de contextualizar os problemas em um nível em que você não possa realmente fazer nada a respeito deles:

- *Não podemos inovar até que o CEO decida tornar isso uma prioridade real.*

- *Sermos mais rápidos? Nosso sistema de TI corporativo precisaria de uma grande reformulação antes que isso pudesse acontecer.*

- *Vou começar a escrever meu romance premiado assim que puder comprar um novo notebook, um editor de textos profissional e tirar seis meses sabáticos em uma casinha ao lado de um lago na Itália.*[10]

A insistência em uma contextualização em um nível de sistema pode levar a esforços do tipo "quando o oceano ferver" ou a uma paralisia causada pelo puro fatalismo.

O autor e colunista David Brooks disse o seguinte: "Fazer um problema parecer praticamente intratável é inspirar a separação, construindo um muro entre você e o problema, e não uma solução".[11]

Para evitar isso, lembre-se de que muitas vezes há coisas que você pode fazer no seu próprio nível, mesmo quando o problema parece grande. A tática crucial é dimensionar o problema para baixo, perguntando: *existe alguma parte do problema a respeito da qual eu posso fazer algo? Posso resolver o problema em um nível mais local?*

### Um problema "perverso":[12] corrupção

Pense na corrupção. Se você já morou em um país assolado pela corrupção, sabe que essa patologia social toca quase todos os aspectos da sociedade, inclusive as normas culturais – *todos fazem isso, por que eu não deveria fazer?* –, dificultando muito o combate a ela. A corrupção tem sido chamada de um problema "perverso", termo usado para desafios que são tão complexos que chegam a ser quase insolúveis.

E ainda assim as pessoas em um sistema corrupto algumas vezes encontram maneiras de lutar em seu nível. Um caso inspirador vem do sistema de saúde da Ucrânia.[13] Como descrito pelo jornalista Oliver Bullough, a cadeia de suprimento para os hospitais ucranianos costumava ser um centro de corrupção. Todas as vezes que os hospitais precisavam comprar remédios ou equipamentos médicos, muitos intermediários corruptos embolsavam o dinheiro, resultando em preços inflados e em falta de suprimentos. Isso seria ruim em qualquer empresa. Quando acontece em um hospital, os pacientes sofrem desnecessariamente e, às vezes, acabam morrendo.

A situação mudou abruptamente para melhor quando alguns servidores públicos do Ministério da Saúde da Ucrânia pressionaram por uma mudança política. Como? Eles terceirizaram a compra de remédios para agências estrangeiras nas Nações Unidas, cortando assim todos os intermediários corruptos em um só golpe. A iniciativa, afirma Bullough, salvou centenas de vidas e levou a uma economia de 222 milhões de dólares.

A Ucrânia ainda sofre com graves problemas de corrupção. Mas, de uma maneira importante, o problema foi parcialmente resolvido porque burocratas, contadores e especialistas em saúde decidiram ver o que poderiam fazer no seu nível, em vez de aceitar o *status quo*. Do mesmo modo, será que você pode recontextualizar o problema de uma maneira que lhe permita agir?

## 3. TENHA UMA VISÃO EXTERNA DE SI MESMO

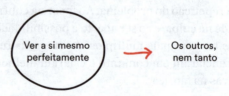

Em seu livro *Insight*, a psicóloga organizacional Tasha Eurich estabelece uma importante distinção entre a autopercepção interna e externa.[14]

- **Autopercepção interna** é quando as pessoas estão em contato com as próprias emoções. É isso que as pessoas normalmente enxergam como "conhecer a si mesmo": estar profundamente sintonizado com seus próprios valores, objetivos, pensamentos e sentimentos.

- **Autopercepção externa**, em contraste, é sua percepção de como as *outras* pessoas veem você. Você entende o efeito que seu comportamento tem sobre as pessoas com quem se envolve?

O ponto crucial de Eurich é que as duas características não estão necessariamente ligadas: alguém pode ter passado os últimos seis meses em uma montanha, meditando, pensando serenamente sobre seus valores e crenças centrais e ainda não perceber que todos que o rodeiam pensam que ele é arrogante e pouco comunicativo.* Para resolver os problemas relacionados com pessoas, tente se tornar mais consciente de como você é visto pelos outros.

### Como pedir opiniões sobre você mesmo

Minha amiga e colega escritora, a psicóloga social Heidi Grant, tem uma dica simples sobre como fazer isso. Encontre um bom amigo ou colega e pergunte a essa pessoa: *quando as pessoas me encontram pela primeira vez, que impressão você acha que elas têm, e como você acha que isso difere do jeito que eu realmente sou?*

---

\* Neste ponto, algumas pessoas dizem: "Eu tinha um chefe exatamente assim!". No espírito deste capítulo: se você é uma dessas pessoas, talvez seja bom considerar se algum dos seus subordinados pensa isso sobre você.

Como Heidi diz: "As perguntas vão lhe dar algum insight imediato sobre lados seus que você talvez não perceba. E, ao perguntar a eles sobre as percepções de alguém de fora, em vez das deles próprios, você abre a porta para que as pessoas emitam também opiniões menos positivas".[15] *(Bem, Bob, eu acho que as pessoas poderiam interpretar sua mediocridade geral como extrema incompetência.)*

Aliás, você pode notar que essa tática é diferente das outras que analisei: ela foca menos no problema presente e mais em você. Ao aprimorar sua autopercepção externa, você ganhará uma vantagem em relação a seu problema atual e a todos os problemas que venha a encontrar no futuro. (Considere isso um incentivo a mais para experimentar a pergunta da Heidi.)

### Supere a cegueira do poder

Se é difícil conseguir que seus pares deem feedback sincero sobre você, é ainda mais difícil quando você espera que esse feedback venha dos seus subordinados – e não é apenas o desequilíbrio de poder que pode tornar menos provável que eles lhe deem um feedback sincero.[16] Adam Galinsky, psicólogo da Universidade Columbia, e seus colegas demonstraram que ter poder torna as pessoas menos capazes de compreender as perspectivas dos outros.[17]

Para remediar isso e ter uma perspectiva verdadeiramente acurada sobre um problema envolvendo seus funcionários, você pode precisar do apoio de pessoas de fora da organização. Aqui está um exemplo de uma empresa que fez isso.

## Chris Dame recontextualiza um problema de usabilidade[18]

Você se lembra de Chris Dame, o designer que trabalhou na cadeira de rodas de Stephen Hawking? Há alguns anos, Chris foi chamado por uma empresa mencionada na Fortune 500 para ajudar a resolver um problema. O cliente tinha acabado de comprar uma plataforma de software que permitia que os funcionários da empresa compartilhassem conhecimento e recursos em diferentes projetos. O problema era que ninguém usava de fato o sistema. Como Chris me contou:

> Com base em suas conversas com os funcionários, o cliente chegou até nós pensando que tinha um problema de usabilidade. As pessoas tinham dito coisas como: "É trabalhoso demais para inserir as informações. Simplesmente não tenho tempo para fazer isso". Essa contextualização do problema sugeria que eles tinham de simplificar o sistema, o que é mais ou menos o que tinham me pedido para fazer.

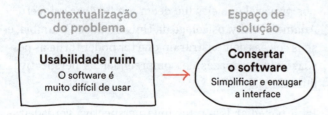

Chris, porém, entendeu a importância de questionar esse diagnóstico:

> Na minha experiência, quando os clientes chegam com um problema, em quatro de cinco vezes, existe algo em relação ao problema que precisa ser repensado. Talvez em um a cada quatro casos, o problema que eles estão a princípio tentando resolver é claramente o problema errado.

Por essa razão, Chris começou a coordenar uma série de pequenos workshops em que ele poderia explorar o problema com os funcionários sem a presença dos executivos seniores:

> Uma vez que estavam livres para falar com alguém externo como eu, um problema bem diferente veio à tona. Basicamente, as pessoas sentiam que, ao guardar informações, tinham segurança de que permaneceriam empregadas, e que compartilhar seus conhecimentos e contatos os colocava em risco de serem substituídos, além de não trazer nenhum benefício para a carreira.

Chris descobriu que isso não era só uma percepção. A empresa recompensava e promovia pessoas principalmente com base nos projetos dos quais tinham participado. Como resultado, todos constantemente se apressavam para entrar em projetos vencedores, e não havia nenhum incentivo para ajudar os outros.

O insight levou o cliente a mudar seu sistema de incentivos. A empresa criou uma nova métrica, uma "pontuação de especialista" que media quantos colegas a pessoa tinha ajudado e quão satisfeitos os colegas estavam com essa ajuda. Essa pontuação de especialista ficava visível para todas as pessoas, criando um modo público de reconhecer colaboradores de alto valor – e, crucialmente, a equipe de gestão também começou a usar a pontuação de especialista nas decisões de promoção. Quando a nova solução foi implementada, os funcionários começaram a usar a plataforma de compartilhamento de conhecimento com bons efeitos.

## Uma observação sobre autopercepção corporativa

Embora as observações de Tasha Eurich e Heidi Grant dirijam-se a indivíduos, elas se aplicam muito bem ao nível corporativo. Como as pessoas, as empresas podem ter uma forte cultura corporativa e valores explicitamente definidos, e ainda permanecer sem informações sobre como os outros – não somente clientes e funcionários em potencial – os veem de verdade.

Muitas vezes, a imagem não é lisonjeira. Com justiça ou não (e eu argumento que isso é muitas vezes injusto), as grandes instituições – especialmente empresas com fins lucrativos, mas também organizações governamentais – são geralmente vistas pelo público sob uma luz negativa. Como meu colega Paddy Miller gostava de dizer: "Quando foi a última vez que você viu um filme de Hollywood em que uma grande empresa foi retratada como estando do lado dos mocinhos?".

Para as pessoas que trabalham em grandes empresas, enfrentar essa realidade pode ser desmoralizante. Os funcionários das indústrias farmacêuticas, que dedicam sua carreira a salvar vidas, ficam profundamente perturbados quando percebem que alguns consumidores veem suas corporações como sendo menos dignas de confiança do que as fabricantes de cigarros. As pessoas que entram para o serviço público para fazer o bem são confrontadas com estereótipos profundamente entranhados sobre os políticos e o setor público. As startups que cresceram e tiveram sucesso podem continuar a pensar em si mesmas como forasteiras obstinadas que fazem um bom trabalho e lutam contra os intratáveis no mercado – tudo isso enquanto seus clientes gradualmente passam a vê-las mais como as intratáveis.

Em todos esses casos, dar uma boa olhada no espelho é uma etapa essencial para tornar as coisas melhores, mesmo que seja um processo doloroso de atravessar.

RESUMO DO CAPÍTULO

# Olhe no espelho

Reveja suas afirmações de problemas. Para cada problema, faça o seguinte:

**Explore sua própria contribuição**

Lembre-se da ideia de Sheila Heen e seus coautores sobre se concentrar na contribuição em vez de na culpa. Os problemas podem ser resultado das ações de diversas pessoas, inclusive das suas.

- Pergunte a si mesmo: *qual é a minha parte na criação deste problema?*

- Mesmo que você não contribua para o problema, pergunte-se se poderia reagir de modo diferente a ele (lembre-se de como Isabella, de 7 anos, fez isso com sua irmã mais nova).

**Dimensione o problema para o seu nível**

Os problemas podem existir em muitos níveis ao mesmo tempo. A corrupção, por exemplo, existe em um nível pessoal, em um nível organizacional e em um nível da sociedade. Nem todos os problemas são causados por suas ações ou em seu nível, mas isso não significa que um problema não possa ser abordado no seu nível, pelo menos em parte.

No caso de problemas que parecem grandes demais para resolver, pergunte: existe um modo de contextualizar o problema que o torna passível de ação no meu nível?

### Tenha uma visão externa de si mesmo

Lembre-se do conceito da autopercepção externa: como você é visto pelas outras pessoas? Para mapear isso com mais precisão:

- Peça a um amigo para avaliar como as outras pessoas enxergam você.

- Se você é um líder – ou se estiver explorando um problema no nível corporativo – pense em conseguir a ajuda de pessoas externas neutras para ter uma visão de fora da organização.

Por fim, em todas as três táticas para olhar no espelho, esteja preparado para descobertas potencialmente desagradáveis. Algumas vezes você precisa passar por um pouco de dor para encontrar o melhor caminho para seguir em frente.

**Capítulo 8**

# Assuma a perspectiva deles

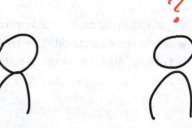

## UM DESAFIO: OS CARTAZES FUNCIONAM?

Quando visito prédios de escritórios, não são só os elevadores que chamam minha atenção. Sou fascinado pelos *cartazes de marketing interno* – aqueles que as pessoas colocam nos corredores e salas de reunião para informar seus colegas sobre novas iniciativas dentro da companhia.

### Um conto de três projetos

Na próxima página, você encontra exemplos esboçados desses cartazes, extraídos de três diferentes empresas da Fortune 500 com as quais trabalhei. (Os dois de baixo são do mesmo projeto.) Nos três casos, uma equipe interna estava tentando fazer com que seus colegas assinassem uma nova iniciativa na web.

Analise os cartazes um a um. Primeiro, adivinhe se cada um funcionou ou não: as pessoas assinaram o serviço? Depois, explique por quê. O que existe em cada cartaz que fez você pensar que *Sim, isso funcionou* ou *Não, as pessoas provavelmente não assinaram?* Uma dica rápida: pelo menos um teve sucesso e pelo menos um fracassou. É claro que você está recebendo muito poucas informações e, assim, não há vergonha em errar.

As respostas ao desafio dos cartazes serão divulgadas uma a uma ao longo deste capítulo.

120 | Qual é o seu problema?

**Assuma a perspectiva deles**

## A ARTE DE ENTENDER OS OUTROS

Sou fascinado por cartazes como esses porque eles dão evidências da capacidade de cada equipe de *entender as pessoas que estavam tentando atingir*. Descobrir como os outros veem o mundo – e, em particular, como o veem de modo diferente do seu – talvez seja a forma mais fundamental de recontextualizar que existe e é central em muitos dos desafios que enfrentamos no trabalho, em casa e globalmente.

A má notícia é que não somos muito bons em entender a perspectiva das outras pessoas em relação às coisas. Como no filme *Matrix*, é como se estivéssemos executando uma simulação das outras pessoas dentro de nossa cabeça – só que a simulação muitas vezes é crua e de baixa resolução, levando-nos a todos os tipos de problemas quando damos palpites errados sobre o que amigos, clientes e colegas realmente pensam e sentem.

A boa notícia é que nossa capacidade de entender os outros não é um traço fixo e imutável. Pesquisas têm mostrado que você pode melhorar sua compreensão dos outros[1] – e que fazer isso tende a levar a resultados melhores. Então, como se faz isso?

Um modo, é claro, é sair e passar mais tempo com as pessoas em questão: se você quer conhecer alguém melhor, aumentar sua exposição pessoal[2] a essa pessoa é, sem nenhuma surpresa, uma boa ideia (e apoiada por pesquisas).

Ao mesmo tempo, a exposição não é tudo. Se a exposição regular fosse o bastante, nossos chefes nos entenderiam muito bem, e nossos parceiros e famílias nos conheceriam perfeitamente. Como os conflitos de família mostram, porém, é possível passar uma vida inteira com alguém e ainda não entender a perspectiva dessa pessoa.

### A estratégia: assuma a perspectiva deles

É aqui que **assumir a perspectiva** entra no quadro. Se a exposição é o ato físico de sair e investir tempo em conhecer alguém, assumir a perspectiva é o equivalente cognitivo: investir energia mental para pensar cuidadosamente sobre como pode ser colocar-se no lugar da outra pessoa, e como um determinado problema ou situação pode se parecer a partir do ponto de vista daquela pessoa.[3]

Normalmente chamamos isso de "empatia", mas assumir a perspectiva é mais do que isso. Na literatura de pesquisa, *empatia* é normalmente definida como sua capacidade de sentir o que outra pessoa está sentindo. Assumir a perspectiva, em comparação, é um fenômeno mais amplo e mais cognitivamente complexo, no qual você visa entender o contexto e a visão de mundo da outra pessoa, não só as emoções imediatas dela.

Como um exemplo da diferença, imagine que seu vizinho está construindo uma cerca e acerta o dedo com o martelo. Empatia é sentir a dor dele quando atingiu o dedo. Ao assumir a perspectiva você entende por que ele acha que é necessário construir a cerca. (Você pode também encontrar o termo *solidariedade*, que é sentir piedade ou compaixão por ele, sem necessariamente sentir a dor dele.)

Assumir a perspectiva é não só um suplemento útil à exposição ou outras formas de engajamento no mundo real (algumas das quais abordaremos no próximo capítulo). Muitas vezes é um *pré-requisito* para isso – porque, se você pensa que já entende as pessoas, por que perderia tempo falando com elas? Algumas vezes, assumir a perspectiva pode ser a única opção viável – porque você nem sempre tem o tempo ou mesmo a oportunidade para sair e se expor mais às pessoas. (Você certamente não teria esse tempo durante uma discussão de recontextualização de dez minutos, a menos que alguém seja inteligente o bastante para convidar as pessoas relevantes para estarem na sala.)

Aqui estão as três etapas cruciais para acertar ao assumir a perspectiva:

1. Garanta que isso aconteça.
2. Evite suas próprias emoções.
3. Procure explicações razoáveis.

## 1. GARANTA QUE ISSO ACONTEÇA[7]

Quando se trata de assumir a perspectiva, o erro mais frequente que as pessoas cometem não é fazer isso mal, é *não fazer isso de jeito nenhum*. Nicholas Epley, um importante pesquisador em assumir a perspectiva, escreveu o seguinte em um artigo que escreveu com Eugene Caruso: "Não tem barreira mais imediata para assumir uma perspectiva precisa do que deixar de usá-la em primeiro lugar".[4]

Nosso fracasso em ativar nosso simulador de outras pessoas tem sido encontrado em muitos estudos. Em um exemplo memorável, os pesquisadores Yechiel Klar e Eilath E. Giladi pediram a estudantes que respondessem à pergunta: "Você é mais ou menos feliz em comparação com o estudante médio?". Mas, como descobriram, os estudantes não respondiam de fato essa pergunta. Em vez disso, pareciam responder a uma questão muito mais simples: *você é feliz?*,[5] cortando completamente a parte que exigia que pensassem na felicidade dos outros estudantes. Assumir a perspectiva das outras pessoas é um comportamento *ativo*, como acionar um interruptor.

Tendo em mente essa discussão, considere de novo o cartaz do barômetro mostrado aqui. Existe algo que chame sua atenção em relação às escolhas de comunicação?

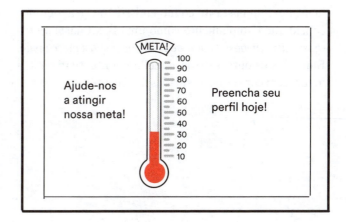

**Assuma a perspectiva deles** | 123

Eu vejo dois problemas. Um é sutil: o barômetro de adoção está perto dos 30%. E isso diz às pessoas que *a maioria dos colegas não aderiu à iniciativa*. Como foi detalhado pelo psicólogo Robert Cialdini, entre outros, esse tipo de prova social negativa[6] provavelmente vai diminuir a taxa de adesão.

O segundo erro é mais visível: a mensagem só fala das necessidades do emissor da mensagem. A equipe por trás do cartaz estava genuinamente tentando ajudar as pessoas. Mas, a partir do cartaz que fizeram, um observador casual bem poderia concluir que a equipe só se importava consigo mesma. "Ajude-nos a atingir *nossa meta*"? Imagine se as empresas fizessem a mesma coisa em seus anúncios externos: *L'Oréal – Porque nós queremos seu dinheiro*.

Pedir ajuda desse jeito pode funcionar se as pessoas se identificarem bastante com o emissor, ou se a meta for considerada amplamente como uma Boa Causa: *ajude-nos a atingir nossa meta de zerar as mortes no trânsito*. Em todos os outros casos, é melhor contextualizar sua mensagem com as necessidades do receptor.

As pessoas por trás do cartaz eram talentosas, e, em última instância, o projeto teve sucesso, em parte por causa da dedicação delas a construir um bom serviço. Quando tentaram comunicar isso, porém, elas involuntariamente caíram em sua própria perspectiva egocêntrica em vez de pensar em seu público. Como resultado, a adoção da iniciativa foi mais lenta do que elas gostariam.

Para evitar essa armadilha, a primeira, e muito importante, etapa é simplesmente garantir que assumir a perspectiva aconteça.[7] Veja como fazer isso:

- Quando escreveu seus problemas na etapa de contextualização, lembra que eu também pedi para que listasse as partes interessadas? Para cada parte interessada que você identificou – inclusive aquelas que acrescentou depois de olhar fora do contexto –, tenha certeza de investir esforço ativo para entender cada uma delas.

- Se não usar a tela de recontextualização, garanta que o processo que você escolher tenha uma etapa que o leve a assumir a perspectiva.

## 2. EVITE SUAS PRÓPRIAS EMOÇÕES

Pensar deliberadamente a respeito das partes interessadas é só o primeiro passo. Como descrito pelos famosos economistas comportamentais (e importantes pensadores de recontextualização) Daniel Kahneman e Amos Tversky, assumir efetivamente a perspectiva inclui duas partes: *ancoragem* e *ajuste*.[8]

Ancoragem é o que acontece quando você "liga" o seu simulador de outras pessoas. Para descobrir o que pensam e como se sentem, você se imagina no lugar deles e pergunta: *como eu me sentiria se estivesse na situação deles?*

A ancoragem é melhor do que nada, mas tem uma falha evidente: nem todo mundo pensa como você. Imagine uma líder sênior preparando uma apresentação: *se eu fosse um funcionário da linha de frente, como me sentiria com a reorganização que vamos anunciar? Bom, um pouco hesitante talvez, mas eu ficaria mesmo bem empolgada com as novas oportunidades que isso poderia trazer!* Afinal, no início da sua carreira, a líder teve sua primeira grande chance por causa de uma reorganização – e ela pode nunca ter estado em uma posição em que ser demitida seria um acontecimento catastrófico.[9]

É aí que entra o ajuste. *Ajuste* significa se *afastar de suas próprias preferências, experiências e emoções* perguntando: *como eles poderiam ver as coisas de um jeito diferente de mim?*

- Se eu estivesse na situação do meu concorrente, consideraria isso bem importante. *Mas talvez eles saibam alguma coisa que eu desconheço.*

- Se eu morasse neste bairro, minha prioridade número um seria melhorar as escolas locais. *Mas talvez os eleitores daqui tenham problemas maiores em mente.*

- Se eu fosse meus melhores amigos, eu ficaria tão empolgada com a ideia de voar para Paris para minha festa de despedida de solteira! *Mas, tudo bem, eu sei que alguns deles estão apertados com dinheiro, então talvez eles prefiram algum lugar mais barato.*

- Quando tinha 8 anos, eu teria brincado horas com este caminhão vermelho de bombeiros! *Mas talvez as crianças de 8 anos de hoje não gostem tanto de brinquedos que não acessam a internet.*

As pessoas podem ter facilidade para ancorar, mas falhar na parte do ajuste.[10] Estudos têm mostrado que, se as pessoas estiverem distraídas ou com pouco tempo, por exemplo, ou se simplesmente não estiverem cientes da necessidade de se ajustar, elas têm mais probabilidade de chegar a conclusões erradas. Elas também têm menos probabilidade de lembrar que grupos de pessoas podem reagir de maneiras diferentes, em vez de como uma entidade coerente.

### O cartaz do lançamento piloto

Agora, pense de novo no cartaz do lançamento piloto. O que você observa sobre o cartaz, considerando esta discussão?

O cartaz *não* teve sucesso em converter as pessoas. Na verdade, o projeto foi encerrado por falta de uso. E embora a história completa seja mais complicada do que eu posso explicar aqui, um fator importante foi o fracasso da equipe em compreender que seus colegas não viam o projeto *da mesma maneira que a equipe que o desenvolveu.*

Pense na chamada para a ação: "Seja o primeiro a usá-lo". Claramente, a equipe tinha devotado *algum* esforço para assumir a perspectiva ao perguntar: *se eu trabalhasse aqui, o que poderia me motivar a me associar?* (Essa é a parte da ancoragem.) Só que a resposta a que eles chegaram foi: *bom, as pessoas gostam de ser as pioneiras – esse é um ótimo argumento de venda!*

Isso provavelmente era verdade para os membros da equipe (que, afinal de contas, estavam iniciando um novo projeto). Mas, segundo estudos sobre como as inovações se difundem, apenas 2,5% das pessoas gostam de ser cobaias de coisas novas.[11] Todas as outras pessoas – 24 em 25 –, antes de se associar, gostam de ver que outros já obtiveram resultados positivos.

Note também como o cartaz apresenta a iniciativa: "uma experiência de trabalho única e sem precedentes". Claramente, a equipe se sentia empolgada com o projeto e com seu potencial para criar um jeito totalmente novo de trabalhar. O erro deles foi supor que todas as pessoas compartilham de seu entusiasmo. Poucas pessoas acordam de manhã e pensam: *o que eu realmente gostaria neste momento é de uma xícara de café quente e uma experiência de trabalho única e sem precedentes*. A maioria de nós só tenta fazer o que é preciso.

Aliás, o destino do projeto também indica que a exposição não é o bastante. Uma coisa é alguém em uma sede distante não entender verdadeiramente seus funcionários na linha de frente. Mas a equipe do projeto trabalhava *no mesmo escritório* que as pessoas que tentaram recrutar e fracassaram.[12]

Assumir a perspectiva de forma satisfatória exige esforço genuíno, concentrado e deliberado. Uma metáfora útil é a ideia de um *poço de gravidade emocional*. Do mesmo modo que um foguete precisa de energia para superar a gravidade da Terra e atingir a órbita, você também tem de gastar energia para superar suas emoções e pontos de vista. Se não fizer isso, continuará irremediavelmente preso em sua própria perspectiva. Para evitar isso, experimente estas três coisas:

**Não pare na primeira resposta certa.**[13] Quando tentar adivinhar o que as outras pessoas estão pensando ou entender os motivos delas, vá além de sua primeira resposta, *mesmo que ela pareça verdadeira*. Em sua pesquisa, Nicholas Epley e colegas descobriram que "os ajustes tendem a ser insuficientes, em parte, porque as pessoas param de ajustar quando uma estimativa plausível é alcançada". Você terá resultados melhores se for além da primeira resposta que parecer correta.

**Examine o contexto das pessoas, não só suas emoções.** Ao tentar entender a perspectiva das outras pessoas, não se concentre só nas suas emoções. Pense também sobre qual é o contexto delas, o que elas sabem e não sabem, e outros aspectos não emocionais da vida delas.

**Peça explicitamente às pessoas que se afastem de suas próprias perspectivas.** Em um estudo com 480 gerentes de marketing experientes, o pesquisador Johannes Hattula descobriu que podia fazer com que eles previssem melhor o que os consumidores queriam simplesmente lembrando-os de se afastar da própria perspectiva.[14] Diga algo como: *lembre-se de que as pessoas podem sentir de um jeito diferente do seu. Tente suprimir suas próprias preferências e se concentre só em entender como elas podem pensar.*

## O projeto pfizerWorks

Existe outra abordagem de assumir a perspectiva para discutirmos, mas antes quero comparar os dois primeiros projetos com o terceiro – que, como você pode deduzir, foi bem-sucedido. O projeto era da Pfizer, e, você já ouviu parte dessa história no Capítulo 6, quando discutimos o trabalho de Jordan Cohen e Seth Appel para encontrar analistas que dominassem as normas de comunicação ocidental. (Como você deve lembrar, pfizerWorks permitiu que muitos funcionários da Pfizer terceirizassem as partes tediosas do trabalho para analistas remotos.)

Em alguns aspectos, as probabilidades estavam contra o pfizerWorks: a equipe estava baseada em uma sede muito distante dos funcionários de campo que queriam atingir. E, no entanto, a campanha foi bem-sucedida. O serviço acabou ganhando mais de dez mil usuários dentro da Pfizer e foi considerado o mais útil da empresa alguns anos depois de sua criação.

Então, o que fez a diferença? Aqui estão quatro elementos principais de como a equipe acertou ao assumir a perspectiva.

*Exposição por intermediário.* Jordan Cohen, o fundador do projeto, teve o insight de reconhecer que, como uma pessoa da sede, ele não entendia plenamente como era a vida dos funcionários de campo. Então ele recrutou Tania Carr-Waldron, uma líder influente com 20 anos de experiência trabalhando nas linhas de frente da Pfizer. A presença de Tania foi um modo de levar a perspectiva do usuário até a equipe. (Imagine a diferença se a equipe da "experiência de trabalho única e sem precedentes" tivesse feito isso.)

*Ancoragem nos "problemas sentidos" pelos usuários.* As pessoas não se importam com a sua solução. Elas se importam com *os próprios problemas*. Sabendo disso, os cartazes da equipe não usaram as características maravilhosas do serviço. Em vez disso, eles descreveram problemas que os funcionários reconheceram em suas vidas diárias (e que a pfizerWorks podia ajudar a resolver): *tenho 18 horas para terminar esses documentos*. Isso chamou a atenção das pessoas muito mais efetivamente do que qualquer outra coisa.

*Uso da prova social.* A equipe compreendeu que a maioria das pessoas queria ser tranquilizada antes de experimentar novas coisas. Jordan disse o seguinte:[15]

Quando lançamos o pfizerWorks em um novo escritório, não começamos com os cartazes. Começamos conseguindo que uma ou duas pessoas daquele escritório experimentassem o serviço. Se elas gostavam, perguntávamos: "Você concordaria que colocássemos um cartaz com sua foto nele, só aqui no escritório?". Aí, quando as pessoas passavam por ali, elas podiam ver que alguém que conheciam estava usando o serviço. Também pedíamos que assinassem os cartazes para dar um toque mais pessoal. Isso foi crucial para fazer com que as pessoas experimentassem.

*Contextualizações diferentes para públicos diferentes.* A mensagem para os funcionários da linha de frente era direta: *use o serviço e você não terá de preparar esse relatório no domingo.* Mas Jordan também teve de vender o projeto para seus colegas mais seniores na sede – e, para isso, considerou qual era o contexto deles:

> Pensei primeiro em vender a ideia como uma iniciativa de economia de custos: afinal de contas, tínhamos o potencial para poupar vários milhões de dólares para a empresa. Mas, em uma empresa como a Pfizer, com receita de bilhões de dólares, ninguém na sede ficaria empolgado com isso. Eles realmente se importavam com a produtividade – então, a mensagem que ressoou com eles foi: *nossos funcionários mais talentosos e mais bem pagos gastam tempo demais em trabalhos de baixo valor agregado. Imagine como eles poderiam ser muito mais produtivos se nós tirássemos deles parte daqueles trabalhos tediosos.*

## 3. PROCURE EXPLICAÇÕES RAZOÁVEIS

Minha cidade natal, Copenhague, costumava ter parquímetros nas ruas a intervalos regulares. Depois de estacionar o carro, você corria para o parquímetro mais próximo, inseria o dinheiro e pegava um pedaço de papel. Depois, você levava o papel para o seu carro para ser colocado, como alho para repelir vampiros, na janela da frente, a fim evitar multas de estacionamento. Na minha rua, Gothersgade, os parquímetros estavam posicionados nos dois lados da rua, um de frente para o outro.

A princípio, a localização me provocou um toque de raiva. Inevitavelmente, a única vaga de estacionamento estava igualmente distante de todos os parquímetros, me obrigando a andar para lá e para cá. *Planejadores urbanos sem a menor noção!* Será que não podiam ter descoberto que seria muito mais eficiente escalonar a colocação dos parquímetros, de modo que as pessoas não tivessem de andar tanto?

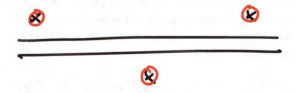

**Assuma a perspectiva deles** | 129

Ao pensar isso, me tornei um exemplo vivo do erro fundamental de atribuição. Ao se deparar com um inconveniente, nossa primeira suposição é, muitas vezes, de que as pessoas responsáveis por isso são idiotas, negligentes ou mesmo mal-intencionadas. O efeito é exacerbado quando não conhecemos as pessoas em questão e só temos acesso aos sistemas que elas projetaram.

A verdade é mais complicada. Sim, algumas vezes as pessoas criam sistemas sem dar atenção de fato às necessidades do usuário final. Sim, algumas vezes essas pessoas não são as mais espertas do mundo. E, sim, você também encontra sistemas que não foram projetados tendo seus interesses em mente, em especial quando há motivos comerciais envolvidos. Com igual frequência, porém, existe uma explicação razoável por trás das ações das outras pessoas: algo que *você* também poderia ter feito se estivesse no lugar delas.

Veja a localização dos parquímetros. Colocá-los um na frente do outro pode ter sido ótimo por motivos técnicos ou relativos a custo, ou talvez facilitasse o trabalho da equipe que coleta o dinheiro dos parquímetros. Mas havia uma razão ainda melhor, que era de meu interesse direto, em última instância: eles estavam colocados de modo *a evitar que as pessoas atravessassem a rua*. (Você pode conhecer o princípio que é aplicado nos telefones de emergência que costumam pontuar as rodovias. Eles também ficam um diante do outro para que os motoristas perdidos não comecem a atravessar a rodovia e corram o risco de serem atropelados.[16])

## Os benefícios de uma visão benevolente

Eu compartilho essa história para destacar uma ideia importante: quando a ancoragem e o ajuste deixam de oferecer novas perspectivas, existe outro método que poderia ajudar – e isso começa na suposição de que as pessoas estão tentando fazer coisas boas (ou, pelo menos, que elas não estão ativamente tentando atrapalhar você).

Faça perguntas como:

- Pode haver uma explicação inocente para isso?

- Sob que circunstâncias eu poderia ter feito a mesma coisa?

- E se elas não forem idiotas, negligentes nem más? E se elas foram realmente boas pessoas tentando fazer o melhor possível?

- Será que o comportamento delas pode realmente ser do meu interesse?

- Será que elas pelo menos pensaram que isso é de meu interesse, uma vez que não compartilhei meus interesses reais com elas?

Quando existe uma explicação inocente – talvez o problema seja provocado por um terceiro ou por um simples mal-entendido –, uma abordagem abertamente punitiva é evidentemente injusta, e as pesquisas mostraram que isso tem o risco de iniciar um espiral de comportamento negativo.[17]

Outra categoria de explicação: o comportamento das pessoas faz sentido para elas, mesmo se for algo problemático.[18] Como é difícil culpar as pessoas por agir em seu

**130 | Qual é o seu problema?**

próprio interesse – supondo que não estejam sendo antiéticas –, esses problemas são mais bem recontextualizados como problemas de sistemas em vez de problemas de pessoas.

Procurar essas explicações razoáveis não significa necessariamente que você deve "perdoar" o outro nem usar a explicação como uma desculpa para deixar o problema continuar. A situação pode ainda ser inaceitável, e as pessoas com boas intenções podem ainda assim ser negligentes em não perceber o impacto real de suas ações.

Mas, ao buscar explicitamente explicações razoáveis e tentar genuinamente entender o ponto de vista da outra pessoa, você tem uma chance melhor de resolver a situação positivamente. Mesmo quando tem de fazer com que as pessoas mudem seu comportamento, a conversa muitas vezes fica mais fácil quando você começa reconhecendo a boa intenção delas antes de discutir o impacto real das ações delas. (*Eu percebo que você teve boas intenções quando deu uma pistola de cola quente para nossa filha, mas...*)

### "Ele tem que viralizar"

Para um exemplo de como procurar explicações razoáveis pode ajudar, veja a experiência de Rosie Yakob, cofundadora da agência de publicidade Genius Steals.[19]

Antes em sua carreira, quando Rosie estava coordenando a prática de mídia social da empresa global de publicidade Saatchi & Saatchi, uma cliente interna pediu ajuda: ela queria criar engajamento com os fãs no Facebook e pediu que Rosie criasse uma campanha para eles. Como Rosie me contou:

Desde o início, estava claro que a cliente não entendia como as mídias sociais funcionavam. Por exemplo, ela estava obcecada com a ideia de que ter um vídeo no YouTube que "viralizasse", algo que compreensivelmente parece empolgante se você for alguém de fora. No entanto, pela nossa experiência, sabíamos que o engajamento real do usuário – mais do que apenas visualizações passivas – era uma métrica muito melhor de sucesso, e assim planejamos uma campanha que entregasse isso.

A cliente, porém, continuava pressionando pelo vídeo viral. Assim, Rosie dedicou algum tempo a informá-la sobre as nuances da mídia social:

Reunimos muitos estudos de caso e exemplos e agendamos com a cliente uma *call* na qual explicamos cuidadosamente por que nossa abordagem era a correta. Ela entendeu tudo e reconheceu que estávamos certos, mas ao concluir a *call* ela disse: "E vocês vão fazer o vídeo do YouTube viralizar, certo?". Foi muito embaraçoso. Estávamos arrancando os cabelos por causa dessa cliente idiota. Ela estava pedindo que fizéssemos uma coisa que não fazia sentido.

Depois de pensar um pouco, Rosie começou a conjecturar. Deixando de lado sua ignorância das mídias sociais, a cliente não parecia idiota. Havia alguma outra coisa acontecendo? Para descobrir, Rosie convidou a cliente para um *happy hour*. E foi então que a verdade apareceu, depois de dois martínis: o bônus da cliente estava vinculado a conseguir um milhão de visualizações no YouTube.

Quando entendemos a situação dela, mudamos de tática. E se comprássemos um milhão de visualizações – baratas, não segmentadas, essencialmente só para que ela conseguisse o bônus – e depois usássemos o resto em coisas que sabíamos que realmente importavam? Ela concordou com isso e, então, finalmente tivemos autorização para a campanha. Não foi a solução ideal, mas foi a melhor que pudemos criar considerando a situação, e a campanha teve bons resultados.

―――――――――

Em comparação com as sutilezas oferecidas pelas outras estratégias, existe algo surpreendentemente básico sobre assumir a perspectiva: *lembre-se de pensar nas outras pessoas. Não confunda suas preferências com as delas. E pense que elas podem ser mesmo boas pessoas tentando fazer o melhor possível.* Em meus momentos tranquilos, digo a mim mesmo: *somos pessoas bem inteligentes, de modo geral. Será que precisamos mesmo ouvir esse tipo de coisa?*

Então, saio procurando cartazes nos grandes locais de trabalho mais próximos – cheio de pessoas inteligentes e talentosas – e facilmente encontro três cartazes ruins para cada um bom. Até que essa proporção vire ao contrário, vou continuar batendo nesta tecla. Da próxima vez em que for ao escritório, procure um cartaz, e, se encontrar um especialmente bom (quer dizer, ruim), por favor, mande para mim. Estou começando uma coleção.

RESUMO DO CAPÍTULO

# Assuma a perspectiva deles

A estratégia de assumir a perspectiva deles tem a ver com investir tempo deliberadamente para compreender outras pessoas e, assim, evitar as opiniões erradas sobre elas e suas ações. Ao criar o hábito de explorar um problema a partir da perspectiva de cada parte interessada, você fica melhor em escapar do poço da gravidade de sua própria visão de mundo.

Para isso, siga as etapas que discutimos:

**1. Garanta que isso aconteça**

Você não entenderá as outras pessoas a menos que coloque esforços genuínos em tentar entendê-las. Evite essa cilada usando um mapa de partes interessadas:

- Liste cada uma das partes ou pessoas envolvidas no problema. Lembre-se de procurar partes interessada ocultas, como vimos na estratégia de **olhar fora do contexto**.

- Pense nas necessidades, emoções e ponto de vista geral de cada parte interessada. Quais são os problemas dessa pessoa? Metas? Crenças? Contexto? Quais informações ela tem?

**2. Evite suas próprias emoções**

Ao mapear as necessidades das partes interessadas, tente se afastar explicitamente de sua própria perspectiva. Se fizer isso em um grupo, lembre seus companheiros de que as pessoas podem sentir de modo diferente do deles. Mencione a pesquisa de Johannes Hattula:

- "A pesquisa mostrou que as pessoas se concentram demais em sua própria perspectiva quando tentam entender os outros. Tente desconsiderar suas próprias preferências. Concentre-se só em como elas podem sentir e pensar."

Ao recrutar Tania Carr-Waldron para a equipe do pfizer-Works, Jordan Cohen ganhou um recurso valioso que entendia o que as pessoas na linha de frente da Pfizer pensavam e sentiam. Isso ajudou a equipe de Cohen a construir um serviço útil voltado para os problemas certos. Se você não tiver muita exposição, será que consegue encontrar alguém que tenha, como Tania?

### 3. Procure explicações razoáveis

Com o problema do elevador lento, a maioria das pessoas simplesmente supõe que os inquilinos são preguiçosos ou impacientes. Poucas pessoas pensam em boas razões que eles podem ter para reclamar: será que estão atrasados para uma reunião importante?

Da mesma maneira, lembre-se de que a maioria das pessoas pensa ser um indivíduo bom e razoável. Para evitar os estereótipos negativos e o pensamento cínico, pense quais explicações razoáveis poderiam provocar os comportamentos que você vê:

- Pode haver uma explicação inocente?

- As outras pessoas têm razões válidas para agirem como agem – razões que não estão ligadas a burrice nem má intenção?

- É possível que elas estejam realmente agindo em meu interesse – ou que, pelo menos, achem que estão?

- Esse pode ser um problema de sistemas ou de incentivo, em vez de um problema de pessoas?

134 | **Qual é o seu problema?**

**CAPÍTULO 9**

# Siga em frente

# FECHE O *LOOP*[1]

Kevin Rodriguez tinha um sonho: ele queria abrir uma sorveteria em Nova York para vender o delicioso sorvete italiano que ele tanto gostava de consumir.

Kevin era amigo de Ashley Albert, a empreendedora por trás do Royal Palms Shuffleboard Club. Naturalmente ele pediu a ajuda dela para concretizar seu sonho.

Ashley esmagou o sonho de Kevin em menos de oito horas.

Ela fez isso convidando Kevin a caminhar com ela pela cidade, visitando sorveterias e conversando com os proprietários. Como ela me disse:

> Durante todo o dia, por todos os lugares onde passamos, nós nunca estivemos em uma situação em que não conseguíssemos encontrar uma sorveteria próxima. E, quando falamos com os proprietários, tornou-se claro que também não era um negócio muito lucrativo: a maioria deles sobrevivia com a venda de café. A partir das visitas, uma coisa ficou totalmente clara: *esse não era um problema que precisava ser resolvido.*

À primeira vista, esmagar o sonho de alguém soa como uma coisa ruim. Mas pense na alternativa: Kevin poderia ter ido em frente e aberto a sorveteria, gastando suas economias e dedicando alguns anos de sua vida a algo que nunca iria decolar. A insistência de Ashley em uma ideia simples – *vamos sair e verificar como as coisas estão indo para as sorveterias* – permitiu que Kevin aplicasse sua energia em um problema mais promissor (o que ele fez; veja as notas se estiver curioso).

## Teste seu problema

A maioria das pessoas sabe que deve testar sua solução antes de se comprometer com ela. O que é menos conhecido é que, antes de testar a solução, você deve *testar o seu problema*. Como um médico que pede alguns exames para confirmar o diagnóstico do paciente antes de uma cirurgia, os bons solucionadores de problemas também trabalham para confirmar que contextualizaram o problema corretamente antes de passarem ao modo de solução.

Esse é um ponto central, porque mesmo o processo de testar uma solução pode rapidamente se tornar um grave desperdício de tempo. Em sua empolgação para construir a solução, é fácil pensar: *hum, que nome devo dar à minha sorveteria? Será que um grupo focal vai ajudar? Que tipo de gelo devo vender? E a decoração? Será que um designer de interiores pode fazer uma simulação?* No caso das soluções técnicas, a tentação é ainda maior: *será que vamos conseguir realmente construir esse dispositivo empolgante com que estou sonhando? Vamos ficar oito anos no laboratório de engenharia e experimentar.*

E, ainda pior, testar as soluções pode criar uma forma ruim de impulso que é desconectado do fato de o problema ser ou não válido. Depois de encontrar o nome perfeito para sua sorveteria, fica muito mais difícil voltar atrás e pensar se abrir uma sorveteria é uma boa ideia em primeiro lugar.

Para evitar essas situações, a última etapa no processo de recontextualização é *planejar como você vai validar a contextualização do problema por meio de testagem no mundo real*. Fazer isso fecha o círculo de recontextualização (por enquanto) e leva as pessoas de volta ao modo de solução. É similar ao planejamento de ação, mas com o foco específico em garantir que seus esforços estejam voltados para a direção certa.

A seguir, vou mencionar quatro métodos específicos para a validação de problemas:

1. Descreva o problema para as partes interessadas.
2. Consiga a ajuda de pessoas de fora.
3. Crie um teste firme.
4. Pense em criar um "pré-tótipo" da solução.

## 1. DESCREVA O PROBLEMA PARA AS PARTES INTERESSADAS

Quando está lidando com sequestradores armados, Chris Voss, negociador de reféns do FBI, defende uma técnica simples e poderosa chamada "rotulagem".[2] Como Voss descreve:

> Se você tem três fugitivos presos em um apartamento no 27º andar de um prédio no Harlem, eles não precisam dizer nada para que você saiba que eles estão preocupados com duas coisas: serem mortos e serem presos.

Voss não começa a conversa tentando convencê-los a não fazer nada: *vocês não podem escapar, então larguem as armas e saiam, ou as coisas vão piorar!* Em vez disso, ele começa a rotular os medos deles, usando palavras muito específicas:

> *Parece que* vocês não querem sair. *Parece que* vocês estão preocupados com a possibilidade de abrir a porta e nós aparecermos atirando. *Parece que* vocês não querem voltar para a prisão.

Como Voss indica, existe algo poderoso em ouvir seu problema descrito de modo preciso. Como você se lembra dos cartazes do pfizerWorks – "Esses documentos têm de estar prontos em 18 horas?" –, quando alguém mostra que entende o seu problema, isso cria confiança e abre a porta para a colaboração. O próprio Voss credita ao método a solução de inúmeras situações com reféns. (E, como ele observa, se você estiver com o problema errado, sempre pode dizer: *Não estou dizendo que é verdade. Só disse que parecia ser.*)

## Reuniões de problemas

O método é útil não apenas para os negociadores. Se você precisa validar sua contextualização de problema, uma das coisas mais efetivas em termos de custo que pode experimentar é simplesmente *descrever o problema para as pessoas que estão envolvidas.*

No mundo das startups, por exemplo, Steve Blank, professor de Stanford, defende as "reuniões de problemas"[3] em que você (como empreendedor) vai até seus potenciais clientes e tenta descrever para eles os problemas que enxerga neles. A questão não é convencer ninguém da contextualização, mas testar se isso ressoa. Como Blank diz: "Sua meta é fazer os *clientes* falarem, não você".

## Startup Cisco[4]

Eu também vi o método usado em um ambiente corporativo quando Oseas Ramírez Assad, Edgardo Ceballos e Andrew Africa, funcionários da Cisco, criaram um serviço interno chamada Startup Cisco, com o objetivo de testar ideias rapidamente.

"As pessoas na Cisco regularmente têm ideias e inovações técnicas incríveis", observou Oseas, "mas nem sempre fomos bons em testar essas ideias rapidamente e ver se elas realmente correspondem a um problema que nossos clientes tinham. Assim, começamos a fazer *workshops* concentrados nisso."

A necessidade de validação rápida foi inspirada por um consultor externo, Steve Liguori, que se inspirou em sua experiência de trabalho na GE:

> Havia uma forte norma cultural de nunca mostrar uma coisa a um cliente até que ela estivesse imaculada. Em vez disso, os engenheiros diziam: *podemos construir isso*, e a validação normalmente acontecia em uma sala de executivos que perguntavam: *como nos sentimos em relação a essa ideia?* O cliente ouvia: *você vai amar isso* durante três anos sem chegar a ver nada. E, então, isso era lançado e seria perfeito, mas o cliente diria: *certo, mas por que ele não faz isso?* E, então, quando ele não vendia, as pessoas diziam: *ah, vendedores e marketeiros idiotas, eles não venderam isso do jeito certo.*

No início, uma coisa parecida acontecia nos workshops da Startup Cisco. Como Oseas disse:

> As pessoas vinham até nós com ideias firmes sobre o produto técnico que queriam construir e faziam engenharia reversa com as necessidades do cliente para justificarem suas ideias. E, depois de tentar algumas vezes, ficou claro que precisávamos atrasar a construção da solução até que o problema tivesse sido adequadamente entendido.

Para conseguir essa compreensão, Oseas e sua equipe se apoiaram muito na ideia de se conectar cedo com os clientes. Oseas comentou sobre o método deles:

> Nós vamos até o cliente e dizemos: "Estamos pesquisando esta questão. Essa questão é de fato um problema para você? Pode me falar mais sobre isso?". O crucial é se concentrar no problema deles em vez de na solução – porque é o que faz com que eles se relacionem com isso, e esse é o ponto central sobre o qual precisamos de insights. Estamos entendendo os problemas deles do jeito certo?

Em um exemplo, um veterano da Cisco chamado Juan Cazila tinha uma ideia promissora para refinarias e locais de extração de gás. Porém, o projeto ficou empacado nos processos internos da Cisco por cerca de um ano, então Cazila foi para o workshop da Startup Cisco para tentar levá-lo em frente:

> A equipe me pressionou a ignorar os processos usuais e, em vez disso, ir diretamente até os clientes e falar com eles. No segundo dia do workshop, esboçamos um e-mail e o enviamos a 15 executivos de alto nível em empresas como a Exxon, Chevron e Shell.

Nessa mesma tarde, Cazila ligou para três dos clientes para uma conversa informal. "Estávamos pensando se você tem esse problema em suas refinarias? Você tem? Quanto isso custa a você?"

No final, todos os três clientes tinham o problema e estavam muito interessados em resolvê-lo. Armado com essa informação, Cazila então contatou o coordenador de serviços da Cisco e solicitou os recursos para levar o projeto em frente. Duas horas mais tarde, ele teve uma resposta positiva, permitindo que o projeto fosse adiante. Enquanto escrevo este livro, o projeto está sendo testado com um dos maiores clientes da Cisco na América Latina.

## 2. CONSIGA A AJUDA DE PESSOAS DE FORA

Pessoas de fora podem ser um ótimo recurso para ajudar a validar seus problemas, pois eles estão menos ligados emocionalmente a sua visão preferida do problema (ou solução). Isso pode ser especialmente útil quando você não está lidando com um produto ou serviço, mas com algo menos tangível.

Por exemplo, veja a experiência de Georgina de Rocquigny,[5] fundadora da agência de marca Untapped, situada em Hong Kong, e profissional experiente em recontextualização. Um dos clientes de Georgina era uma consultoria de administração local que existia havia alguns anos, mas ainda não tinha definido uma marca para si

**Siga em frente | 139**

mesma. Conforme a empresa crescia, ela cada vez mais enfrentava concorrentes com marcas mais claramente definidas. Isso fez os sócios procurarem Georgina com um problema: "Precisamos de sua ajuda para criar nossa marca como empresa de estratégia".

A contextualização que o cliente fez do problema era compreensível. Em consultoria de administração existe uma hierarquia implícita entre as empresas de consultoria estratégica e as de "implementação" mais práticas. O trabalho estratégico é considerado mais refinado – e frequentemente também é mais bem remunerado. Por esse motivo, muitas empresas de consultoria desejam ser vistas como focadas em estratégia.

No entanto, Georgina entendia a necessidade de validar o problema. Assim, em vez de começar pelo trabalho de marca, ela convenceu o cliente a permitir que ela entrevistasse alguns clientes, funcionários e sócios. Como ela me disse:

> O principal era conseguir diferentes perspectivas em relação ao processo para testar se estavam resolvendo o problema certo. No final das contas, não estavam. O cliente parecia ter um senso leve de constrangimento em relação a estar na ponta mais prática do espectro: *não queremos ser percebidos como uma oficina*. Mas, como as entrevistas mostraram, os clientes na verdade gostavam disso nele. Clientes e funcionários concordavam: "Eu os contratei porque eles fazem mais do que estratégia" e "Gosto de trabalhar com eles porque, embora sejam inteligentes, eles também não têm medo de arregaçar as mangas e colocar a mão na massa".

Com os resultados das entrevistas em mãos, Georgina convenceu os consultores de que não deveriam criar sua marca como um parceiro puramente estratégico e deveriam aproveitar sua capacidade de concretizar as coisas – e se orgulhar dela. O resultado final foi um novo posicionamento poderoso unindo estratégia e execução que tinha ressoado com a empresa e os clientes e contribuiu para o crescimento contínuo do negócio.

Georgina refletiu sobre o processo:

> Tem sido interessante para mim para ver qual papel os sentimentos desempenham na tarefa de definir você mesmo e a marca da sua empresa. Muitos clientes chegam sentindo-se levemente constrangidos com o que fazem, pensando que precisam se transformar em outra pessoa para ter sucesso. Mas, muitas vezes, quando falo com os clientes deles, descubro que a coisa de que se envergonham é, na verdade, uma fonte de força para eles.

Como a história de Georgina mostra, validar os problemas não é necessariamente um referendo binário sobre o seu problema, em que você descobre *Sim, eu tenho a contextualização correta* ou *Não essa contextualização não se sustenta*. Algumas vezes, sua contextualização está correta em geral – mas validá-la traz uma nuance importante sobre o problema que leva a uma solução ainda melhor. Nesse caso, a empresa de consultoria estava de fato correta em querer uma marca mais estratégica. A análise de Georgina não rejeitou essa ideia. Em vez disso, ajudou a empresa a ver que essa marca não era incompatível com a divulgação dos pontos fortes baseados em execução da empresa. O novo posicionamento também diferenciou a empresa das muitas outras que usavam apenas a marca de estratégia.

## 3. CRIE UM TESTE FIRME

Ao validar um problema, você não está só buscando descobrir se ele é real. Pode ser igualmente importante testar se o problema é grande o suficiente para as partes interessadas quererem realmente resolvê-lo. O crucial para fazer isso é criar um teste que consiga evocar as respostas reais das partes interessadas. Aqui está uma história de dois empreendedores que fizeram isso.

### Como a Managed by Q validou o seu problema[6]

Quando Saman Rahmanian comprou seu primeiro apartamento, ele decidiu entrar para o conselho administrativo do prédio. Rapidamente descobriu como era trabalhoso gerenciar um prédio residencial:

> Eu estava ficando muito frustrado com o fornecedor de limpeza. Ele era considerado um dos melhores, mas o serviço era horrível. Havia pouca transparência em relação a fazerem ou não seu trabalho adequadamente. Minha esposa perguntava: "Eles limparam as escadas hoje?", e eu não sabia. Além disso, não havia uma boa maneira de se comunicar com a equipe de limpeza, a não ser ligar para o escritório ou esperar que um bilhete fosse notado e seguido.

Saman teve uma ideia: ele podia criar um serviço de *one-stop-shop* para prédios residenciais que profissionalizaria a entrega da limpeza e de outros serviços para que os

membros do conselho, como ele, pudessem administrar os prédios com muito menos esforço.

Empolgado com a oportunidade, Saman começou a explorar a ideia com os colegas. Um deles era Dan Teran, o antigo organizador da comunidade, que terminou sendo o cofundador com Saman.

Sendo bem versados em práticas de startups enxutas, Dan e Saman decidiram, antes de construir o serviço, validar se a ideia era realmente algo com que os clientes se importavam. Para isso, criaram uma apresentação de vendas descrevendo o serviço como se ele já existisse e, depois, tentaram vendê-lo.

Saman explicou: "Marcamos reuniões com 20 conselhos diferentes de prédios residenciais e passamos uma semana visitando-os e vendendo o serviço. As reações foram muito positivas: muitos deles expressaram interesse e disseram que era uma ótima ideia".

Se Dan e Saman tivessem parado nisso, poderiam facilmente ter acreditado que estavam no rumo certo e começado a construir o serviço. Mas eles sabiam por experiência própria que esse teste era fácil demais: o que os clientes dizem não é necessariamente igual ao que fazem. Então, no final da apresentação, eles solicitavam um pagamento inicial. *Que ótimo você ter gostado tanto do nosso serviço! Temos algumas vagas para daqui a alguns meses – então, se nos der seu cartão de crédito agora e fizer o pagamento inicial, pode reservar essa vaga.*

Como Saman explicou: "O que eles haviam dito antes de pedirmos as informações do cartão de crédito não era

**Siga em frente** | 141

toda a verdade, por mais positivos que fossem. Quando pedimos as informações do cartão de crédito, os problemas reais surgiram".

A cautela deles tinha motivos. Só um dos 20 conselhos a que fizeram a apresentação contratou o serviço. A limpeza ruim era de fato um problema, mas claramente não tão grande nem urgente o bastante para levar os clientes a agir.

Porém, esse não foi o fim da história. Durante os testes, eles conheceram um grande corretor imobiliário comercial cuja reação foi imediata: "Isso seria ótimo nos escritórios". Saman relatou:

> Tínhamos uma sensação de que podia funcionar nos escritórios e decidimos alterar um pouco nossa apresentação de vendas e experimentar. Assim, cerca de duas semanas depois de nossas reuniões decepcionantes com os conselhos residenciais, marcamos 25 apresentações para gerentes de escritórios. No fim das contas, 18 deles se associaram, nos passando as informações dos cartões de crédito depois da primeira reunião. Naquele momento, sabíamos que tínhamos encontrado o problema certo para resolver.

Eles usaram o nome de Managed by Q – como uma referência ao intendente habilidoso dos filmes de James Bond. Por fim, eles atraíram mais de 100 milhões de dólares em financiamento e atenderam escritórios por todo o país. Também foram elogiados por suas práticas trabalhistas inovadoras e humanas. Rompendo o modelo ruim de terceirização usado pelas outras startups, os fundadores decidiram empregar seus faxineiros em período integral, dando a eles 5% da empresa e criando linhas de carreira reais. Como resultado, talvez pela primeira vez na história, a limpeza se transformou em mais do que um trabalho sem futuro.

Quatro anos depois, Dan – que se tornou o CEO da empresa – recebeu um prêmio do governo norte-americano em nome da empresa em reconhecimento por suas práticas trabalhistas de vanguarda. (Saman se afastou para construir sua próxima startup, no setor de assistência à saúde.) Um pouco antes de este livro ser impresso, Managed by Q foi comprada por mais de 200 milhões de dólares.[7]

## 4. PENSE EM CRIAR UM "PRÉ-TÓTIPO" DA SOLUÇÃO

Em alguns casos, em vez de validar o problema, é possível simplesmente testar o problema e a solução ao mesmo tempo. A chave é um método chamado de "pré-totipagem".[8] Cunhado por Alberto Savoia, funcionário do Google, pré-totipagem é diferente de prototipagem, no sentido de que você não constrói realmente a solução, mas em vez disso se concentra em encontrar maneiras de simular o produto e ver se os clientes o compram.

Aqui está um exemplo disso. Você lembra da história de Henrik Werdelin da BarkBox e do Net-90? Um dia, em um jantar da equipe, algumas pessoas da BarkBox começaram a apresentar ideias de novos negócios uns para os outros por diversão.

Inspirado por uma garrafa de vinho aberta, um dos sócios disse: "Sabe, aposto que podíamos inventar um novo design divertido de tampa de garrafa de vinho com formato de cachorro".[9] Henrik disse:

> Uma coisa leva a outra e, de repente, as pessoas ficaram competitivas. Alguém pegou um laptop e desenhou um modelo realista em 3D de uma tampa divertida para garrafa de vinho. Outra pessoa pensou: *ei, eu vou criar um site onde vocês podem comprar isso.* Uma terceira pessoa criou um anúncio para o produto e começou a lançar algumas campanhas nas mídias sociais. Em nenhum momento durante tudo isso ninguém nunca pensou em realmente ir adiante com a ideia.

A equipe vendeu a primeira tampa para garrafa de vinho para um cliente que a viu no Facebook, logo depois de a sobremesa ser servida. Henrik anotou o tempo que levaram desde a ideia até a primeira venda no mundo real: 73 minutos.

Satisfeito por ter demonstrado a proeza de seus negócios e temendo que o monstro recém-criado realmente criasse vida e os sugasse em um novo diagrama de Venn de marca envolvendo cães e álcool, a equipe rapidamente fechou o site e devolveu o dinheiro do cliente.

Nem *sempre* é necessário validar seu problema. Se puder testar suas ideias desse modo rápido e simples, não se preocupe demais com o diagnóstico do problema. Simplesmente jogue tudo na parede – ou, neste caso, na internet – e veja o que gruda.

Depois de ter feito um plano de como seguir em frente, o processo de recontextualização está no fim. Porém, há mais uma etapa: planejar sua próxima verificação de recontextualização. Para isso, vamos examinar um outro domínio em que verificações regulares de problemas são uma questão de vida e morte.

## A IMPORTÂNCIA DE REVISITAR O PROBLEMA

Quando Scott McGuire[10] chega ao cenário de um acidente e encontra alguém ferido, ele segue uma rotina simples de três passos:

**Vias aéreas.** As vias aéreas da pessoa estão livres?

**Respiração.** A pessoa está respirando normalmente?

**Circulação.** O pulso da pessoa está regular?

O exame garante que o paciente não esteja em perigo imediato antes de Scott começar a tratar os outros ferimentos deles. Se Scott estiver sozinho no local, ele faz mais uma coisa antes de iniciar o tratamento: prende um pedaço de fita crepe na perna do paciente e escreve a hora da próxima rotina de verificação.

> Se o paciente estiver em condição crítica, eu posso verificar os sinais vitais dele a cada três ou cinco minutos. Se ele estiver mais estável, verifico a cada dez. Escrever é uma maneira de garantir que isso seja feito mesmo que muitas outras coisas estejam acontecendo.

**Siga em frente | 143**

Desde que foi voluntário de uma equipe de resgate aos 13 anos, Scott trabalhou como bombeiro, técnico de emergência médica, guia em ambientes naturais, guia de montanhismo e muito mais. Em todos esses trabalhos, os protocolos de emergência o ensinaram a reavaliar regularmente a situação:

> Pode parecer uma volta atrás, mas muitas vezes revela informações recém-descobertas. Algumas vezes, as informações já estavam presentes, mas foi preciso uma revisita à perspectiva original para vê-las claramente. Outras vezes, a situação muda. Se alguém quebrou uma costela, pode nem sentir nenhuma dor da primeira vez que você verificou, porque a adrenalina está agindo como analgésico. Quando você verifica o tronco dele novamente dez minutos depois é que descobre o problema.

A contextualização de problemas é similar à verificação conduzida por Scott, pois você não avalia o problema apenas uma vez – você tem de fazer isso em intervalos regulares.

Em parte, isso é importante porque os problemas *mudam no decorrer do tempo*. Mesmo que seu diagnóstico de problema esteja correto inicialmente, é perigoso aderir a ele, da mesma forma que seria perigoso se Scott fizesse apenas uma verificação e, depois, supusesse que tudo estava bem dali por diante. Como o estudioso de design Kees Dorst escreveu sobre organizações:

> Na solução de problemas convencional, a "definição do problema" é sempre o primeiro passo... mas, ao definir o problema, eles inadvertidamente congelam o contexto também, e na maioria das vezes esse é um erro grave que voltará para assombrá-los enquanto tentam implementar sua nova solução.[11]

Verificações regulares também ajudam nas situações com restrições de tempo. Em vez de tentar concluir o diagnóstico no início, geralmente é melhor fazer uma rodada rápida de recontextualização, ir em frente e retornar ao diagnóstico do problema mais tarde, depois de ter conseguido mais informações.

## QUATRO MANEIRAS DE REVISITAR SEU DIAGNÓSTICO

Para garantir que vai revisitar o problema de vez em quando, você pode:

1. **Agendar a recontextualização depois de cada rodada.** No final de um processo de recontextualização, agende imediatamente a próxima rodada. O intervalo depende da "frequência do relógio" do seu projeto, é claro, mas geralmente é melhor ser mais agressivo com as verificações agendadas.

2. **Atribuir o papel de recontextualização a alguém.** No combate a incêndios, uma das pessoas da equipe de Scott tem o papel de comandante em incidentes. O trabalho dessa pessoa é ficar atrás e monitorar como o fogo se desenvolve. De um modo similar, pode ser útil atribuir a alguém a função de ficar de olho no problema e agendar acompanhamentos.

3. **Criar rotinas em sua equipe. As verificações de rotina podem ser úteis.** Em zonas de catástrofe, Scott e seus colegas na equipe de emergência têm uma rotina em que fazem reuniões com todos a cada quatro horas. A reunião pode durar apenas 15 minutos. Do mesmo modo, as equipes que trabalham com os chamados métodos ágeis muitas vezes iniciam todos os dias com um *"stand-up"*, uma reunião rápida, em que cada membro da equipe fala sobre os problemas em que está trabalhando. Você pode incorporar recontextualização em algumas de suas rotinas atuais, por exemplo, nas reuniões semanais da equipe?

4. **Praticar a atitude.** Finalmente, com prática suficiente, a recontextualização se transforma na segunda natureza das pessoas, permitindo que elas tenham um tipo de "visão dupla" para manter a solução e o problema em mente. Em situações que mudam rapidamente, esse instinto pode ajudar a desencadear uma nova revisão do problema, mesmo na ausência de lembretes estruturais.

RESUMO DO CAPÍTULO

# Siga em frente

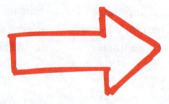

Dê uma olhada em suas afirmações de problema. Para cada problema, descubra como seguir em frente.

### Como você pode testar seu problema?

Solucionadores de problemas iniciantes tentam confirmar sua teoria: *minha solução não é ótima? Vejamos se podemos fazer isso*. Os solucionadores de problemas experientes não tentam confirmar a contextualização em que acreditam – eles procuram maneiras de provar que estão errados. Como Ashley fez quando Kevin trouxe a ideia da sorveteria, existe uma maneira de se envolver rapidamente com o mundo real para determinar se você está visando o problema certo?

Para validar sua contextualização do problema, use uma das quatro táticas que abordamos:

- **Descreva o problema para as partes interessadas.** Como a equipe da Cisco fez, fale com as partes envolvidas e descreva o problema para elas. Não tente vender sua contextualização. Como Steve Blank indicou, a ideia é ver se sua contextualização ressoa e faz com que eles lhe deem mais informação.

- **Consiga a ajuda de pessoas de fora.** Se você suspeita que está perto demais de sua própria ideia – ou se pensa que as pessoas não lhe darão um feedback sincero –, não seria possível usar alguém de fora para ajudá-lo? Lembre-se da história da Georgina sobre a empresa de consultoria que a contratou para validar suas suposições em relação à marca.

- **Crie um teste firme.** Lembre-se como a Managed by Q usou as informações de cartão de crédito para testar se as pessoas realmente se sentiam ligadas o bastante ao problema que tinham em mente. Como você pode criar um teste similar para o seu problema (ou para a sua solução)?

- **Pense em criar um "pré-tótipo" da solução.** Se é fácil e sem riscos testar uma solução, simplesmente vá em frente e teste-a. Pense em usar o conceito de pré-totipagem de Alberto Savoia para encontrar maneiras ágeis de testar sua solução, como a equipe da BarkBox fez com a ideia da tampa de garrafa de vinho.

Essas não são as únicas maneiras de validar um problema. Se você precisar de mais inspiração, consulte a literatura de startup – ou, ainda melhor, converse com alguém que tenha experiência em startup, como Kevin fez com Ashley.

Por fim, antes de fechar o *loop* da recontextualização e voltar à ação, confirme que planejou sua próxima verificação de recontextualização.

# Supere a resistência

Capítulo 10

# Três desafios táticos

## COMPLICAÇÕES E COMO LIDAR COM ELAS

Agora você sabe tudo de que precisa para começar a recontextualizar. Há mais a aprender se quiser atingir o pleno domínio do método, mas muito desse aprendizado virá com a prática, conforme o aplicar a seus próprios problemas e aos de seus clientes, colegas e amigos.

Porém, ainda tenho mais a oferecer. Ao trabalhar com os problemas do mundo real, você acabará encontrando o que eu chamo de "complicações". Essas complicações são os diversos obstáculos práticos à recontextualização, como quando outras pessoas resistem ao processo ou você não tem a mínima ideia do que está causando um problema.

Esse é o assunto desta parte do livro. No próximo capítulo, vou compartilhar conselhos para superar a resistência à recontextualização. Neste, vamos dar uma olhada em como lidar com três desafios táticos comuns:

1. Escolher em qual contextualização se concentrar (quando você acaba tendo contextualizações demais).

2. Identificar causas desconhecidas de um problema (quando você não tem nenhuma ideia do que está acontecendo).

3. Superar o pensamento individualizado (quando as pessoas resistem ao envolvimento de pessoas de fora).

Esta parte do livro tem o objetivo de ser um recurso prático, então, se você estiver ansioso para começar, simplesmente marque este ponto e pule para o último capítulo, "Uma palavra de despedida".

## 1. ESCOLHER EM QUAL CONTEXTUALIZAÇÃO SE CONCENTRAR

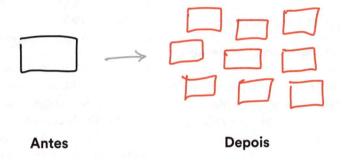

Antes　　　　Depois

Ao tentar recontextualizar pela primeira vez, algumas pessoas provavelmente verbalizarão uma frustração específica: *quando comecei isso, eu tinha um problema. Agora tenho dez. Obrigado, esse método de recontextualização foi muuuito útil.*[1]

Sentir-se frustrado não é necessariamente uma coisa ruim; é parte normal do processo. A princípio, pode ser incômodo não ter mais uma visão "simples" do problema, mas, em geral, isso é equilibrado pelos benefícios de não resolver o problema errado.

Ainda assim, há uma questão muito prática a ser considerada. Se você chegar a várias contextualizações diferentes do problema, como vai decidir quais deve explorar e quais deve ignorar?

Em algumas situações, com problemas muito importantes, faz sentido realizar uma análise metódica de cada uma das contextualizações, testando uma a uma no mundo real. Porém, você não terá nem tempo nem recursos – ou paciência – para fazer isso. Em vez disso, você terá de selecionar uma ou duas contextualizações para se concentrar, pelo menos até a próxima iteração do processo. Como, então, fazer isso do melhor modo?

Embora os problemas sejam variados demais para que uma fórmula fixa funcione de forma consistente, eu descobri três regras práticas que podem ajudar. Conforme revê as contextualizações, dê atenção especial às que forem:

- Surpreendentes

- Simples

- Significantes se forem verdadeiras

## Explore as contextualizações surpreendentes

Quando recontextualiza um problema, você (ou a pessoa a quem está ajudando) às vezes expressa surpresa com uma contextualização específica: *ah! Eu não tinha pensado por esse ângulo*. Em meus workshops, as pessoas têm descrito isso como algo quase físico – uma sensação visceral de alívio ao encontrar uma nova perspectiva do problema.

A surpresa, porém, não garante que a contextualização será viável. Ainda assim, ela deve ser explorada. A sensação de surpresa surge exatamente porque a contextualização rompe um modelo mental em que o dono do problema estava preso, aumentando as chances de que a nova perspectiva ajude.

## Procure contextualizações simples

Na imaginação popular, soluções revolucionárias muitas vezes são associadas a tecnologia nova e complexa. A função de localização nos smartphones, por exemplo, depende de mecânica quântica, relógios atômicos e satélites em órbita para indicar precisamente onde você está. Considerando isso, pode ser tentador pensar que as melhores soluções vêm de abordagens esotéricas altamente diferenciadas para o problema.

Na minha experiência, esse raramente é o caso. Na vida diária, as boas soluções (e as contextualizações de

problema correspondentes) são bastante simples. Lembre-se por exemplo da solução de Lori Weise para o problema dos abrigos de cães. Tratava-se apenas de manter os cães com a primeira família. As melhores soluções muitas vezes têm um tom de inevitabilidade retrospectiva. Depois de identificada, as pessoas reagem com *É claro! Por que a gente não pensou nisso antes?*

Quando pensa sobre quais recontextualizações seguir, você deve geralmente gravitar na direção das mais simples. O filósofo e monge medieval Guilherme de Ockhman tem o crédito do conceito da "navalha de Occam",[2] que é um modo divertido de os cientistas dizerem que, quando você tem várias explicações possíveis para um fenômeno, deve usar aquela que for mais direta.

Traduzindo isso para os problemas do local de trabalho, veja as duas contextualizações a seguir e imagine para qual a navalha de Occam apontaria: *as pessoas não estão comprando o nosso produto porque...*

| Ainda não encontramos a mensagem de marketing correta, apesar de termos passado por quatro agências de publicidade | *versus* | Nosso produto é uma droga |

A ênfase na simplicidade é uma diretriz, não uma lei férrea. Alguns problemas, em última análise, requerem soluções complexas, com vários enfoques, para serem efetivamente resolvidos. Mas, como Steve de Shazer escreveu em relação à experiência dele com a terapia: "Não importa quanto a situação seja ruim e complexa, uma pequena mudança no comportamento de uma pessoa pode trazer diferenças profundas e de longo alcance no comportamento de todos os envolvidos".[3]

## Procure contextualizações significantes se verdadeiras

Por fim, pode às vezes fazer sentido testar contextualizações em que você *não* acredita.

A recontextualização, por natureza, vai desafiar suas suposições e crenças a respeito de um problema. Algumas vezes, simplesmente ouvir uma nova e inesperada perspectiva pode ser suficiente para fazer você reconsiderar suas crenças anteriores. Mas, o mais frequente, quando você encontra uma contextualização verdadeiramente poderosa, é que sua reação espontânea – ou o que chamamos mais nobremente de intuição – seja negativa. E, quando se trata da recontextualização, *você tem de ser cuidadoso em confiar na sua intuição.*

Isso pode lhe parecer estranho. Afinal de contas, grande parte da indústria de conselhos pessoais se baseia em uma mensagem: confie na sua intuição. Nós tendemos a confiar em nossos sentimentos imediatos em relação a algo sem realmente questionar de onde eles vêm. Mas sua "intuição" é, na verdade, só um resumo subconsciente feito pelo seu cérebro daquilo que funcionou no passado. E esta é a questão: criatividade multas vezes envolve transcender sua experiência passada, rompendo pelo menos uma ou duas de suas suposições. A intuição é construída sobre o seu passado. Exatamente por esse motivo, nem sempre ela é um bom guia para o seu futuro.

Isso significa que, mesmo se uma contextualização for contrária à sua intuição, você não deve descartá-la antes de perguntar: *se isso fosse verdade, essa contextualização teria um grande impacto?* Pode valer a pena explorar essas contextualizações mesmo se achar que as chances de elas estarem corretas são mínimas – desde que a testagem dessa contextualização não exija recursos demais.

***O programa Bolsa Família.*** Um exemplo vem do político e ex-presidente brasileiro Lula da Silva. Mais recentemente, Lula ganhou má fama ao ser considerado culpado de corrupção. Antes disso, porém, ele atraiu atenção internacional positiva ao criar uma iniciativa bem-sucedida para aliviar a pobreza no Brasil, o programa Bolsa Família.[4]

Como descrito no livro *The Fix*, de Jonathan Tepperman, o programa passou de tentar fornecer serviços para famílias pobres a simplesmente dar dinheiro a elas, permitindo que gastassem com as mercadorias e os serviços que desejassem.

Apesar de ser mais simples e mais barata – um estudo estimou que é 30% mais econômico do que fornecer serviços tradicionais –, a ideia de dar dinheiro às pessoas tinha sido firmemente rejeitada por especialistas locais e internacionais. A maioria deles estava convencida de que os pobres iriam desperdiçar o dinheiro em vícios e outras coisas frívolas. No entanto, Lula tinha sido pobre quando criança e sabia que esses preconceitos não eram verdadeiros: as pessoas pobres – sobretudo as mães – geralmente gastam o dinheiro com sabedoria. Como resultado do programa Bolsa Família e de outras iniciativas, a taxa de pobreza extrema no Brasil diminuiu pela

**Três desafios táticos | 155**

metade, tirando 35 milhões de pessoas da categoria mais grave de pobreza e dando um ponto luminoso para outros países lidarem com a desigualdade de renda.

A questão que me atinge é: será que alguns dos antigos responsáveis pelas políticas poderiam ter tido essa ideia, *apesar de seus instintos?* Usando esse teste, eles podem ter dito: *eu não acredito que os pobres podem lidar com dinheiro de modo responsável. Mas reconheço que existe uma pequena chance de essa suposição estar errada – e se estiver, poderíamos fazer uma enorme diferença, porque a transferência de dinheiro seria muito mais eficiente do que fornecer mercadorias e serviços. Com isso em mente, por que não criamos um pequeno experimento para testar se estou certo?*

## Tente explorar mais de uma contextualização

Independentemente da estratégia de seleção que você use, observe que o objetivo desse processo de seleção não é chegar a uma contextualização final. Algumas das equipes com que trabalhei escolheram uma contextualização principal para explorar e, depois, designaram alguns dos membros da equipe para explorar também uma segunda e uma terceira contextualizações. A menos que você tenha de se comprometer com uma solução imediata, explorações paralelas podem valer o esforço. Caminhos de exploração que não dão certo se mostram, algumas vezes, úteis depois, mesmo que seja só para dizer a uma parte interessada: *testamos esse ângulo e não funcionou.*

## 2. IDENTIFICAR CAUSAS DESCONHECIDAS DE UM PROBLEMA

Imagine que você está enfrentando um problema e que sua análise inicial (incluindo suas tentativas de recontextualizá-lo) não deu nenhuma pista quanto ao que o está causando. E então?

No Capítulo 6, "Examine os pontos luminosos", já abordamos um método que você pode experimentar, a ideia de *divulgar o problema*. Agora, vou compartilhar dois outros métodos que podem ser usados para revelar as causas ocultas de um problema: conversas orientadas à descoberta e experimentos de aprendizagem.

### Conversas orientadas à descoberta

Algumas vezes, uma simples conversa com a pessoa certa pode ser o bastante – desde que você dê atenção ao que ela está realmente dizendo.

Há alguns anos, os empreendedores Mark Ramadan e Scott Norton lançaram a Sir Kensington,[5] uma linha de condimentos como ketchup, mostarda e maionese. A ideia era criar uma alternativa mais gostosa, saudável e totalmente natural aos produtos existentes no mercado.

Dois anos depois, os produtos da Sir Kensington estavam vendendo bem e a demanda estava crescendo. Mas, por alguma razão, as vendas do ketchup estagnaram. O problema não era o gosto: os clientes diziam adorar. Mas eles estavam comprando menos do que seu entusiasmo sugeria que comprariam.

Mark e Scott pensaram que podia estar relacionado com a forma da embalagem. Quando lançaram a empresa, preferiram usar potes quadrados de vidro para todos os produtos, a fim de criar uma marca diferenciada. Em vez de um frasco plástico de apertar, as pessoas compravam um pote de vidro resistente que lembrava mostardas caras. A estratégia funcionou bem de modo geral, julgando pelas vendas dos outros produtos. Mas isso não estava funcionando com o ketchup.

Os dois debateram se deviam adotar uma embalagem de formato mais tradicional só para o ketchup. Era uma grande decisão. A mudança afetaria todas as partes da cadeia de suprimentos e criaria complexidade nas operações. Se eles errassem, demorariam um ano para reverter a decisão. Mark e Scott queriam ter certeza de que estavam fazendo a coisa certa, e isso significava descobrir o que estava realmente acontecendo com as vendas de ketchup.

Pare e pense no que uma grande empresa poderia ter feito aqui. O coordenador de marketing poderia ter decidido fazer uma pesquisa ou reunir alguns grupos focais. Ou talvez, a empresa teria investido mais de 200 mil dólares para executar um estudo etnográfico[6] em profundidade, com pesquisadores profissionais seguindo as pessoas no supermercado e também em casa.

Esses métodos costumam render insights úteis, e muitas empresas grandes os usam para gerar crescimento. Sendo uma startup, porém, Mark e Scott não tinham a opção de fazer nenhuma dessas coisas, e, assim, eles apenas começaram a conversar com as pessoas que conheciam: clientes, investidores e amigos que consumiam seus produtos. A pista veio quando um dos investidores disse: "Experimentei a amostra que vocês me mandaram e gostei muito. Ainda está na minha geladeira".

Esse comentário fez Mark e Scott pararem. O investidor tinha recebido o frasco meses antes. Então, se ele havia gostado, *por que ainda tinha o frasco original na geladeira?* Por que não tinha acabado até agora?

A resposta estava em um pequeno detalhe: a forma como a maioria das pessoas armazena o ketchup. Mark descobriu que as pessoas tendem a guardar a mostarda e a maionese nas prateleiras principais, o que deixa esses condimentos à vista na próxima vez que a geladeira é aberta. O ketchup tende a ser armazenado nas prateleiras da porta. Se a proteção da prateleira for transparente, isso não é um problema. Mas, nas geladeiras com proteções não transparentes, a embalagem quadrada de ketchup da Sir Kensington desaparecia do campo de visão. Como Mark disse: "Se não puder ver o pote, você não o pega com muita frequência. Fora da vista, fora da lembrança".

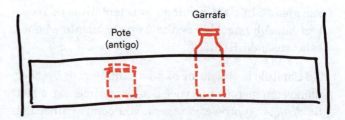

A descoberta do problema da geladeira deu a Mark e Scott a confiança para mudar para uma garrafa mais alta. Quando ela foi lançada no mercado, a velocidade das vendas aumentou em 50%.

Como essa história mostra, algumas vezes você encontra pistas importantes em conversas simples – desde que preste atenção ao que está sendo dito. Quando o investidor mencionou casualmente que ainda tinha o pote original, outras pessoas poderiam não ter percebido a importância do comentário. Mark e Scott, porém, estavam atentos: eles estavam procurando pistas do problema, que renderam uma informação crucial.

O que é preciso para fazer isso? O tópico de ouvir e questionar tem sido amplamente explorado na ciência da administração e em outras áreas. Um sumário completo está além do escopo deste livro, mas listei três conselhos aqui sobre os quais existe um amplo consenso.*

***Tenha uma mentalidade de aprendizado (ou seja, cale a boca e escute).*** O estudioso de administração Edgar Schein apontou em seu trabalho sobre "indagação humilde"[7] que muitas vezes nós iniciamos conversas com o objetivo de falar. Uma etapa importante acontece *antes* de você iniciar a conversa, quando lembra a si mesmo de abordar a outra pessoa com a intenção de ouvir e aprender.

Como um adendo, ao recontextualizar problemas em um grupo, tente ficar atento à proporção entre falar e ouvir. Quando têm cinco minutos para discutir seu problema, algumas pessoas passam quatro deles falando, deixando pouco tempo para receber informações. Se você tende a falar muito também, experimente ouvir um pouco mais.

***Crie um espaço seguro.*** Como demonstrado pelo trabalho de Amy Edmondson sobre segurança psicológica, conversas de aprendizagem são menos eficazes se as

---

* Se você sentir que se beneficiaria com mais conselhos sobre como se tornar um ouvinte melhor, há mais recomendações no apêndice, em "Questionar".

pessoas temem recriminação ou sentem, de alguma maneira, que não podem falar com liberdade. Encontre maneiras de retirar o risco da conversa – ou pense na possibilidade de outra pessoa fazer as entrevistas.[8]

***Procure o desconforto.*** Como discutimos no Capítulo 7, "Olhe no espelho", para obter insights úteis, você precisa estar preparado para descobrir verdades potencialmente dolorosas sobre si mesmo. Como o professor do MIT Hal Gregersen e seus colegas têm documentado, muitos empresários creditam seu sucesso, em parte, à sua capacidade de se colocar em situações desconfortáveis. (Isso também se aplica à escolha da pessoa com quem você vai conversar: você pede feedback só das pessoas que vão lhe dizer coisas agradáveis?)[9]

## Faça um experimento de aprendizagem

Se as conversas não trouxerem nenhuma pista quanto à natureza do problema, outra estratégia poderia envolver um pequeno *experimento de aprendizagem*. Um experimento de aprendizagem, de forma resumida, é uma tentativa deliberada de fazer algo de um modo diferente do que normalmente você faria, a fim de movimentar as coisas e aprender algo novo.

Jeremiah "Miah" Zinn[10] fez isso quando trabalhava no conhecido canal de TV de entretenimento infantil Nickelodeon – lar do personagem Bob Esponja. Miah coordenava a equipe de desenvolvimento de produto, que tinha acabado de criar um novo app empolgante voltado para crianças entre 7 e 12 anos. A equipe soube, com a testagem, que as crianças adoravam o conteúdo, e, de fato, muitas fizeram download do app.

**Três desafios táticos | 159**

Mas, depois, surgiu um problema. Como Miah disse: "Para usar o app, era preciso passar por um processo de cadastro único – e, como parte disso, era preciso fazer login no serviço de TV a cabo. Nesse ponto, quase todas as crianças abandonaram o processo".

Não havia modo de contornar a exigência de cadastro, então a equipe de Miah tinha de descobrir como guiar as crianças durante o processo e aumentar a taxa de adesão. E tinham de fazer isso depressa: cada dia sem uma solução significava usuários perdidos. Sob pressão, eles foram direto para um método que sabiam exatamente como aplicar: teste de usabilidade.

"Estabelecemos centenas de testes A/B", disse Miah, "tentando diversos fluxos de cadastro e testando novas formas de redigir as instruções. Vamos experimentar com crianças de 12 anos do Meio-Oeste – será que elas reagem melhor se mudarmos a ordem das etapas?"

Havia boas razões para a confiança da equipe no teste A/B. Desde seu início humilde no final da década de 1980, com a publicação do livro clássico de Donald A. Norman, *O design do dia a dia*, marcando o momento de irrupção, a testagem de usabilidade se tornou uma ferramenta comum e poderosa para as empresas de tecnologia. Uma grande empresa de tecnologia é famosa por testar mais de 40 tons de azul para encontrar a cor exata para sua página de busca.

Mas, como Miah disse: "O problema foi que nenhum de nossos testes mexeu a agulha. Mesmo os melhores só levaram a taxa de cadastro alguns poucos pontos percentuais para cima, no máximo".

Para resolver esse impasse, Miah decidiu experimentar algo novo:

> Nós nos concentramos em reunir muitos dados, olhando para grandes grupos. Qual a porcentagem dos que chegaram até aqui ou clicaram ali? E isso não nos levou a lugar nenhum. Então pensei: em vez de estudar muitas crianças de longe, por que não convidamos algumas delas para virem ao nosso escritório, acompanhadas dos pais, e nos sentamos com elas para ver o que acontece quando tentam fazer o cadastro?

Essa foi uma decisão importantíssima. Quando a equipe de Miah interagiu com as crianças, ficou claro que o problema não estava na usabilidade. As crianças não tinham problema para entender as instruções nem para navegar pelo processo de cadastro. (Atualmente, a maioria das crianças de 10 anos pode abrir um cofre em cinco minutos.) O problema tinha a ver com as *emoções*: a solicitação da senha da operadora de TV a cabo da família fez as crianças temerem se complicar. Para uma criança de 10 anos, um pedido de senha sinaliza um território proibido.

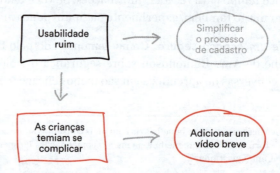

160 | Qual é o seu problema?

A equipe de Miah imediatamente abandonou os esforços para consertar o processo de cadastro. Em vez disso, produziu um vídeo curto explicando para as crianças que estava tudo bem em pedir a senha para os pais. *Sem problema, jovem gafanhoto! Você não vai se complicar quando pedir a senha!* O resultado: um aumento de dez vezes na taxa de adesão ao app. Daquele dia em diante, Miah passou a incluir um teste presencial com usuários em seus processos de desenvolvimento de produtos, além da testagem A/B.

**Testes** versus **experimentos de aprendizagem.** A história de Miah mostra a diferença entre testagem e experimento. Quando a equipe de Miah lidou primeiro com o problema, eles não se limitaram a analisar. Testaram centenas de permutações diferentes de fluxos de cadastro com clientes reais em tempo real. Se você entrasse no escritório e proclamasse: *pessoal, precisamos fazer*

*alguns experimentos para descobrir a resposta*, eles teriam olhado de um jeito espantado para você: *é isso que estamos fazendo!*

A questão é que os testes estavam concentrados no problema errado. A equipe só descobriu um modo de ir em frente com a decisão de Miah de experimentar algo diferente. Em vez de continuar a mexer com os testes de usabilidade – *e se o botão fosse um pouco mais azul?* –, Miah deu um passo atrás e perguntou: *existe algo mais que podemos aprender sobre o problema? Alguma coisa que não tentamos ainda?*

Essa é a essência dos experimentos de aprendizagem: quando você está num impasse, em vez de persistir com seus padrões de comportamento atuais, por que não criar algum tipo de experimento para ajudá-lo a lançar uma nova luz na situação?

**Três desafios táticos | 161**

## 3. SUPERANDO O PENSAMENTO INDIVIDUALIZADO

A maioria das pessoas concorda que o pensamento individualizado é ruim – e a pesquisa em inovação e solução de problemas apoia isso. Para problemas complexos, as equipes que são diversificadas têm desempenho melhor do que aquelas cujos membros são mais semelhantes entre si.[11] Com a recontextualização em especial, ter a perspectiva de alguém de fora sobre o seu problema é um atalho poderoso para identificar novas contextualizações.

Na prática, porém, as pessoas de fora são muito menos envolvidas do que deveriam. Aqueles que conduzem os projetos podem concordar com a ideia em teoria, mas, quando se trata de fazer isso, dizem coisas como:

- *As pessoas de fora não entendem nossa empresa, vai demorar demais para explicar o problema. Não temos tempo para isso.*

- *Sou um especialista na minha área. Por que envolver não especialistas?*

- *Tentei perguntar para pessoas de fora, mas não funcionou. As ideias que elas trouxeram foram inúteis.*

As reações revelam algo importante: existem maneiras boas e ruins de envolver pessoas de fora. Para acertar, pense na seguinte história de um líder que vamos chamar de Marc Granger.[12]

Logo depois de assumir uma pequena empresa europeia, Granger percebeu que tinha um problema.

*As pessoas não estão inovando.*

Para abordar isso, a equipe de gerência descobriu um programa de treinamento em inovação que achou que ajudaria. No entanto, enquanto discutiam como implementar o programa de treinamento, eles foram interrompidos por Charlotte, a assistente pessoal de Marc.

"Eu trabalho aqui há 12 anos", disse Charlotte, "e nesse tempo já vi três equipes de gerência diferentes tentarem implementar alguma estrutura de inovação. Nada disso funcionou. Não acho que as pessoas vão reagir bem à introdução de outro conjunto de palavras da moda."

A presença de Charlotte na reunião não era acidental. Marc a havia convidado. "Eu tinha assumido a empresa há apenas seis meses", disse ele, "e eu sabia que Charlotte tinha uma boa compreensão do que estava acontecendo ali. Ela era o tipo de pessoa que nossos funcionários consultavam quando tinham um problema que não queriam levar direto à gerência. Achei que ela poderia nos ajudar a ver além de nossa própria perspectiva."

Foi exatamente isso que aconteceu. Logo ficou claro para a equipe que eles tinham se apaixonado por uma solução – o programa de treinamento – antes de terem realmente entendido o problema. Quando começaram a fazer perguntas, descobriram que o diagnóstico inicial estava errado. Marc: "Muitos de nossos funcionários já sabiam como inovar, mas não se sentiam muito engajados na empresa, e assim não estavam inclinados a ter iniciativas além das que constavam em seu *job description*".

O que os gerentes tinham primeiro contextualizado como um problema de conjunto de habilidades seria mais bem abordado como um problema de motivação.

A equipe de Marc deixou de lado o programa de treinamento e, em vez disso, implementou uma série de mudanças com o objetivo de promover o engajamento: coisas como horário de trabalho flexível, maior transparência e participação ativa no processo de tomada de decisão da liderança. "Para fazer as pessoas se importarem conosco", disse Marc, "primeiro precisamos demonstrar que nos importamos com elas e que estamos dispostos a confiar nelas."

Depois de 18 meses, as medidas de satisfação no local de trabalho dobraram, e a rotatividade de funcionários – um grande item de custo para a empresa – tinha caído drasticamente. Os resultados financeiros melhoraram significativamente conforme as pessoas começaram a investir mais energia em seu trabalho e assumiram mais iniciativas. Quatro anos depois, a empresa recebeu um prêmio por ser o melhor lugar do país para trabalhar.

Se Marc não tivesse convidado Charlotte para a reunião, é fácil imaginar que a gerência teria implementado o programa de treinamento e tido o mesmo destino das três equipes anteriores. O que aconteceu nesse processo em comparação com as dificuldades comuns para fazer bom uso de pessoas de fora? Em parte, foi o *tipo de pessoa de fora* que Marc incluiu.

Três desafios táticos | 163

## Procure um "espaçador" de limites

A conexão que Charlotte já tinha com a equipe foi crucial e vai contra a sabedoria convencional sobre o poder das pessoas de fora. Histórias de sucesso publicadas sobre o assunto muitas vezes se concentram em como problemas difíceis foram resolvidos por alguém que era totalmente desconectado dele: *nenhum dos físicos nucleares conseguiu resolver o problema! Mas aí o escultor de animais de balões chegou.*

Histórias como essas são memoráveis, e a lição que oferecem é confirmada pelas pesquisas. Mas, como uma consequência de ouvir essas histórias, muitas vezes as pessoas pensam que têm de buscar "estranhos extremos",[13] pessoas de fora que são *muito* diferentes delas. Dois problemas tornam essa abordagem pouco prática para resolução de problemas no dia a dia.

1. **É difícil encontrá-las.** É preciso tempo e esforço para envolver essas pessoas – onde exatamente a gente encontra escultores de animais de balões em cima da hora? Portanto, muitas pessoas simplesmente deixam a ideia de lado, a não ser para problemas de vida ou morte.

2. **É preciso muito esforço para se comunicar.** Para colher os benefícios, as equipes primeiro precisam cobrir algumas lacunas de cultura e comunicação para conectar essas pessoas ao problema.

No entanto, Charlotte não era uma estranha extrema. Ela era um exemplo do que o estudioso de administração Michael Tushman chama de "espaçadores de limites":[14] pessoas que entendem, mas não são parte integrante daquele mundo. Tushman argumenta que os espaçadores de limites são úteis exatamente porque têm tanto a perspectiva interna quanto a externa. Charlotte era diferente o suficiente da equipe administrativa para ser capaz de desafiar o pensamento deles. Mas, ao mesmo tempo, também era próxima o bastante para entender suas prioridades e falar a língua deles e, o mais importante, ela estava disponível para se envolver em cima da hora.

Obter informações externas é sempre um ato de equilíbrio entre urgência e esforço. No caso de grandes problemas urgentes ou em situações em que se precisa de pensamento completamente novo, você deve investir um esforço sério para envolver um grupo verdadeiramente diverso. Mas em muitos casos em que isso não é uma opção, pense no que mais pode fazer para ter algum tipo de perspectiva externa sobre o desafio.

## Peça informações, não soluções

Como você pode ter notado, Charlotte não tentou dar uma solução ao grupo. Em vez disso, ela fez uma observação *que ajudou os gerentes* a repensar o problema.

Esse padrão é típico. Por definição, as pessoas de fora não são especialistas na situação e, portanto, raramente serão capazes de resolver o problema. Essa não é a função delas. Elas estão ali para estimular os donos do problema a pensar de modo diferente. Isso significa que, quando incluir pessoas de fora, você deve:

- **Explicar por que eles foram convidados.** É útil que todos entendam que estão ali para ajudar a desafiar suposições e evitar pontos cegos.

- **Preparar os donos do problema para ouvir.** Diga a eles para procurar informações em vez de esperar soluções.

- **Pedir que os convidados desafiem especificamente o pensamento do grupo.** Deixe claro que não se espera que eles tenham soluções.

Outro efeito útil de envolver pessoas de fora: isso força os donos a explicarem o problema de um modo diferente. Algumas vezes, o mero ato de reafirmar um problema em termos menos especializados[15] pode fazer os especialistas pensarem de uma maneira diferente sobre isso.

Três desafios táticos | 165

RESUMO DO CAPÍTULO
# Três desafios táticos

Quando você usa a recontextualização, podem surgir três complicações comuns. Estes são os conselhos para lidar com cada uma delas:

**1. Escolher em qual contextualização se concentrar**

Algumas vezes, a recontextualização gera muitas maneiras possíveis de contextualizar o problema. Para restringir a lista de contextualizações nas quais vale a pena se focar, fique atento para as contextualizações que sejam:

- **Surpreendentes.** Explore as contextualizações surpreendentes; a surpresa surge porque a contextualização desafia um modelo mental.

- **Simples.** Priorize as contextualizações simples; para a maioria dos problemas diários, as boas soluções raramente são complexas. Use a navalha de Occam: respostas simples geralmente são as corretas.

- **Significativas se forem verdadeiras.** Pense em contextualizações de problema que teriam um impacto significativo se fossem verdadeiras, mesmo que sua intuição sugira que elas não são certas. Lembre-se do programa Bolsa Família.

Tenha em mente que você nem sempre tem de chegar a uma única contextualização. Algumas vezes, é possível explorar duas ou três ao mesmo tempo.

## 2. Identificar causas desconhecidas de um problema

Quando você não tem ideia do que está provocando um problema, uma abordagem é divulgar o problema amplamente (nós abordamos isso no Capítulo 6). Você pode experimentar duas outras coisas:

- **Conversas orientadas à descoberta.** Os fundadores da Sir Kensington resolveram o mistério das vendas de ketchup por meio de conversas, concentrando-se em ouvir e aprender. Com quem você pode falar a fim de aprender mais?

- **Experimentos de aprendizagem.** Miah Zinn, do canal Nickelodeon, resolveu o problema de cadastro do app quando convidou algumas crianças para o escritório em vez de depender da testagem A/B. Da mesma maneira, você pode tentar experimentar com um novo comportamento, abrindo a porta para outros insights?

## 3. Superando o pensamento individualizado

Na história de Marc Granger, a presença de Charlotte e a disponibilidade dela para desafiar a equipe administrativa se mostrou crucial. Para aproveitar o poder das vozes externas, faça isto:

- **Use espaçadores de limites.** Envolver "extremos", pessoas de fora que são muito diferentes de você, pode ser poderoso, mas fazer isso nem sempre é viável. Por sorte, menos que isso costuma ser suficiente. Usar "estranhos parciais" (ou "espaçadores de limites"), como Charlotte, pode fornecer muito do benefício com uma fração do esforço.

- **Peça informações, não soluções.** As pessoas de fora não estão ali para fornecer soluções, mas para fazer perguntas e desafiar o pensamento do grupo. Lembre essa informação a todos os presentes logo no início da discussão.

**Três desafios táticos | 167**

Capítulo 11

# Quando as pessoas resistem à recontextualização

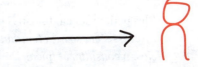

## RESISTÊNCIA E NEGAÇÃO

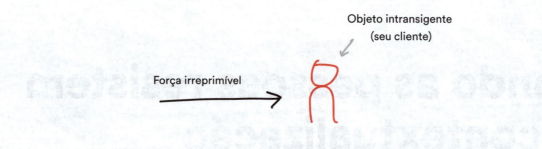

Digamos que você tenha de ajudar alguém com um problema. Se tiver sorte, existe confiança entre você e o dono do problema:[1] seu cliente o enxerga como um consultor de confiança; seu colega respeita seu conhecimento; seu amigo sabe que você tem em mente o interesse dele. Tudo isso torna mais fácil desafiar a compreensão que a pessoa tem de um problema.

Infelizmente, nem sempre é assim. Aqui estão alguns cenários típicos:

- Os clientes podem confiar no seu conhecimento e ainda assim duvidar da sua competência em outras áreas: *ele é um ótimo designer, mas o que ele sabe de estratégia?*

- Eles podem ser cautelosos em relação a conflitos de interesse: *ela só está tentando conseguir mais negócios. A consultora típica!*

- Eles podem pensar em seu papel de um modo diferente do seu: *como fornecedor, você está aqui para oferecer soluções.*

- Com colegas, as diferenças de status podem complicar o processo: *quem é esse presunçoso para questionar minha autoridade?*

- E, é claro, a pessoa pode simplesmente estar negando o problema: *sou um ótimo ouvinte, então não tente me convencer do contrário.*

Tudo isso vai dificultar a recontextualização do problema. Neste capítulo, vou lhe contar como lidar com duas formas comuns de resistência do cliente:

- **Resistência ao processo.** Quando as pessoas não reconhecem a necessidade de recontextualização.

- **Negação.** Quando as pessoas aceitam o processo, mas ainda assim rejeitam o diagnóstico específico a que você chegou.

A fim de tornar mais simples, na maioria das vezes, usei *cliente* para me referir ao dono do problema. O conselho se aplica igualmente a amigos, chefes, sócios e outros – ou colegas de trabalho, se você fizer parte de um grupo que enfrenta um problema comum.

## RESISTÊNCIA AO PROCESSO

Como você pode garantir que a recontextualização aconteça quando outra pessoa controla a agenda? Aqui estão algumas coisas que pode experimentar.

### Chegue com uma estrutura bem planejada e com aparência formal

Geralmente recomendo uma abordagem bastante informal e orgânica à recontextualização. No entanto, estruturas formais têm uma grande vantagem: elas ajudam a criar legitimidade com os clientes.

Muitas agências de projeto usam essa tática. Olhe o site delas, que muitas vezes apresentam gráficos para explicar a metodologia que usam. Quando os clientes veem uma estrutura com aparência profissional, geralmente aceitam melhor a necessidade de explorar o problema.

A tela de recontextualização é uma ferramenta que você pode usar. Se costuma realizar muitas resoluções de problema, pense em criar sua própria estrutura personalizada para os tipos de situação com as quais costuma trabalhar. (Lembre-se de deixar que um designer a retoque antes de mostrá-la aos clientes – é um investimento que vale a pena.)

### Informe-os com antecedência

Antes de encontrar um cético em potencial, envie uma cópia deste livro ou do meu artigo "Are You Solving the Right Problems?", publicado na *Harvard Business Review* (ou outro livro ou artigo sobre recontextualização de que você goste). Mesmo que eles não leiam o que mandou, o fato de ter compartilhado o material dará mais credenciais à necessidade do processo.

### Compartilhe a história do elevador lento

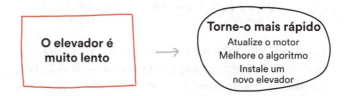

Se não puder informar o cliente antecipadamente, pense em dividir com ele o problema do elevador lento. É fácil de memorizar e leva pouco tempo para compartilhar. Algumas vezes, isso pode ser o suficiente para que os clientes vejam o valor da recontextualização.

### Conte histórias de outros clientes

Alguns clientes detestam que alguém lhes diga o que fazer, mesmo que você seja muito gentil na hora de aconselhá-los. Nesses casos, pode ser útil contar histórias de outras empresas ou pessoas, deixando que eles próprios façam a conexão com sua situação.

O especialista em inovação Clayton Christensen usou esse método quando encontrou o CEO da Intel, Andy Grove.* Sabendo que os CEOs raramente gostam que lhes digam o que fazer, Christensen não deu conselhos diretos quando Grove pediu a opinião dele. Em vez disso, falou: "Bom, eu vou lhe contar o que vi em outra empresa...". Ao compartilhar algumas histórias, Christensen explicou seu argumento para Grove melhor do que teria feito se desse uma recomendação direta. (Aliás, esse método também pode funcionar quando as pessoas estão em negação diante do diagnóstico.)[2]

## Contextualize a necessidade segundo seu foco

**Promoção**
Jogar para vencer

**Prevenção**
Jogar para não perder

Conforme descrito na pesquisa de E. Tory Higgins, professor da Universidade Columbia, as pessoas são diferentes no modo como avaliam novas ideias. Algumas têm um "foco de promoção": são motivadas a agir quando existem coisas a serem ganhas. Outras têm o que se chama "foco de prevenção": se preocupam em evitar fracassos e perdas.[3]

Isso pode influenciar a maneira como você posiciona a necessidade de recontextualização. Com base na sua

---

\* Clayton Christensen é amplamente considerado um dos pensadores de base sobre espaço de gerenciamento. Ele criou o paradigma de inovação disruptiva e cocriou a abordagem "trabalhos a serem feitos", uma estrutura que pode ser usada por muitas pessoas para melhor entender e recontextualizar as necessidades do cliente.

experiência com as pessoas em questão, você pode experimentar um ou outro.

***Foco de promoção.*** "Se quisermos nos tornar o número 1 neste mercado, não podemos jogar o mesmo jogo de nossos concorrentes. Lembra de como a Apple de repente se tornou a maior empresa do mundo em telefonia celular ao se concentrar no software em vez de no hardware? Poderíamos ter um movimento similar ao repensar o problema que estamos resolvendo?"

***Foco de prevenção.*** "Estou preocupado com a possibilidade de estarmos resolvendo o problema errado. Lembra de como a Nokia se concentrou em construir um hardware melhor para seu celular quando a questão era o software? Será que estamos cometendo um erro semelhante?"

## Gerenciar as emoções do processo

Os clientes podem dizer que não têm tempo para recontextualizar, mas, muitas vezes, isso tem a ver com as emoções deles, não com a disponibilidade. Para lidar com a situação, é útil conhecer o que os psicólogos chamam de "evitação de fechamento",[4] um espectro de comportamento com dois extremos:

- **Pessoas que evitam fechamento** não gostam de seguir em frente logo, mesmo que seja só um pequeno passo. *Isso parece muito apressado para mim. Precisamos de mais dados antes de estarmos prontos para agir.* A menos que lidem com essas emoções, elas podem facilmente fazer com que o processo de solução de problema se arraste por tempo demais.

- **Pessoas que buscam fechamento** acham pouco natural ter de manter mais de um problema potencial em mente: *por que ainda estamos falando disso? Temos uma explicação que parece certa. Vamos em frente.* O desconforto que elas sentem com ambiguidade e reflexão faz com que passem depressa demais para o modo de solução.

Independentemente do tipo de pessoas com que você estiver trabalhando, as emoções delas podem atrapalhar o processo. Pode ser útil explicar a natureza rápida e iterativa do processo de recontextualização e como ele é planejado para lidar com a tensão entre pensar e agir. Por um lado, ter um processo para recontextualizar garante que o questionamento necessário não seja impedido pelas pessoas abertamente viciadas em ação. Por outro, ao limitar a duração do processo de recontextualização a um período gerenciável e sempre terminar com um movimento adiante, o risco de paralisia pela análise é minimizado.[5]

Elas ainda podem expressar frustração. Eu digo isto aos clientes: a frustração é uma parte inevitável da solução de problemas, e você não deveria tentar reprimi-la. É muito melhor se sentir frustrado agora do que mais tarde, depois que você passou seis meses correndo na direção errada (se você busca fechamento) ou fazendo praticamente nada (se você o evita).

As táticas acima dependem de convencer o cliente a dedicar algum tempo à recontextualização. Se for difícil, existem outras maneiras mais sutis de fazer isso acontecer.

## Convide pessoas de fora

Algumas vezes, para deslanchar nos esforços de recontextualização, é melhor controlar a lista de convidados do processo. Você pode introduzir na sala alguém cuja perspectiva possa ajudar o cliente a entender o problema de um modo diferente? (Veja também a seção sobre o pensamento individualizado, no Capítulo 10.)

## Reúna antecipadamente as afirmações de problema

Com grupos, pode ser útil receber antecipadamente as definições de problema. Pense em mandar um e-mail individual para cada membro da equipe, com algo como: *olá, John! Na próxima semana, vamos discutir os números de engajamento de nossos funcionários. Você poderia me mandar algumas linhas sobre o que pensa ser o problema?*

Quando receber as afirmações, imprima-as e mostre-as na reunião. (Se achar que isso vai ajudar na discussão, você pode escolher não identificar os donos das afirmações.) Essa é uma maneira poderosa de iniciar a discussão, pois ficará claro de imediato para todos que eles têm visões diferentes do problema.

**Faça isso mais à frente no processo**

A recontextualização é iterativa. Se você não conseguir que o cliente explore o problema logo no início, pode existir uma chance de tentar depois, quando tiver tido tempo de reunir mais informações.

## LIDAR COM A NEGAÇÃO

Em meu trabalho de recontextualização, notei um tema: *muitas vezes, nós nos apaixonamos por contextualizações do problema que nos permitem não mudar.* Se você acredita que o problema é a personalidade imutável do seu sócio, a cultura avessa a risco da empresa, o estado da economia mundial ou as leis irracionalmente inflexíveis da física – bem, não há muito que você possa fazer em relação a essas coisas. E ser incapaz de agir pode ser um estado confortável.

Às vezes, as contextualizações mais viáveis são aparentes – ou mesmo óbvias, pelo menos para observadores externos. Por que você rejeitaria um diagnóstico que, para os outros, está claramente correto? Aqui estão algumas razões:

- **A contextualização obrigaria você a encarar uma verdade desagradável.** Muitos médicos do século 19 relutaram em reconhecer a importância de lavar as mãos – porque, se fosse comprovado que os micróbios causadores de doenças realmente existiam, eles teriam de encarar o fato de que tinham involuntariamente provocado a morte de muitos de seus pacientes.[6]

- **A contextualização indica uma solução que você quer evitar.** Alguém com um problema de bebida, por exemplo, poderia recusar o diagnóstico a fim de evitar o tratamento.

- **A contextualização vai contra os outros incentivos em jogo.** Uma política poderia ser atraída, inconscientemente ou não, para uma contextualização incorreta do problema porque esta promove os interesses de seus eleitores – ou, mais problematicamente, de seus financiadores. O escritor Upton Sinclair expressou isso muito bem: "É difícil fazer um homem entender algo quando o salário dele depende de não compreender!".[7]

Nem todos esses problemas podem ser resolvidos por meio da recontextualização, mas o método pode ajudar a trazê-los à luz. E, em muitos casos, existem coisas que você pode fazer. Aqui estão alguns conselhos de como agir se seu cliente estiver em negação e rejeitar o diagnóstico.

### Primeiro, pergunte-se: será que posso estar errado?

O espelho do erro

Quando se é um consultor, sempre é tentador pensar que você está certo e o cliente, errado: *eles só resistem porque são burros*. Essa certeza pode ser sedutora,[8] mas pesquisas mostram que você pode se sentir completamente certo em relação a algo e ainda assim estar errado.

Antes de se lançar em uma campanha para superar a negação do cliente, pare um segundo e se pergunte: *posso estar errado em relação a isso?* Algumas vezes, a resistência do lado do cliente é um sinal de algo importante que eles sabem, mesmo que não sejam capazes de colocá-lo em palavras.

### Então, recontextualize seu problema

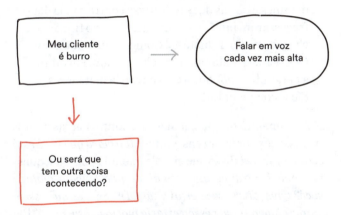

Digamos que você continue confiante em seu diagnóstico. Antes de entrar no modo de solução, verifique se está compreendendo corretamente o problema da negação. O cliente está mesmo sendo irracional? Ou pode ter alguma outra coisa acontecendo? Aqui estão alguns exemplos de como você pode recontextualizar o problema da negação:

***Olhe fora da contextualização.*** Existem elementos da situação dos quais você não tem ciência? Lembre-se de como Rosie Yakob (Capítulo 8) encarou uma cliente que rejeitou seu conselho não porque ela era irracional, mas porque perderia seu bônus se o vídeo do YouTube não viralizasse.

***Repense o objetivo.*** Você realmente precisa da aprovação das partes interessadas, ou existem maneiras de atingir seus objetivos (ou os delas) sem ter de convencê-las? Em outras situações, manter o relacionamento pode ser mais importante do que consertar o problema imediato.

***Olhe no espelho.*** Em alguns casos, as pessoas resistem à recontextualização por causa de algo que *você* está fazendo. Talvez você não esteja ocultando sua condescendência em relação ao cliente tão bem quanto pensa. Ou talvez tenha deixado de notar uma preocupação importante do cliente, o que requer que gaste mais tempo para entendê-la. Como sempre, quando encontrar um problema, questione seu possível papel na criação dele.

### Deixe os dados falarem

Em vez de tentar convencer o cliente, será que os dados que reuniu podem fazer o trabalho por você? Lembre-se de como Chris Dame usou dados das entrevistas com os funcionários para convencer o cliente de que os incentivos ruins, e não a usabilidade, estavam por trás da baixa adoção de seu novo software.

Aliás, Chris Dame também compartilhou comigo uma história clássica sobre o poder dos dados: na época dos disquetes, uma equipe construiu um novo computador. Ele incluía uma saída de ar que parecia muito com uma entrada para disquete. Um consultor tentou convencê--los de que os usuários poderiam se enganar e tentar colocar um disquete ali, mas os engenheiros tinham certeza de que ninguém seria tão burro. Então, o consultor reuniu alguns dados: ele filmou o CEO da empresa tentando usar o protótipo. Depois, mostrou aos engenheiros o vídeo de seu próprio CEO tentando várias vezes colocar um disquete na saída de ar.[9]

## Acolha a lógica deles e, depois, encontre o ponto fraco

Algumas vezes, os clientes rejeitam sua perspectiva porque acreditam firmemente em outra contextualização do problema. Nesse caso, tente *acolher* a lógica deles e, depois, procure incoerências no raciocínio deles que você possa indicar.

Steve de Shazer (o terapeuta que defendeu a forma breve de terapia) descreveu um exemplo memorável disso. Um dos clientes de de Shazer era um veterano de guerra que tinha trabalhado para a CIA. O cliente também tinha um casamento feliz e dois filhos, mas ultimamente vinha ficando cada vez mais paranoide, acreditando que a CIA queria assassiná-lo. Duas batidas na traseira do seu carro, que aconteceram em um intervalo de seis semanas, não foram acidentes para ele – foram duas tentativas deliberadas contra sua vida. Ele tinha desmontado a TV da família em busca de microfones ocultos. E o que era mais perturbador para sua esposa, ele tinha começado a fazer a ronda na casa deles à noite com uma arma carregada.

De Shazer sabia que era inútil tentar convencer o homem de que a CIA não queria matá-lo. A esposa tinha tentado fazer isso por um ano e meio sem sucesso. Então de Shazer usou uma outra abordagem:

> ... o primeiro passo é aceitar as crenças [do cliente] como se apresentam: comporte-se como se houvesse uma conspiração da CIA contra ele. Depois, pense sobre o que está errado nos detalhes da descrição que ele faz da conspiração da CIA. Mais simplesmente, o que está errado com os detalhes é que as duas tentativas contra a vida dele fracassaram miseravelmente: a CIA não tinha nem chegado perto de matá-lo. Como assim? Quando a CIA planeja matar alguém, eles matam. Portanto, a pergunta é: por que a CIA enviaria matadores tão incompetentes?

Notavelmente, de Shazer não brandiu os assassinatos fracassados como um cassetete: *é tão claro que você está errado!* Em vez disso, ele simplesmente apontou a questão: *não é estranho que eles ainda não tenham matado você? Quer dizer, você estava na CIA. Se eles quisessem matar alguém, essa pessoa estaria morta agora, não é?* Ele convidou o cliente a pensar a respeito disso até a sessão seguinte e, depois, mudou de assunto. Isso, com mais algumas outras intervenções, acabou curando o homem de seus delírios.[10]

O ponto, segundo de Shazer, é *introduzir a dúvida* em relação à contextualização atual em vez de rejeitá-la diretamente. Depois, permita que o cliente chegue à conclusão natural sozinho.

176 | **Qual é o seu problema?**

## Prepare duas soluções

Algumas vezes, os clientes insistem em receber a solução que pediram. Nesse caso, você pode pensar em construir a solução deles *e* a solução que você acredita ser a melhor. Esta é uma abordagem de alto risco, normalmente viável só se a segunda solução não precisar de tempo e esforço demais para ser construída.

Independentemente do custo, isso tem de ser feito com muito cuidado. Nunca esqueça que os clientes *realmente* conhecem seus problemas melhor do que você, mesmo que não consigam explicá-los bem.

## Deixe que eles fracassem uma vez

Se os clientes não ouvirem a voz da razão, deixar que fracassem pode ser uma lição breve e direta que crie o cenário para uma colaboração melhor no futuro. Pense na experiência de um empreendedor que chamaremos de Anthony, cofundador de um serviço bem-sucedido de streaming.

Em determinado ponto, para expandir o serviço para uma gama de novos países, Anthony e o cofundador, Justin, conseguiram financiamento com alguns novos investidores. Eles esperavam que esses investidores fossem bem passivos. No entanto, conforme se preparavam para lançar seu serviço no novo mercado, os investidores começaram a se envolver na tomada de decisões e no planejamento de produto. Como Anthony me contou:

> Sabíamos por experiência que você não pode simplesmente lançar um serviço como o nosso "do jeito que está" em um novo país. Você primeiro tem de adaptá-lo ao conteúdo local e às preferências de consumo, e, para fazer isso, precisávamos de um orçamento para contratar especialistas locais para nos ajudarem e de tempo suficiente para testagem e garantia da qualidade.

> Porém, nossos investidores não queriam saber disso. Eles acharam que era lento e desnecessário e pressionaram para simplesmente lançarmos o serviço de imediato. Tinham tido sucesso em outros empreendimentos e eram muito competentes, então chegaram com um pouco de arrogância em relação a nós: *vamos mostrar a esses caras lentos como fazer isso.*

Anthony sabia que essa era a escolha errada, mas também reconhecia que uma luta pelo poder poderia azedar o relacionamento. Ainda mais importante, se Anthony agisse como queria, não haveria prova de que os investidores estavam errados. Então, ele deliberadamente deixou que eles fracassassem.

> O lançamento no país não era tudo ou nada: se falhássemos da primeira vez, ainda poderíamos tentar de novo depois. Então, eu simplesmente deixei que os investidores fizessem o que queriam. E, como previsto, o lançamento fracassou. Eles eram inteligentes, mas estavam exageradamente confiantes nesse caso, e fracassar os ajudou a perceber isso.

Depois disso, os investidores aprovaram os orçamentos necessários para expandir em novos mercados da maneira certa. E, igualmente importante, passaram a respeitar mais a experiência de Anthony e Justin, o que os transformou em uma equipe mais forte.[11]

Essa tática obviamente tem limitações: se o primeiro fracasso for muito caro ou provocar danos, você não pode se dar ao luxo de tratá-lo como uma experiência de aprendizagem. Mas, se algum fracasso não custar demais, pode bem valer a pena pagar o preço disso, vendo-o como um investimento na construção de um relacionamento melhor. Algumas pessoas só precisam bater na parede uma ou duas vezes antes de deixarem que você diga onde fica a porta.

### Em vez disso, vença a próxima batalha

Há alguns anos, a Samsung criou uma unidade europeia de inovação para identificar ideias disruptivas e vendê-las aos responsáveis por decisões na sede da Samsung na Coreia. Mas como o líder da unidade, Luke Mansfield, me disse:

> Havia muito pouca disposição para correr riscos na Coreia quando se tratava de experimentar ideias disruptivas. Assim, em vez de pressionar nesse sentido, começamos a dar a eles ideias muito mais seguras que, com menos impacto, ajudaram a construir a carreira deles. No final das contas, eles confiaram o suficiente em nós para aceitarem as ideias maiores, permitindo que cumpríssemos nosso papel.[12]

Como profissionais, é compreensível que queiramos acertar todas as vezes. Mas, às vezes, a escolha certa é aceitar a derrota e tomar o caminho mais longo, construindo confiança com o cliente, até que sua voz tenha mais peso com eles.

RESUMO DO CAPÍTULO
# Quando as pessoas resistem à recontextualização

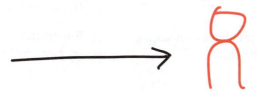

### Resistência ao processo

Se as pessoas não querem dedicar tempo à recontextualização, experimente uma ou mais das sugestões a seguir:

- Crie uma estrutura com aparência formal.
- Informe-as antecipadamente – por exemplo, enviando alguns materiais de leitura.
- Conte a história do elevador lento na reunião.
- Conte histórias de outros clientes.
- Faça a apresentação de acordo com o foco deles. Eles estão orientados a vencer ou a não perder?
- Aborde explicitamente as emoções deles (evitação ou busca de fechamento).
- Convide pessoas de fora e deixe que eles trabalhem por você.
- Colete as afirmações do problema previamente.

Se nada disso funcionar, você pode adiar o trabalho de recontextualização ou fazê-lo de maneira discreta.

## Como lidar com a negação

Se as pessoas estiverem em negação sobre alguns aspectos do problema, você pode experimentar algumas destas sugestões:

- Comece perguntando a si mesmo: *será que posso estar errado?* A resistência de um cliente diante de um diagnóstico específico nem sempre é apenas negação, ela pode indicar algo que você não levou em conta.

- Pense em recontextualizar o problema da negação. *Tem alguma outra coisa acontecendo?*

- Consiga dados que possa mostrar. Você consegue reunir algum tipo de evidência que ajude o cliente a ver o que está acontecendo?

- Acolha a lógica deles – e, depois, encontre um ponto fraco. Lembre-se da história de Steve de Shazer: *por que a CIA enviaria matadores tão incompetentes?*

- Prepare duas soluções. Algumas vezes, é possível planejar uma solução que sirva tanto para o problema afirmado quanto para o problema que você pensa que é o melhor a ser abordado.

- Se o prejuízo não for grande demais, deixe que eles fracassem uma vez.

- Em vez disso, vença a próxima batalha: concentre-se em manter o relacionamento.

**Conclusão**

# Uma palavra de despedida

Para concluir nossa jornada, eu gostaria de voltar no tempo e apresentar um personagem especial do final do século 19: Thomas C. Chamberlin.[1]

Chamberlin, um geólogo, foi um dos primeiros pensadores modernos a alertar sobre o perigo de se apaixonar por sua própria teoria. Como ele escreveu em um artigo da revista *Science* de 1890, na época em que os periódicos acadêmicos ainda permitiam uma linguagem evocativa:

> A mente se demora com prazer nos fatos que caem felizes no abraço da teoria e sente uma frieza natural em relação àqueles que parecem refratários. Instintivamente, existe uma busca especial de fenômenos que a suportem, pois a mente é levada por seus desejos.

Hoje chamamos isso de "viés de confirmação", e seu efeito corrosivo sobre o bom julgamento tem sido amplamente comprovado no campo da economia comportamental. Quando se apaixona por sua teoria (Chamberlin comparava isso ao afeto paternal), você se arrisca a ficar fatalmente cego às falhas dela.

## DA TEORIA À HIPÓTESE DE TRABALHO

O perigo do viés de confirmação foi reconhecido pela comunidade científica na época de Chamberlin. Muitos de seus colegas defendiam um novo conceito, a *hipótese de trabalho*, para resolver o problema.

Em comparação com uma teoria, uma hipótese de trabalho era lançada como uma explicação temporária. Seu propósito principal era servir como uma estrutura guia para mais pesquisas, permitindo que você identificasse maneiras de testar sua ideia. Até essa testagem ser realizada, a hipótese devia ser tratada com a devida cautela. Hoje, nós diríamos *segure suas opiniões levemente*.

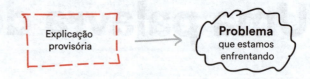

Parecia um bom conselho. Chamberlin, porém, não acolheu a hipótese de trabalho. Ele sabia por experiência que, *enquanto você considerar apenas uma explicação*, mesmo que provisoriamente, está vulnerável ao equivalente intelectual de se apaixonar por ela.[2] Não existe como escapar à tendência de amar um filho único. Então, o que pode ser feito?

A solução que Chamberlin propôs foi criar *diversas hipóteses de trabalho* – isto é, explorar simultaneamente diversas explicações diferentes para o que pode estar acontecendo. Ao fazer isso logo de início, você se vacina contra o perigo de uma única perspectiva. Isso devia soar conhecido: perseguir diversas hipóteses de trabalho é similar à ideia de procurar mais de uma contextualização para um problema quando você o encontra pela primeira vez.

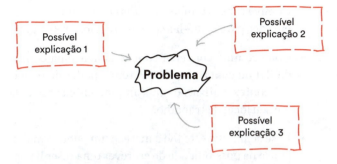

Chamberlin ofereceu uma abordagem de como evitar o viés de confirmação. Eu resumi a abordagem aqui, pois ela é diretamente aplicável ao modo como você recontextualiza os problemas:[3]

- Nunca se comprometa logo no início com apenas uma explicação.

- Explore simultaneamente diversas explicações até que a testagem empírica revele a melhor escolha.

- Esteja aberto para a possibilidade de que a ideia mais adequada seja uma mistura de várias explicações diferentes.

- Esteja preparado para se afastar se algo melhor aparecer mais tarde.

As observações de Chamberlin são válidas também para os problemas de hoje.

- Quando confrontados por um problema, nós imediatamente começamos a procurar explicações: *o que está acontecendo aqui? O que está causando esta confusão?*

- Com grande frequência, nossa mente encontra uma resposta que parece se adequar à situação: *30% dos cães de abrigo são entregues por sua própria família? Claramente, a explicação é que essas pessoas são ruins.*

- E, a partir daí, o modo de solução assume. *Pessoas como essas realmente não deveriam ter permissão para adotar animais de estimação. Como podemos ajustar nossos processos de adoção para triar os donos ruins?*

Esse fluxo simples – do ponto de dor para o problema e, depois, para a solução ruim – leva a muito de nosso sofrimento e potencial desperdiçado. A cura, como sugere Chamberlin, não é analisar mais cuidadosamente nossa teoria favorita, ou fingir que podemos abordá-la com mais objetividade. A cura é chegar com outros pontos de vista no início para evitar se apaixonar por uma boa ideia – e lembrar que os problemas quase sempre têm mais de uma solução.

Espero que este livro tenha lhe dado as ferramentas para começar a fazer isso. Para concluir, quero compartilhar dois conselhos sobre o que fazer a seguir, no momento em que terminar este livro.

Primeiro, sugiro que você **comece a praticar o método sempre que possível**. Chamberlin indicou que, com prática suficiente, ele começa a se tornar um hábito mental automático: "Em vez de uma sucessão simples de pensamentos em ordem linear", escreveu ele, "a mente parece se tornar possuída pelo poder da visão simultânea de diferentes pontos de vista".

Para chegar lá, comece utilizando o método em problemas grandes e pequenos, no trabalho, em casa e, também, em questões sociais ou globais com as quais se importa. Quanto mais praticar a recontextualização, melhor você ficará em usá-la quando realmente importa.

Em segundo lugar, recomendo que **compartilhe o método com pelo menos uma outra pessoa da sua vida**. Os problemas ficam menores quando você tem alguém do seu lado – e isso é duplamente verdade se esse alguém também entender a recontextualização. Aqui estão algumas ideias:

- Compartilhe com sua equipe para que as pessoas saibam o que está acontecendo (e possam ajudar) quando você começar a falar sobre a necessidade de recontextualizar um problema comum.

- Fora do trabalho, compartilhe-o com seu parceiro ou com um bom amigo – a pessoa que você procura quando tem problemas que precisa discutir.

Compartilhe-o também com as pessoas que confiam em você para ajudá-las com os próprios problemas.

- Comece uma conversa com seu chefe, sua equipe de RH ou com a pessoa que tem o poder de tornar a recontextualização mais amplamente conhecida em seu local de trabalho.

- E, se achar que este livro merece um público maior, pense na possibilidade de escrever uma resenha on-line ou de compartilhá-lo de alguma outra maneira.

E, com isso, caro leitor, chegamos ao fim da charada do elevador. Conhecemos o poder da recontextualização desde a época de Chamberlin, pelo menos, e mesmo assim a maioria das pessoas *ainda* não é boa nisso. Acho que isso é insano e pode ser mudado.

Então, vamos começar.

*Thomas Wedell-Wedellsborg*
*Nova York*

Apêndice

# Leituras recomendadas

## OPÇÕES DE RECURSOS E TREINAMENTOS

O site do livro, <www.howtoreframe.com> (em inglês),* oferece recursos adicionais na seção "Resources":

- Mais detalhes teóricos
- Checklist
- Uma versão da tela de recontextualização pronta para imprimir
- e mais

O site também traz informações sobre **palestras e treinamentos** se você quiser aplicar a recontextualização de forma mais ampla em sua organização.

## LEITURAS SOBRE RECONTEXTUALIZAÇÃO

Os livros apresentados a seguir são uma seleção pessoal, não uma lista definitiva. No geral, eu priorizo livros práticos. Se você gosta de teoria, visite o site do livro, <www.howtoreframe.com> (em inglês).

Se você quer ler apenas um livro, escolha o livro de Chip e Dan Heath, *Gente que resolve: como fazer as melhores escolhas em qualquer momento da sua vida* (São Paulo: Saraiva, 2014). A obra abarca solução de problemas e tomada de decisões de forma mais ampla e é um excelente complemento a este livro. Assim como as obras anteriores dos autores, *Ideias que colam* e *Switch*, esta é baseada em pesquisas, divertida e muito pragmática.

### Recontextualização empresarial em geral

Consiga o livro ***Creating Great Choices: A Leader's Guide to Integrative Thinking*** (Boston: Harvard Business Review Press, 2017), de Jennifer Riel e Roger L. Martin. A partir do trabalho desenvolvido por Roger Martin ao longo de sua carreira, os autores fornecem conselhos úteis sobre como usar modelos mentais e inventar novas opções.

### Recontextualização em medicina

O livro ***Todo paciente tem uma história para contar: mistérios médicos e a arte do diagnóstico*** (Rio de Janeiro: Zahar, 2010), de Lisa Sanders, foi escrito para leigos e oferece uma visão fascinante no campo do diagnóstico médico.

### Recontextualização em política

O livro ***The Righteous Mind: Why Good People Are Divided by Politics and Religion*** (Nova York: Pantheon, 2012), de Jonathan Haidt, oferece um olhar rico sobre como os eleitores conservadores e progressistas contextualizam os problemas de maneiras diferentes.

### Recontextualização em design

O livro ***Frame Innovation: Create New Thinking by Design*** (Cambridge, MA: Massachusetts Institute of Technology, 2015), de Kees Dorst, oferece um estudo em

---

\* Tanto o checklist quanto a tela de recontextualização podem ser encontrados em português no site do Saraiva Conecta, disponível em <http://somos.in/QSP01>. Veja na página 2 as instruções para acesso.

profundidade de como a recontextualização tem um papel central na prática do design. A discussão teórica do livro é especialmente sólida.

## Recontextualização em negociações

O clássico *Como chegar ao sim: como negociar acordos sem fazer concessões* (Rio de Janeiro: Sextante, 2018), de Roger Fisher, William Ury e Bruce Patton, ainda é o primeiro livro que você deve ler sobre este assunto. O segundo é *Conversas difíceis* (Rio de Janeiro: Elsevier, 2004), de Douglas Stone, Bruce Patton e Sheila Heen. Esse livro oferece muitos exemplos de como problemas são resolvidos ao se obter uma nova perspectiva acerca das motivações das outras pessoas. O terceiro livro é *Negocie como se sua vida dependesse disso: um ex-agente do FBI revela as técnicas da agência para convencer as pessoas* (Rio de Janeiro: Sextante, 2019), do ex-negociador em casos com reféns Chris Voss.

## Recontextualização em educação

Os professores que queiram tornar seus alunos melhores em questionamento devem considerar o livro de Dan Rothstein e Luz Santana, *Make Just One Change: Teach Students to Ask Their Own Questions* (Cambridge, MA: Harvard Education Press, 2011). O livro, baseado no trabalho de Rothstein e Santana no Right Question Institute, oferece um guia detalhado sobre como trabalhar na sala de aula com a técnica de formulação de questões criada por eles.

## Recontextualização em engenharia e operações

O melhor guia aqui é um manual: *Strategies for Creative Problem Solving*, 3ª ed. (Upper Saddle River, NJ: Pearson Education, 2014), de H. Scott Fogler, Steven E. LeBlanc e Benjamin Rizzo. O livro também fornece uma visão geral das estruturas mais comuns de solução de problema.

## Recontextualização em matemática e computação

Para as pessoas que gostam de livros com uma ajuda sólida de equações matemáticas, recomendo a obra de Zbigniew Michalewicz e David B. Fogel, *How to Solve It: Modern Heuristics*, 2ª ed. (Berlim: Springer-Verlag, 2000), que utiliza métodos estatísticos, algoritmos computacionais e muito mais.

## Recontextualização em startups e validação de problema

O trabalho de Steve Blank, professor da Universidade Stanford, sobre desenvolvimento de clientes contém muitos conselhos úteis para diagnosticar e validar problemas de clientes. Para obter orientações detalhadas, leia *Startup – Manual do empreendedor: o guia passo a passo para construir uma grande empresa* (Rio de Janeiro: Alta Books, 2014), de Blank e Bob Dorf. Para uma visão geral rápida, leia o artigo de Blank, **"Why the Lean StartUp Changes Everything"**, *Harvard Business Review*, maio 2013. O livro *Startup enxuta: como usar a inovação contínua para criar negócios radicalmente bem-sucedidos* (Rio de Janeiro: Sextante, 2019), de Eric Ries, também é útil.

## Recontextualização em coaching

Para as pessoas que querem ser melhores em coaching, recomendo intensamente o livro *Faça do coaching um hábito: fale menos, pergunte mais e mude seu estilo de liderança* (Rio de Janeiro: Sextante, 2019), de Michael Bungay Stanier, um guia curto e prático para fazer perguntas que ajudem os clientes (ou você mesmo) a repensar os problemas.

## Recontextualização em sistemas de recompensa

Embora não aborde diretamente a recontextualização, o breve livro prático de Steve Kerr, *Reward Systems: Does Yours Measure Up?* (Boston: Harvard School Publishing, 2009), contém alguns conselhos muito úteis sobre como garantir que seus sistemas de recompensa visem os problemas certos.

## Recontextualização na pesquisa de necessidades dos clientes

A estrutura de "trabalhos a serem feitos" fornece uma ferramenta útil para entender e repensar as necessidades dos clientes e os pontos de dor. *Muito além da sorte: processos inovadores para entender o que os clientes querem* (Porto Alegre: Bookman, 2018), de Clayton Christensen, Taddy Hall, Karen Dillon e David S. Duncan, dá uma visão geral abrangente do método

e de como usá-lo. Para os profissionais, também recomendo *Jobs to Be Done: A Roadmap for Customer-Centered Innovation* (Nova York: Amacom, 2016), de Stephen Wunker, Jessica Wattman e David Farber.

Outra leitura com um forte foco organizacional é *Discovery-Driven Growth: A Breakthrough Process to Reduce Risk and Seize Opportunity* (Boston: Harvard Business Review Press, 2009), de Rita Gunther McGrath e Ian C. MacMillan.

Para um artigo útil sobre o papel do questionamento e da recontextualização no desenvolvimento de produtos, leia o artigo de Kevin Coyne, Patricia Gorman Clifford e Renée Dye, **"Breakthrough Thinking from Inside the Box"**, *Harvard Business Review*, dez. 2007.

Para um mergulho mais profundo no que é conhecido como encontrar sentido e outros métodos etnográficos, leia o livro de Christian Madsbjerg e Mikkel B. Rasmussen, *The Moment of Clarity: Using the Human Sciences to Solve Your Toughest Business Problems* (Boston: Harvard Business Review Press, 2014). Madsbjerg e Rasmussen são partidários de uma imersão profunda no mundo do consumidor, fornecendo alguns estudos de caso convincentes da LEGO e de outras empresas. Para uma visão geral breve, leia o artigo **"An Anthropologist Walks into a Bar..."**, *Harvard Business Review*, mar. 2014.

## OUTROS ASSUNTOS

### Questionar

A capacidade de fazer boas perguntas está intimamente relacionada à recontextualização. Algumas boas leituras são:

- O livro **Questions Are the Answer: A Breakthrough Approach to Your Most Vexing Problems at Work and in Life** (Nova York: Harper-Collins, 2018), de Hal Gregersen, e seu artigo **"Bursting the CEO Bubble"**, *Harvard Business Review*, mar.-abr. 2017.

- O livro **A pergunta mais bonita: as perguntas dos criadores de Airbnb, Netflix & Google** (São Paulo: Aleph, 2019), de Warren Berger, que é voltado para um público mais amplo.

- O livro **Liderança sem ego: a arte da indagação humilde para construir equipes fortes e comprometidas** (São Paulo: Cultrix, 2018), de Edgar H. Schein, que traz um ponto de vista útil, voltado para gerentes.

### Solução de problemas para consultores

Aqueles que querem mais profundidade na solução analítica de problemas como é usada por consultores empresariais devem ler **Bulletproof Problem Solving: The One Skill That Changes Everything** (Hoboken, NJ: John Wiley & Sons, 2018), de Charles Conn e Robert McLean.

Outra leitura poderosa é **O poder do desvio positivo: como inovadores improváveis solucionam os problemas mais difíceis do mundo** (Porto Alegre: Bookman, 2012), de Richard Pascale, Jerry Sternin e Monique Sternin, que contém lições importantes sobre como criar senso de propriedade de uma solução dentro de um grupo ou comunidade (ou seja, deixando os outros contextualizarem os problemas e descobrir as soluções por si mesmos, com o consultor como facilitador).

### Formulação do produto

Antes de recontextualizar problemas, você primeiro precisa contextualizá-los, isto é, criar uma afirmação de problema. Para conselhos detalhados sobre como formular problemas (*versus* recontextualizá-los), leia estes dois artigos:

- **"Are You Solving the Right Problem?"**, *Harvard Business Review*, set. 2012, escrito por Dwayne Spradlin, que fornece algumas diretrizes úteis sobre como criar afirmações de problemas que permitam que pessoas externas ofereçam informações ou soluções.

- **"The Most Underrated Skill in Management"**, *MIT Sloan Management Review*, primavera de 2017, escrito por Nelson P. Repenning, Don Kieffer e Todd Astor, que fornece alguns conselhos úteis sobre como esclarecer objetivos em especial.

## Táticas de influência

Se seu desafio principal é influenciar os outros – por exemplo, fazer uma equipe considerar seu ponto de vista –, leia o breve livro de Phil M. Jones *Exactly What to Say: The Magic Words for Influence and Impact* (Box of Tricks Publishing, 2017), que oferece conselhos táticos sobre o que falar.

Outro livro clássico é *Influence: The Psychology of Persuasion*, de Robert Cialdini (leia a edição revisada, publicada por HarperBusiness, 2006).

## Para compreender a si mesmo e aos outros

Para um guia breve voltado para profissionais, leia *No One Understands You and What to Do About It* (Boston: Harvard Business Review Press, 2015), de Heidi Grant Halvorson. Para um mergulho mais profundo, leia *Insight: The Surprising Truth About How Others See Us, How We See Ourselves, and Why the Answers Matter More Than We Think* (Nova York: Currency, 2017), de Tasha Eurich.

## A arte da observação

Como em uma história de Sherlock Holmes, a solução bem-sucedida de problemas às vezes depende da capacidade de ver algo que os outros não notam. Se quiser aprimorar sua capacidade de observação, recomendo o livro *Inteligência visual: aprenda a arte da percepção e transforme sua vida* (Rio de Janeiro: Zahar, 2016), de Amy E. Herman. Por meio do estudo de obras de arte clássicas, Herman ensinou a arte da observação a agentes do FBI e policiais, e o livro inclui ilustrações coloridas que os leitores podem usar para aguçar sua capacidade de ver o que os outros perdem.

## Diversidade

Meu livro favorito sobre diversidade é *The Diversity Bonus: How Great Teams Pay Off in the Knowledge Economy* (Princeton, NJ: Princeton University Press, 2017), de Scott Page, que aborda as evidências das vantagens da diversidade e algumas estruturas úteis para otimizá-la.

## Teoria de modelos mentais e metáfora

O impacto de modelos mentais e metáforas sobre nosso pensamento não pode ser superestimado. Para quem tem interesse em cognição e linguística, recomento o livro *Surfaces and Essences: Analogy as the Fuel and Fire of Thinking* (Nova York: Basic Books, 2013), de Douglas Hofstadter e Emmanuel Sander, além do clássico e ainda interessante *Metaphors We Live By* (Chicago: University of Chicago Press, 1980), de George Lakoff e Mark Johnson.

# Notas

### Introdução | Qual é o seu problema?

**1.** O que eu chamo de "recontextualização" neste livro tem diversos nomes na literatura de pesquisa, entre eles "encontrar problemas", "descoberta de problemas", "formulação de problemas", "construção de problemas" e outros. A concentração primária de pesquisas científicas em recontextualização ocorreu no campo dos estudos da criatividade, começando com as explorações empíricas de Jacob Getzels e Mihaly Csikszentmihalyi em 1971 e continuando com as contribuições de estudiosos como Michael Mumford, Mark Runco, Robert Sternberg, Roni Reiter-Palmon e muitos outros.

A história completa da recontextualização, porém, é muito mais ampla do que isso. O diagnóstico de problemas é central em praticamente todas as disciplinas teóricas e práticas que podem ser mencionadas, e, como consequência, você encontrará pensadores de recontextualização em quase todas as áreas de esforço humano. Uma linha de tempo incompleta de alguns pensadores de recontextualização pioneiros e seus campos incluiria geologia (Chamberlin, 1890), educação (Dewey, 1910), psicologia (Duncker, 1935), física (Einstein e Infeld, 1938), matemática (Polya, 1945), gerenciamento de operações (Ackoff, 1960), filosofia (Kuhn, 1962), teoria crítica (Foucault, 1966), sociologia (Goffman, 1974), economia comportamental (Kahneman e Tversky, 1974) e não podemos esquecer da ciência do gerenciamento (Drucker, 1954; Levitt, 1960; Argyris, 1977). Além disso, contribuições importantes também foram feitas por profissionais de campos como empreendedorismo, coaching, negociações, estratégia de negócios, design de comportamento, resolução de conflitos e, em especial, *design thinking*.

Se você quiser mergulhar mais fundo na história da recontextualização, veja o site deste livro (www.howtoreframe.com, em inglês), onde forneço uma visão geral mais aprofundada das evidências científicas por trás do conceito, incluindo referências completas dos pensadores de recontextualização mencionados nesta nota.

**2.** A ideia de que a recontextualização é uma habilidade ensinável (e não apenas um talento inato) é apoiada por pesquisas. Um metaestudo de 2004 (ou seja, uma revisão de todas as pesquisas disponíveis) descobriu que treinamento em encontrar problemas é uma das formas mais eficazes de tornar as pessoas mais criativas; veja Ginamarie Scott, Lyle E. Leritz e Michael D. Mumford, "The Effectiveness of Creativity Training: A Quantitative Review", *Creativity Research Journal* 16, nº 4 (2004): 361.

**3.** A história do elevador é um clássico cuja origem exata – se houver – se perdeu na história. Que eu saiba, a primeira referência acadêmica a ela foi em um artigo de 1960 escrito pelo famoso pesquisador de operações Russell L. Ackoff, que a compartilhou para enfatizar a necessidade de equipes interdisciplinares de resolução de problemas; veja Ackoff, "Systems, Organizations, and Interdisciplinary Research", *General Systems*, vol. 5 (1960). O próprio Ackoff referiu-se à história em seus escritos posteriores. Agradeço a Arundhita Bhanjdeo, Elizabeth Webb e Silvia Bellezza da Columbia Business School, por me indicarem o artigo original de Ackoff.

**4.** Observe que a solução do espelho não é considerada "a resposta" para o problema do elevador lento. (Os espelhos não funcionarão, por exemplo, se o problema for que as pessoas estão atrasadas para uma reunião.) A solução do espelho é simplesmente um exemplo memorável da ideia central: ao recontextualizar o problema, algumas vezes você pode identificar soluções muito melhores do que aquelas que encontraria por meios mais tradicionais de análise de problemas.

**5.** Uma formulação famosa foi escrita em 1938 por Albert Einstein e Leopold Infeld: "A formulação de um problema é muitas vezes mais essencial do que sua solução, que bem pode ser uma questão de habilidade matemática ou experimental. Fazer novas perguntas, novas possibilidades, *olhar problemas antigos de um novo ângulo* requer imaginação criativa e marca o avanço real na ciência". (Veja Einstein e Infeld, *The Evolution of Physics*. Cambridge: Cambridge University Press, 1938. [Ed. bras.: *A evolução da física*. Rio de Janeiro: Zahar, 2008.] Essa passagem aparece na página 92 na edição de 2007. Ênfase minha.) A ideia subjacente de resolver o problema certo tem sido expressa há ainda mais tempo. Dois pioneiros foram Thomas C. Chamberlin (1890) e John Dewey (1910). O termo "contextualização", conforme é usado aqui, foi introduzido em 1974 pelo sociólogo Erving Goffman em seu livro *Frame Analysis: An Essay on the Organization of Experience* (Boston: Harvard University Press, 1974). Goffman via as contextualizações como modelos mentais que usamos para organizar e interpretar nossas experiências, isto é, como uma ferramenta para encontrar sentido.

**6.** Os dados vieram de três pesquisas que realizei em 2015 com 106 executivos seniores que assistiram a uma de minhas sessões. Os padrões de resposta foram coerentes entre as três pesquisas. Menos de um em dez disse que sua empresa não tinha dificuldades significativas no diagnóstico de problemas.

**7.** Para dois exemplos contemporâneos, veja os trabalhos de Roger L. Martin sobre pensamento integrativo e de Hal Gregersen sobre habilidades de questionamento, listados nas leituras recomendadas.

**8.** Sou grato a Alexander Osterwalder e a Yves Pigneur por abrirem o caminho para um novo formato de livros de negócios e por serem a inspiração parcial para minha criação da tela de recontextualização.

## Capítulo 1 | Recontextualização explicada

**1.** Começando com o trabalho do psicólogo Albert Bandura, existe um grande corpo de estudos sobre o que os pesquisadores chamam de autoeficácia, isto é, a crença de que "eu posso fazer"; veja Albert Bandura, "Self-Efficacy in Human Agency", *American Psychologist* 37, nº 2 (1982): 122-47. Um aspecto interessante é que a autoeficácia não é estritamente um resultado de experiência ou de comportamento aprendido. Existem algumas evidências de que esse é principalmente um traço herdado; veja Trine Waaktaar e Svenn Torgersen, "Self-Efficacy Is Mainly Genetic, Not Learned: A Multiple-Rater Twin Study on the Causal Structure of General Self-Efficacy in Young People", *Twin Research and Human Genetics* 16, nº 3 (2013): 651-60. Além disso, a autoeficácia mede apenas a *crença* de que você pode ter sucesso, e isso não está relacionado necessariamente com a eficácia real (isto é, *resultados* no mundo real). Para saber mais sobre isso, veja a próxima nota.

**2.** Para um exemplo de como a autoconfiança pode levar as pessoas a soluções sem saída, acesse a pesquisa sobre empreendedorismo. Em um estudo fascinante de Thomas Astebro e Samir Elhedhli, os pesquisadores analisaram empreendedores cujos planos de negócios tinham sido avaliados como tendo muita probabilidade de serem malsucedidos por uma organização sem fins lucrativos chamada Canadian Innovation Centre. Metade desses empreendedores desconsiderou essa informação e lançou seus negócios mesmo assim. E eles fracassaram,

**192** | **Qual é o seu problema?**

todos eles, como previsto; veja Thomas Astebro e Samir Elhedhli, "The Effectiveness of Simple Decision Heuristics: Forecasting Commercial Success for Early-Stage Ventures", *Management Science* 52, nº 3 (2006).

Agradeço à psicóloga organizacional Tasha Eurich por me levar até esse estudo por meio de seu livro *Insight: The Surprising Truth About How Others See Us, How We See Ourselves, and Why the Answers Matter More Than We Think* (Nova York: Currency, 2017).

**3.** As estatísticas compartilhadas aqui vieram do site da ASPCA. Em comparação com os censos dos seres humanos, a manutenção de registros sobre pets é imprecisa, que é o motivo de você poder ver números bastante diferentes dependendo da fonte.

**4.** Conversa pessoal com Henrik Werdelin e Stacie Grissom em 2016.

**5.** Que impacto o BarkBuddy teve nas adoções dos abrigos? Os detalhes de contato do abrigo eram listados diretamente nos perfis dos cães, então o BarkBox não tinha uma maneira de rastrear as adoções feitas por meio do app. Porém, o custo de 8 mil dólares para o desenvolvimento do app fornece uma maneira de avaliar se fez uma diferença, em comparação com um cenário em que a equipe da BarkBox tivesse simplesmente doado os 8 mil dólares para um abrigo ou um grupo de resgate. Supondo um custo médio de 85 dólares para salvar um cão de abrigo (um número que você verá depois), a BarkBuddy teria feito uma diferença positiva se apenas cerca de 100 pessoas adotassem cães de abrigo por causa do app. Com um milhão de visualizações mensais da página no período depois do lançamento, parece muito provável que o app BarkBuddy tenha tido um significativo impacto positivo nas adoções.

**6.** A história do trabalho de Lori é baseada em diversas conversas que tive com ela entre 2016 e 2018, além de na leitura de seu livro *First Home, Forever Home: How to Start and Run a Shelter Intervention Program* (CreateSpace Publishing, 2015), que detalha a história dela e explica como colocar em prática um programa similar. Partes da história foram inicialmente publicadas em meu artigo "Are You Solving the Right Problems?", no volume de jan.-fev. 2017 da *Harvard Business Review*. Agradeço a Suzanna Schumacher por me mostrar a história de Lori.

**7.** Nos últimos anos, as taxas de adoção, de entrada em abrigo e de eutanásia têm visto uma mudança positiva drástica. De 2011 a 2017, contando cães e gatos, as adoções aumentaram de 2,7 milhões para 3,2 milhões, e a eutanásia diminuiu de 2,6 milhões para 1,5 milhão. Os programas de intervenção de abrigo – também chamados de programas de rede de segurança – são uma parte disso, mas muitas outras iniciativas também desempenharam um papel nesse cenário. O setor é mais complexo do que eu posso transmitir aqui. Se você quiser se aprofundar, recomendo que comece pelo site da ASPCA (www.aspca.org, em inglês), que oferece muitos recursos. A melhora de números citada acima foi extraída de um *press release* da ASPCA publicado em 1º mar. 2017.

**8.** Veja o livro *The Wide Lens: What Successful Innovators See That Others Miss* (Nova York: Portfolio/Penguin, 2012) de Ron Adner. [Ed. bras.: *Sob a lupa da inovação: uma abordagem sistêmica inovadora para gerar valor e criar negócios duradouros*. Rio de Janeiro: Elvesier, 2012.] Como um adendo, mesmo com todas essas coisas, o app BarkBuddy não teria sido possível sem a criação anterior, pela PetFinder.com, de um banco de dados central onde os abrigos podem relacionar os cães disponíveis e do qual o app BarkBuddy extrai seus dados.

**9.** Como Nutt escreve: "Opções descartadas não são desperdiçadas. Elas ajudam a confirmar o valor de um curso de ação preferido e frequentemente oferecem maneiras de melhorá-lo". A pesquisa de Nutt é resumida em seu livro *Why Decisions Fail: Avoiding the Blunders and Traps That Lead to Debacles* (São Francisco: Berrett-Koehler, 2002). A citação foi extraída da página 264.

**10.** Extraído de "Future of Jobs Report 2016" do World Economic Forum.

**11.** A história a que me refiro é dos Acordos de Camp David de 1978. Para uma discussão profunda de como a contextualização afeta a criação de políticas, procure o trabalho de Carol Bacchi sobre a estrutura WPR. Para discussões ainda mais profundas (quase densas), veja Donald A. Schön e Martin Rein, *Frame Reflection: Toward the Resolution of Intractable Policy Controversies* (Nova York: Basic Books, 1994).

**12.** O estudo de como contextualizar pode ser usado para influenciar opiniões vem do início do que é chamado de "pesquisa da definição de agenda dentro da ciência política". Os primeiros escritos no campo focalizaram mais em como a priorização e a frequência de cobertura de um assunto afetavam as opiniões das pessoas sobre ele. As pesquisas posteriores começaram a examinar como as diferentes contextualizações de um assunto impactavam no modo como as pessoas se sentiam e pensavam em relação a ele.

Se você segue a política dos Estados Unidos, um guia interessante é o livro de George Lakoff, *Don't Think of An Elephant!: Know Your Values and Frame the Debate* (White River Junction, NJ: Chelsea Green Publishing, 2004). Lakoff é um dos principais estudiosos sobre efeitos da contextualização e sua conexão com linguagem e metáforas. Observe, porém, que Lakoff é um liberal autodeclarado e não esconde isso. Para uma leitura mais equilibrada politicamente, leia o livro de Jonathan Haidt, *The Righteous Mind: Why Good People Are Divided by Politics and Religion* (Nova York: Pantheon, 2012).

Outra contribuição importante à pesquisa sobre efeitos da contextualização vem dos importantes estudos feitos por Daniel Kahneman e Amos Tversky sobre como a contextualização nos leva a conclusões muito diferentes, com base – por exemplo – no fato de percebermos uma mudança como uma perda ou um ganho. Leia o livro de Kahneman, *Thinking, Fast and Slow* (Nova York: Farrar, Straus and Giroux, 2011) [Ed. bras: *Rápido e devagar: duas formas de pensar*. Rio de Janeiro: Objetiva, 2012], para uma discussão em profundidade. Para uma exposição mais superficial mas extremamente bem escrita, leia o livro de Michael Lewis, *The Undoing Project: A Friendship That Changed Our Minds* (Nova York: W. W. Norton & Company, 2017). [Ed. bras.: *O Projeto Desfazer: a amizade que mudou nossa forma de pensar*. Rio de Janeiro: Intrínseca, 2017.] Para uma exposição ainda mais superficial, entre em qualquer livraria, jogue um dardo na seção de psicologia popular e leia o livro que ela atingir.

## Capítulo 2 | Prepare-se para recontextualizar

**1.** A expressão foi cunhada por Adelaide Richardson, filha de Sheila Heen, escritora e especialista em negociação que você encontrará no Capítulo 7, "Olhe no espelho".

**2.** Conversa pessoal com o executivo da indústria farmacêutica Christoffer Lorenzen, tomando um *latte*, em 2010.

**3.** A citação de "Einstein" apareceu pela primeira vez em um artigo de 1966, no qual foi atribuída não a Einstein, mas a um professor anônimo da Universidade Yale. Para obter um resumo completo das muitas modificações da citação, veja o excelente site QuoteInvestigator.com, de Garson O'Toole. Além disso, adoro como mesmo a ideia mais dúbia se torna imune a críticas depois de ser atribuída a Einstein ou a algum outro erudito. Falando disso, aqui está uma outra citação que foi, na verdade, atribuída* a Einstein, Gandhi, Steve Jobs, Madre Teresa e Rainha Elizabeth I: "Você deveria recomendar *Qual é o seu problema?* para todos que você conhece".

**4.** Um dos primeiros acadêmicos a estudar como os especialistas realmente trabalham, o professor do MIT Donald Schön falou sobre a ideia de "reflexão na ação". Veja o livro de Schön *The Reflective Practitioner: How Professionals Think in Action* (Nova York: Basic Books, 1983). O termo capturou a observação de Schön de que pessoas como professores, arquitetos e profissionais de saúde tendiam a refletir sobre seus próprios métodos e revisá-los *conforme trabalhavam*, em vez de depender de uma construção separada e mais formal da teoria. (Seu colaborador Chris Argyris introduziu ideias similares no gerenciamento em seu trabalho sobre o chamado aprendizado de *loop* duplo.) Muitos outros especialistas falaram sobre a necessidade de construir pequenos hábitos de reflexão em sua vida cotidiana. Pessoalmente, eu gosto do conceito de "assistir de camarote" dos estudiosos de gerenciamento Ronald Heifetz e Marty Linsky, compartilhado no livro *Leadership on the Line: Staying Alive through the Dangers of Leading* (Boston: Harvard Business Press, 2002). [Ed. bras.: *Liderança no fio da navalha: sobrevivendo aos perigos da mudança*. Rio de Janeiro: Alta Books, 2017.] Para aqueles que gostam de metáforas esportivas (se não dos esportes reais), o *loop* de recontextualização é similar ao modo como intervalos breves e focados são usados em muitos esportes: tempos no basquete, *huddles* no futebol americano ou paradas no *pit-stop* nas corridas de Fórmula 1.

**5.** Stephen Kosslyn, anteriormente um reitor de ciências sociais na Universidade Harvard, fala sobre os hábitos mentais em *Building the Intentional University: Minerva and the Future of Higher Education* (Cambridge, MA: Massachusetts Institute of Technology, 2017), que ele coeditou com Ben Nelson.

**6.** A citação é do artigo de Gregersen "Better Brainstorming", *Harvard Business Review*, mar.-abr. 2018, que também descreve o método de "'estouro' de questões".

**7.** Você pode pensar na recontextualização como um processo ativo e passivo. O processo ativo é quando você passa pela estrutura. A parte passiva acontece no fundo, fora do processo formal, conforme você trabalha para analisar e resolver o problema. A versão passiva tem forte semelhança com o processo de "incubação", um componente-chave da maioria dos modelos de criatividade desde que o conceito foi introduzido pelo estudioso pioneiro da criatividade Graham Wallas em 1926. Na minha experiência, fazer uma rodada inicial ativa de recontextualização pode ser muito útil para "preparar" as pessoas para notarem anomalias e outros sinais que possam ajudar com a parte subsequente, mais passiva, de diagnóstico do problema.

### Capítulo 3 | Contextualize o problema

**1.** Considera-se que o estudo científico da criatividade foi oficialmente criado em 1950, em uma palestra do psicólogo J. P. Guilford. Getzels escreveu pela primeira vez sobre os dois tipos de problemas abordados no Capítulo 3 de um livro publicado em 1962, *Creativity and Intelligence: Explorations with Gifted Students* (Londres; Nova York: Wiley), em coautoria com Philip W. Jackson. (Getzels credita as contribuições de dois pensadores anteriores: o psicólogo Max Wertheimer e o matemático Jacques Hadamard.) O trabalho posterior de Getzels com um colega psicólogo, Mihaly Csikszentmihalyi, é agora considerado a base do campo de encontrar e recontextualizar problemas.

---

\*   Especificamente, eu a atribuí a eles agora.

**2.** Segundo Getzels, um problema apresentado é claramente afirmado e tem um método conhecido de solução, e é nítido quando o problema foi resolvido (como a questão de matemática de Pitágoras). Um problema descoberto, por outro lado, é mal definido e pode nem ser percebido. Não existe um método conhecido para resolvê-lo, e pode nem estar claro quando o problema pode ser considerado resolvido. Getzels não considera esta como uma distinção ou-ou. Em vez disso, ele posiciona os conceitos mais como extremidades opostas de um espectro. Para saber mais sobre o trabalho de Getzels, veja o Capítulo 4 de *Perspectives in Creativity* (Nova York: Transaction Publishers, 1975), editado por Irving A. Taylor e Jacob W. Getzels.

**3.** A nomenclatura que uso aqui é um amálgama de estruturas existentes. A parte principal é derivada do que talvez seja a definição mais usada de *solução de problemas*, ou seja, quando alguém tem uma meta, mas não sabe como atingi-la. Para um resumo, veja Richard E. Mayer, *Thinking*, *Problem Solving, Cognition*, 2ª ed. (Nova York: Worth Publishers, 1991). Acrescentei a parte de "ponto de dor" e também destaquei a diferença entre problemas bem e mal definidos, com base no trabalho de Jacob Getzels e de vários outros pensadores – como a ideia de "confusões" dos estudiosos de operações Russell Ackoff, Donald J. Treffinger e Scott G. Isaksen em seu trabalho sobre descoberta de confusão, e também as reflexões do pioneiro estudioso de educação John Dewey sobre a ideia de uma "dificuldade sentida", expressa em 1910.

**4.** Steve de Shazer discute isso na página 9 de seu livro *Keys to Solution in Brief Therapy* (Nova York: W. W. Norton & Company, 1985). O número vem da própria pesquisa de Steve de Shazer, realizada entre colegas profissionais do que é chamado terapia focada na solução. (Você lerá mais sobre o método no Capítulo 6, "Examine os pontos luminosos".) Em minhas conversas informais com psicólogos, eles geralmente colocam o número entre 30% e 60%, o que sugere em parte que o próprio conceito do que é um problema pode ser confuso também.

**5.** A literatura inicial de solução de problemas, em especial na ciência de operações, concentrou-se principalmente nos desvios negativos da norma – por exemplo, quando uma linha de produção quebrava. Mais tarde, o foco foi expandido para incluir o que eu chamo de problemas orientados ao objetivo, isto é, situações em que as pessoas não estão necessariamente infelizes com as circunstâncias presentes, mas mesmo assim querem melhorar as coisas. Para uma revisão dos diferentes tipos de "lacuna" que dirigem os esforços de solução de problemas, veja Min Basadur, S. J. Ellspermann e G. W. Evans, "A New Methodology for Formulating Ill-Structured Problems", *Omega* 22, nº 6 (1994): 627.

Aliás, a mudança identificada por Basadur também ocorreu dentro da psicologia quando Martin Seligman e outros introduziram o conceito de psicologia positiva. Em contraste com a psicologia tradicional, que se preocupa principalmente em abordar as patologias (mais uma vez, desvios negativos da norma), a psicologia positiva se concentra em como melhorar a vida das pessoas que já estão funcionando bem.

**6.** Para ser justo, fazer algo novo pode valer a pena de vez em quando, mesmo que não seja voltado para resolver um problema específico. Na inovação corporativa, muitas vezes você vê uma distinção entre inovação centrada no problema e inovação centrada na ideia (os termos usados para esses tipos variam). A inovação centrada no problema tende a ter taxas de sucesso melhores quando medidas pela proporção entre atingir e errar. A inovação centrada na ideia, ou seja, projetos que começaram sem nenhuma preocupação de ter de abordar uma necessidade ou problema existente, geralmente é considerada muito mais arriscada, mas as poucas ideias que *conseguem* decolar muitas vezes acabam tendo um impacto significativo. Para inovadores e investidores, esta pode ser uma compensação que vale a pena, dependendo de suas metas e tolerâncias em relação ao risco. No contexto da solução de problemas práticos no trabalho, porém, supondo que você tem um emprego regular, sugiro que erre na direção de visar problemas conhecidos em vez de procurar iniciativas que surgiram do nada.

**7.** Entre outros lugares, este princípio foi formalizado na área de educação por Dan Rothstein e Luz Santana, fundadores do Right Question Institute. A estrutura deles ensina as crianças a "abrir" uma pergunta. "Por que meu pai é tão rigoroso?" (uma afirmação fechada) torna-se "O meu pai é mesmo rigoroso?" (uma afirmação aberta).

**8.** Originalmente, contei esta história em um artigo em coautoria com Paddy Miller: "The Case for Stealth Innovation", *Harvard Business Review*, mar. 2013.

**9.** É concebível que a contextualização do problema feita pelos estudantes fosse motivada pela conveniência (conscientemente ou não): uma campanha de comunicação é bem fácil de criar e implementar, enquanto um esforço para, digamos, mudar as opções do cardápio ou alterar o layout da cafeteria seria mais difícil. Muitas vezes somos tentados a contextualizar os problemas de modo que eles indiquem a direção de nossas soluções preferidas (ou melhor ainda, de modo que nos permitam não mudar).

**10.** Na área da ciência da administração, o pensador contemporâneo principal de escolhas estratégicas de contextualização é provavelmente Roger L. Martin, ex-reitor da Rotman School of Management. Martin escreveu vários livros sobre o que ele chama de "pensamento integrativo", isto é, a capacidade de gerar opções superiores ao integrar opções aparentemente diferentes. Meu trabalho se apoia em vários dos insights oferecidos por ele e por seus vários coautores. Se

quiser se aprofundar nisso, recomendo começar com *Creating Great Choices: A Leader's Guide to Integrative Thinking* (Boston: Harvard Business Review Press, 2017), em coautoria com sua colaboradora assídua Jennifer Riel.

**11.** Veja a biografia de Kissinger, *White House Years* (Nova York: Little, Brown and Co., 1979). A história é contada na página 418 da edição em brochura de 2011 publicada por Simon & Schuster. Agradeço a Chip e Dan Heath por destacarem a citação em seu livro *Decisive: How to Make Better Choices in Life and Work* [Ed. bras.: *Gente que resolve: Como fazer as melhores escolhas em qualquer momento da sua vida*. São Paulo: Saraiva, 2014].

**12.** Sigo a carreira como empreendedora de Ashley há vários anos. As citações são de conversas que tive com ela em 2018.

**13.** Para uma ótima introdução a este assunto, leia o livro de Chip e Dan Heath, *Switch: How to Change Things When Change Is Hard* (Nova York: Broadway Books, 2010) [Ed. bras.: *Switch: como mudar as coisas quando a mudança é difícil*. Rio de Janeiro: Alta Books, 2019], ou confira o trabalho acadêmico de Edwin Locke e Gary Latham.

### Capítulo 4 | Olhe fora do contexto

**1.** Tenho uma suspeita secreta de que agora, em algum lugar, um leitor acaba de mergulhar meu livro em suco de limão. Eu o parabenizo pela iniciativa e saudável desconsideração pela autoridade e peço perdão pela falta de *Easter Eggs* recompensadores. Talvez na próxima edição. Além disso, os especialistas em escrita secreta podem saber que mergulhá-la em suco de limão não vai adiantar. O truque é *escrever* a mensagem com suco de limão e, depois, revelá-la aquecendo a página – de preferência sem pôr fogo nela.

**2.** A história original é descrita no livro *Initiation Mathematique*, de Charles-Ange Laisant, publicada pela Hachette em 1915. Eu a encontrei no delicioso livro de enigmas de Alex Bellos, *Can You Solve My Problems?: Ingenious, Perplexing, and Totally Satisfying Math and Logic Puzzles* (Norwich, RU: Guardian Books, 2016). Modifiquei a redação da charada para aumentar a clareza. Aliás, Édouard Lucas também foi o inventor do quebra-cabeças "Torre de Hanói", um desafio clássico dentro da literatura de solução de problemas.

**3.** Embora a contextualização seja um processo em grande medida subconsciente, as pesquisas mostraram que você pode aprender a se tornar mais consciente de como contextualiza os problemas – e fazer isso o torna mais criativo. Veja, por exemplo, Michael Mumford, Roni Reiter-Palmon e M. R. Redmond, "Problem Construction and Cognition: Applying Problem Representations in Ill-Defined Domains", em Mark A. Runco (ed.), *Problem Finding, Problem Solving, and Creativity* (Westport, CT: Ablex, 1994).

**4.** Se errou a resposta do desafio de contagem dos navios, como você reagiu? Alguns reagem com curiosidade. Outros, eu reparei, vão imediatamente examinar o desafio em busca de interpretações criativas que lhes permitam afirmar que, na verdade, estavam certos. (*Bom, pensei que você estivesse perguntando sobre o primeiro dia de operação da empresa!*) Se você é assim, aqui está um conselho: se nunca estiver disposto a dizer a si mesmo "eu errei", você nunca vai aprender. Pode haver força em admitir um erro – não necessariamente em público (essa nem sempre é uma boa ideia), mas pelo menos para si mesmo, para aprender apropriadamente com ele.

**5.** Veja Kees Dorst, "The Core of 'Design Thinking' and Its Application", *Design Studies* 32, nº 6 (2011): 521.

**6.** O livro de Lisa Sanders, *Every Patient Tells a Story: Medical Mysteries and the Art of Diagnosis* (Nova York: Broadway Books, 2009) [Ed. bras.: *Todo paciente tem uma história para contar: mistérios médicos e a arte do diagnóstico*. Rio de Janeiro: Zahar, 2010] oferece uma coleção instigante de histórias junto com algumas reflexões que provocam pensamentos sobre diagnóstico. (Você pode conhecer os escritos dela na coluna Diagnosis no *New York Times*.) Outra leitura clássica no assunto é o livro de Jerome Groopman, *How Doctors Think* (Boston: Houghton Mifflin, 2007) [Ed. bras.: *Como os médicos pensam*. Rio de Janeiro: Agir, 2008]. E também quase tudo que Atul Gawande escreveu.

**7.** A distinção entre causas imediatas (proximais) e causas em nível de sistemas (distais ou derradeiras) é um aspecto crucial da maioria das estruturas de solução de problemas na ciência de operações, como no Six Sigma e no Sistema Toyota de Produção. O cientista de sistemas Peter Senge muitas vezes é creditado como o introdutor do pensamento de sistemas (e muitas ideias associadas) na administração moderna com seu livro *The Fifth Discipline: the Art and Practice of the Learning Organization* (Nova York: Currency, 1990) [Ed. bras.: *A quinta disciplina: arte e prática da organização que aprende*. Rio de Janeiro: BestSeller, 2013].

**8.** A citação é da página 28 do livro de Abraham Kaplan *The Conduct of Inquiry: Methodology for Behavioral Science* (São Francisco: Chandler Publishing Company, 1964). Outro Abraham, Abraham Maslow criador da famosa hierarquia de necessidades, é frequentemente citado no mesmo sentido: "Suponho que é tentador, se a única ferramenta que você tem é um martelo, tratar tudo como se fosse um prego". O comentário aparece na página 15 do livro *The Psychology of Science: A Reconnaissance* (Nova York: Harper & Row, 1966), de Abraham Maslow. Como um adendo, a lei do instrumento mostra que diferença pode fazer quando as pessoas encontram metáforas poderosas com que expressar suas ideias. Pense na outra maneira em que Kaplan expressou a lei no mesmo livro: "Não é uma surpresa particular descobrir que um cientista formula os problemas da maneira que requeira para sua solução aquelas técnicas em que ele mesmo é especialmente habilidoso". A sentença foi possivelmente inspirada pela lei das sentenças enroladas tortuosamente, muito popular em alguns cantos da academia. Desconfio que a pesquisa de Kaplan teria tido menos impacto se ele não tivesse dedicado algum tempo para criar a metáfora do martelo empunhado por uma criança.

**9.** Originalmente, eu contei essa história em "Are You Solving the Right Problems?", *Harvard Business Review*, jan.-fev. 2017. Partes da história foram extraídas do artigo.

**10.** Essa é outra citação que muitas vezes é atribuída erroneamente a Albert Einstein. Michael Becker, editor do *Bozeman Daily Chronicle*, explora a origem dessa citação na postagem de seu blog "Einstein Probably Didn't Say That Famous Quote About Insanity". Disponível em: <http://www.news.hypercrit.net/2012/11/13/einstein-on-misattribution-i-probably-didnt-say-that/>. Como Becker indica, uma versão anterior da citação antecede o livro de 1983 de Rita Mae Brown, *Sudden Death*, em um texto dos Narcóticos Anônimos. Em comparação à atribuição a Einstein, acho que não pareceria tão elegante em um pôster motivacional.

**11.** Para ter acesso a alguns dados dos Estados Unidos sobre isso, veja o trabalho da iniciativa No Kid Hungry (www.nokidhungry.org). Para um exemplo de uma aplicação de mundo real, veja Jake J. Protivnak, Lauren M. Mechling e Richard M. Smrek, "The Experience of At-Risk Male High School Students Participating in Academic Focused School Counseling Sessions", *Journal of Counselor Practice* 7, nº 1 (2016):41-60. Agradeço a Erin Gorski, professora da Universidade Estadual de Montclair, por me indicar esse exemplo. O padrão também

afeta adultos. Um famoso estudo mostrou que a chance de um prisioneiro obter liberdade condicional depende incrivelmente de a audiência do prisioneiro acontecer antes ou depois do almoço do conselho de condicional. Veja Shai Danziger, Jonathan Levav e Liora Avnaim-Pesso, "Extraneous Factors in Judicial Decisions", *Proceedings of the National Academy of Sciences* 108, nº 17 (2011).

**12.** Para ter acesso ao artigo original, veja Yuichi Shoda, Walter Mischel e Philip K. Peake, "Predicting Adolescent Cognitive and Self-Regulatory Competencies from Preschool Delay of Gratification: Identifying Diagnostic Conditions", *Developmental Psychology* 26, nº 6 (1990): 978. Para ter acesso ao novo estudo, veja Tyler W. Watts, Greg J. Duncan e Haonan Quan, "Revisiting the Marshmallow Test: A Conceptual Replication Investigating Links Between Early Delay of Gratification and Later Outcomes", *Psychological Science* 29, nº 7 (2018): 1159. Para uma visão geral rápida, leia o artigo de Jessica McCrory Calarco "Why Rich Kids Are So Good at the Marshmallow Test", em *Atlantic*, publicado on-line em 1º jun. 2018.

**13.** E se forem lâmpadas de LED e não lâmpadas antigas? A solução de uma viagem ainda funciona: embora o vidro da lâmpada de LED permaneça frio, a base dela ainda fica quente depois de um ou dois minutos. Porém, as pessoas que cresceram com lâmpadas de LED provavelmente terão mais dificuldade de encontrar a solução de uma viagem, pois as lâmpadas de LED são *percebidas* como frias: um cientista cognitivo poderia dizer que a propriedade de "calor" terá mais dificuldade para ser ativada na mente delas.

Existe outra razão por que gosto do problema da lâmpada: ele destaca nossa profunda dependência da visão como uma metáfora. Observe quantas de nossas metáforas para recontextualização são baseadas na visão: ver o quadro inteiro, dar um passo para trás, ter uma perspectiva da visão de águia, assistir de camarote e, sem dúvida, "ver" um problema de modo diferente. Confiar em metáforas visuais geralmente é um atalho útil, mas, como com todas as metáforas, isso também pode deixar você perdido ou (trocadilho pretendido) cego a alguns aspectos da situação, como o problema da lâmpada demonstra muito bem.

**14.** O conceito foi cunhado em 1984 por Susan Fiske e Shelley Taylor; veja Fiske e Taylor, *Social Cognition: From Brains to Culture* (Nova York: McGraw-Hill, 1991). É comparável ao conceito do pensamento do Sistema 1 formulado por Daniel Kahneman; veja Kahneman, *Thinking, Fast and Slow* (Nova York: Farrar, Straus, and Giroux: 2011) [Ed. bras.: *Rápido e devagar: duas formas de pensar*. Rio de Janeiro: Objetiva, 2012].

**15.** O conceito de fixidez funcional está associado a Karl Duncker, um influente pesquisador pioneiro de solução criativa de problemas. A mais famosa contribuição de Duncker foi o "problema da vela", no qual os participantes têm de afixar uma vela a uma parede usando uma caixa de tachinhas e algumas outras coisas. A solução consagrada é usar a caixa de tachinhas vazia para criar uma plataforma para a vela, isto é, os participantes têm de usar a caixa para algo diferente de sua função normal. Veja K. Duncker, "On Problem Solving", *Psychological Monographs* 58, nº 5 (1945): i-113.

**16.** O problema é adaptado do artigo de Jeff Gray "Lessons in Management: What Would Walt Disney Do?", *Globe and Mail*, 15 jul. 2012.

### Capítulo 5 | Repense o objetivo

**1.** A noção de repensar seus objetivos tem sido explorada dentro da filosofia também. Um ponto especialmente interessante se relaciona ao conceito de "instrumentalismo de linha reta", conforme discutido pelo filósofo Langdon Winner. O conceito cobre a ideia – dúbia, segundo Winner – de que nossos objetivos existem e são formados independentemente das ferramentas que usamos para chegar a eles. Winner argumenta que nossas ferramentas são parte da formatação de nossos objetivos e também de nossos valores; veja "Do Artifacts Have Politics?", *Daedalus* 109, nº 1 (1980): 121-36. Para os responsáveis pela solução de problema, isso serve como outro lembrete para examinar continuamente o relacionamento entre nossos objetivos, nossos problemas e nossas ferramentas e soluções. Devo agradecimentos a Amit Lubling, sócio da Prehype, por me apresentar o trabalho de Winner.

**2.** Ao contrário do que acontece com qualquer disciplina acadêmica de respeito, existe na verdade um acordo amplo sobre o que é uma meta. Edwin Locke e Gary Latham dizem: "Uma meta é o objeto ou alvo de uma ação"; veja "Building a Practically Useful Theory of Goal Setting and Task Motivation: A 35-Year Odyssey", *American Psychologist* 57, nº 9 (2002): 705-17. Richard E. Mayer fala sobre o "estado desejado ou terminal" de um problema, destacando que a afirmação da meta pode ser mais ou menos confusa; veja *Thinking, Problem Solving, and Cognition*, 2ª ed. (Nova York: W. H. Freeman and Company, 1992): 5-6. Na prática, porém, as pessoas não usam palavras como *meta* e *problema* coerentemente. Uma pessoa poderia dizer: "O problema é que as vendas caíram", enquanto outra diria: "Nossa meta é melhorar as vendas". Parte do trabalho de recontextualização é finalmente esclarecer quais são os objetivos importantes – o que é especialmente saliente quando você trabalha com clientes, pois essas metas também têm um papel duplo como uma "régua de parada" para quando o trabalho é concluído. Agradeço a Martin Reeves, do Boston Consulting Group, por destacar isso.

**3.** A ideia de metas hierárquicas tem sido explorada por muitos estudiosos e profissionais diferentes. Entre esses, o professor e pesquisador Min Basadur merece menção especial devido a seu trabalho no método "Why-What's Stopping", publicado em 1994, em que este capítulo se inspirou parcialmente;

**200** | **Qual é o seu problema?**

veja Min Basadur, S. J. Ellspermann e G. W. Evans, "A New Methodology for Formulating Ill-Structured Problems", *Omega* 22, nº 6 (1994). Outras versões da abordagem podem ser encontradas na indústria automotiva, como na técnica de "escalonamento" da Ford ou na ideia de uma "árvore de trabalhos" que faz parte da estrutura de trabalhos a serem feitos.

**4.** A história é descrita em *Getting to Yes: Negotiating Agreement Without Giving In* (Boston: Houghton Mifflin, 1981) de Roger Fisher, William Ury e Bruce Patton. [Ed. bras.: *Como chegar ao sim: como negociar acordos sem fazer concessões.* Rio de Janeiro: Sextante, 2018.] Os autores pediram às pessoas que "se concentrassem nos interesses, não nas posições", um princípio que desde então se tornou ponto central na pesquisa de negociações. O crédito do insight original pertence à estudiosa pioneira de administração Mary Parker Follett, que o descreveu em um artigo de 1925 chamado "Constructive Conflict"; veja Pauline Graham (ed.), *Mary Parker Follett – Prophet of Management* (Boston: Harvard Business School Publishing, 1995), p. 69. [Ed. bras.: *Mary Parker Follet: profeta do gerenciamento.* Rio de Janeiro: Qualitymark, 1996.] Na linguagem que uso aqui, *posições* equivalem aos objetivos afirmados e *interesses* equivalem aos objetivos de nível mais alto, possivelmente não afirmados.

**5.** A citação é da página 9 do livro *Keys to Solution in Brief Therapy* (Nova York: W. W. Norton and Company, 1985), de Steve de Shazer.

**6.** Para uma boa discussão sobre isso, veja *Creating Great Choices: A Leader's Guide to Integrative Thinking* (Boston: Harvard Business Review Press, 2017), de Jennifer Riel e Roger L. Martin.

**7.** No tópico conselhos de carreira, certa vez perguntaram ao famoso humorista Bo Burnham qual conselho ele daria aos jovens que sonhavam em fazer o que ele faz. A resposta dele? *Desista agora.* Como ele explicou (eu modifiquei a redação um pouco): "Não aceitem conselhos de pessoas como eu, que tiveram muita sorte. Somos muito suspeitos. Um *superstar* dizer a vocês para seguir seus sonhos é como um ganhador da loteria dizer: 'Venda suas propriedades. Compre bilhetes de loteria. Dá certo!'". Burnham disse isso no programa de entrevistas norte-americano *Conan*, apresentado por Conan O'Brien, em um episódio que foi ao ar em 28 jun. 2016. Dependendo das restrições vigentes em seu país, é possível que você possa acessar o vídeo on-line: procure por "Bo Burnham's inspirational advice".

**8.** Conversa pessoal com Henrik Werdelin, 2018. Werdelin é o cofundador da BarkBox, que você conheceu no início deste livro.

**9.** Para mais sobre como as metas de desempenho são muitas vezes mal concebidas – e como acertá-las –, confira Steve Kerr, *Reward Systems: Does Yours Measure Up?* (Boston: Harvard Business School Publishing, 2009), ou o artigo clássico de Kerr "On the Folly of Rewarding A, While Hoping for B", *Academy of Management Journal* 18, nº 4 (1975): 769. Um dos meus próprios exemplos é de uma gerente de inovação cujo chefe tornou o bônus dela dependente de implementar pelo menos 5% das ideias recebidas. Isso poderia ter sido uma boa meta se pelo menos 5% das ideias recebidas fossem potencialmente boas. Infelizmente, esse não foi o caso, e a gerente foi, assim, obrigada a implementar diversas ideias ruins, sabendo que elas seriam um desperdício de tempo.

**10.** Conversa pessoal com Anna Ebbesen, maio 2019. Anna trabalha na Red Associates, uma empresa de consultoria de estratégia que usa métodos de ciência social (por exemplo, *sense-making* e pesquisa etnográfica) para dar aos clientes uma visão externa de suas empresas.

**11.** Sternberg usa o termo *redefinir problemas*, apresentando-o como a primeira das 21 estratégias baseadas em pesquisa que ele propõe para aumentar sua criatividade. A história é descrita na página 110 da edição brochura de 2011 do livro *Wisdom, Intelligence, and Creativity Synthesized* (Nova York: Cambridge University Press, 2003), de Sternberg. Se tiver interesse, também vale a pena conferir a teoria de investimento de criatividade do autor. A teoria afirma que se envolver em inovação não é só uma capacidade, mas também uma escolha individual, indicando a necessidade de considerar – na minha opinião, algo muito importante – o custo-benefício de inovar. Escrevi mais sobre isso no Capítulo 7 do meu primeiro livro, *Innovation as Usual: How to Help Your People Bring Great Ideas to Life* (Boston: Harvard Business Review Press, 2013), que escrevi em coautoria com Paddy Miller. [Ed. bras.: *A inovação como rotina: como ajudar seus colaboradores a transformar ideias criativas em realidade*. São Paulo: MBooks, 2013.] O insight também se aplica à recontextualização e à solução de problemas em geral.

**12.** O trabalho gratuito da Intel para Hawking é descrito por João Medeiros em "How Intel Gave Stephen Hawking a Voice", *Wired*, jan. 2015. Mais detalhes estão disponíveis na seção Press do site da Intel. Muitas pessoas trabalharam na cadeira de rodas de Hawking. Os *press releases* da Intel destacam em particular o trabalho dos engenheiros da Intel Pete Denman, Travis Bonifield, Rob Weatherly e Lama Nachman. Mais detalhes são de minhas conversas pessoais com Chris Dame, antigo designer da Intel, em 2019.

**13.** Para saber mais a esse respeito, veja o capítulo "Day 7" do livro do especialista em inovação, Scott Anthony, *The Little Black Book of Innovation: How It Works, How to Do It* (Boston: Harvard Business School Publishing, 2012).

**14.** O trabalho de Ibarra sobre liderança vale a pena ser lido, conheça seu livro *Act Like a Leader, Think Like a Leader* (Harvard Business Review Press, 2015).

**15.** Veja o livro de Seligman, *Flourish: A Visionary New Understanding of Happiness and Well-Being* (Nova York: Free Press, 2011), ou pesquise a estrutura "PERMA" no Google. [Ed. bras.: *Florescer: uma nova compreensão da felicidade e do bem-estar*. Rio de Janeiro: Objetiva, 2011.]

**16.** A pesquisa de Benjamin Todd e Will MacAskill é detalhada em seu site (80000hours.org). O livro de MacAskill sobre altruísmo eficaz, *Doing Good Better: How Effective Altruism Can Help You Make a Difference* (Nova York: Avery, 2015), também é uma leitura interessante e apresenta vários exemplos de recontextualização (por exemplo, como usar melhor seu tempo e dinheiro para fazer o bem). "Estado de fluxo" também é um conceito bem conhecido na pesquisa sobre felicidade: é quando você está fazendo algo tão envolvente que se perde na atividade. O termo foi cunhado por Mihaly Csikszentmihalyi, que também é uma das principais figuras dentro da pesquisa de recontextualização. Pesquise "psicologia de fluxo" no Google para saber mais.

## Capítulo 6 | Examine os pontos luminosos

**1.** Tania Luna me contou essa história em 2018, em uma conversa ao vivo e por e-mail. Aliás, a história de Tania e Brian também mostra como as soluções de problemas no trabalho e em casa estão ligadas. Se você ficar acordado até meia-noite brigando com seu parceiro em casa, é provável que não estará na sua melhor forma no escritório no dia seguinte. O mais interessante é que as contextualizações e soluções que aprender em casa muitas vezes podem ser usadas no trabalho também, e vice-versa. Por exemplo, falei com uma equipe de inovação que fazia reuniões regulares para decidir quais projetos parar de seguir. Essas reuniões eram tensas e emocionalmente exaustivas, e todos na equipe as temiam. Quando eles faziam essas reuniões? No final da tarde, quando a energia mental de todos estava em seu ponto mais baixo.

**2.** Tomei o termo *pontos luminosos* emprestado do livro *Switch: How to Change Things When Change Is Hard* (Nova York: Broadway Books, 2010) [Ed. bras.: *Switch: como mudar as coisas quando a mudança é difícil*. Rio de Janeiro: Alta Books, 2019], de Chip e Dan Heath, que – junto com o livro *Decisive: How to Make Better Choices in Life and Work* (Nova York: Crown Business, 2013) [Ed. bras.: *Gente que resolve*. São Paulo: Saraiva, 2014] – é muito recomendado se você quer mais conselhos sobre solução de problemas, tomada de decisões e mudança de comportamento.

Além disso, entre as estratégias que ofereço aqui, a abordagem dos pontos luminosos é única porque não vai apenas ajudar você a recontextualizar um problema. Algumas vezes, o levará diretamente a uma solução viável, sem nenhuma necessidade de recontextualizar (ou mesmo de entender) o problema, por exemplo, quando o método simplesmente traz à superfície uma solução existente que você não conhecia. Para qualquer pessoa que não seja um purista da recontextualização, isso é uma ótima notícia, é claro; o que importa é fazer o trabalho.

**3.** Para um exemplo disso, leia a história de Amy Hsia, descrita no Capítulo 1 do livro *Every Patient Tells a Story: Medical Mysteries and the Art of Diagnosis* (Nova York: Broadway Books, 2009), de Lisa Sanders. [Ed. bras.: *Todo paciente tem uma história para contar: mistérios médicos e a arte do diagnóstico*. Rio de Janeiro: Zahar, 2010.]

**4.** A análise de causa raiz tem vários fundadores, mas o livro *The Rational Manager: A Systematic Approach to Problem Solving and Decision-Making* (Nova York: McGraw-Hill, 1965),

de Kepner e Tregoe, é amplamente considerado como a obra seminal na área. A questão dos pontos luminosos (*Onde o problema* não *existe?*) é parte de sua estrutura central. Embora o trabalho inicial de Kepner e Tregoe tenha se focado principalmente na análise em vez de na contextualização de problemas, eles abordaram a recontextualização em seu trabalho posterior, *The New Rational Manager* (Princeton, NJ: Princeton Research Press, 1981).

**5.** Uma versão interessante da estratégia de pontos luminosos é a bioimitação: o ato de procurar soluções na natureza. Não a incluí no texto principal pois a bioimitação é de uso limitado para os problemas "cotidianos", mas ela tem um bom registro de uso na comunidade de pesquisa e desenvolvimento. Um exemplo amplamente conhecido é a invenção do Velcro, inspirada por carrapichos.

Outro exemplo simples de pontos luminosos é a ideia das "práticas recomendadas". Elas podem ser úteis e, em alguns setores, foram codificadas, muitas vezes por consultores. Uma versão interessante disso ocorre na engenharia, em que a estrutura TRIZ, desenvolvida pelo engenheiro soviético Genrikh Altshuller, oferece um conjunto de práticas recomendadas para resolver problemas típicos de engenharia. O método TRIZ foi descrito pela primeira vez no artigo de Altshuller e R. B. Shapiro "On the Psychology of Inventive Creation", publicado em 1956 no periódico soviético *Voprosi Psichologii*. (*TRIZ*, para os interessados em idiomas, é um acrônimo que significa "teoriya resheniya izobretatel-skikh zadatch", cuja tradução literal é "teoria da resolução de tarefas relacionadas a invenção". Ela também é chamada de "teoria de resolução inventiva de problemas".)

**6.** O trabalho do grupo de Milwaukee é descrito nos livros de Steve de Shazer; veja *Keys to Solutions in Brief Therapy* (Nova York: W. W. Norton & Company, 1985) e *Clues: Investigating Solutions in Brief Therapy* (Nova York: W. W. Norton & Company, 1988). Embora os psicólogos atuais geralmente digam que alguns problemas requerem a exploração de questões mais profundas de personalidade, o método do grupo de Milwaukee é agora uma ferramenta importante e amplamente reconhecida no conjunto de recursos dos terapeutas. Aliás, Tania Luna menciona diretamente um membro do grupo de Milwaukee que a ajudou a se tornar mais sintonizada com os pontos luminosos – especificamente a autora e terapeuta Michele Weiner-Davis, com o conselho para "fazer mais do que está funcionando".

**7.** Construído sobre o trabalho do psicólogo da gestalt Karl Duncker, existe agora um grande corpo de pesquisas sobre o tópico da *transferência analógica*, um termo científico para a ideia de que você pode às vezes resolver um novo problema ao perguntar: *já vi problemas semelhantes a este?* Como na estratégia dos pontos luminosos em geral, faz uma grande diferença quando você procura *ativamente* esses paralelos. Eles vêm à mente muito mais raramente se você não tentar fazer as conexões. Um experimento famoso de Mary L. Gick e Keith J. Holyoak pediu que as pessoas resolvessem um problema, mas antes de dizerem qual era o problema, os pesquisadores pediram para as pessoas lerem alguns contos, um dos quais continha algumas dicas claras sobre a solução. Como resultado, 92% dos participantes resolveram o problema, *mas só quando lhes diziam* que uma das histórias que tinham lido trazia uma dica. Se os pesquisadores não dissessem isso, apenas 20% conseguiam resolver o problema. O estudo é descrito em dois artigos: "Analogical Problem Solving", *Cognitive Psychology* 12, nº 3 (1980): 306, e "Schema Induction and Analogical Transfer", *Cognitive Psychology* 15, nº 1 (1983): 1. Para uma discussão aprofundada da pesquisa de Duncker e do trabalho posterior a respeito dela, veja o livro de Richard E. Mayer, *Thinking, Problem Solving, Cognition*, 2ª ed. (Nova York: Worth Publishers, 1991), pp. 50-3 e 415-30).

**8.** Merete Wedell-Wedellsborg, uma psicóloga organizacional e também minha incrível cunhada, escreve sobre a importância de entender seus "supercarregadores psicológicos". Essas são coisas especiais (e muitas vezes idiossincráticas) que trazem energia desproporcional para você. Uma das clientes de Merete, por exemplo, achava muito restaurador navegar em busca de cursos potenciais de educação executiva em que ela pudesse se inscrever, descrevendo as sessões de navegação como um tipo de férias intelectuais. Para saber mais, veja Merete Wedell-Wedellsborg, "How Women at the Top Can Renew Their Mental Energy", *Harvard Business Review* on-line, 16 abr. 2018.

**9.** O exemplo do hotel é de uma conversa pessoal com Raquel Rubio Higueras em 2018.

**10.** Contei uma versão desta história em meu artigo "Are You Solving the Right Problems?", *Harvard Business Review*, jan.-fev. 2017.

**11.** A história de Misiones é contada no Capítulo 4 do livro *The Power of Positive Deviance: How Unlikely Innovators Solve the World's Toughest Problems* (Boston: Harvard Business Press, 2010), de Richard Pascale, Jerry Sternin e Monique Sternin. [Ed. bras.: *O poder do desvio positivo: como inovadores improváveis solucionam os problemas mais difíceis do mundo*. Porto Alegre: Bookman, 2012.] Com base na profunda experiência dos autores no trabalho de campo, o livro traz conselhos poderosos e práticos sobre como colocar aplicar a abordagem do desvio positivo. A citação de recontextualização é da página 155 da edição em capa dura de 2010, com pequenas mudanças de formatação para maior clareza.

**12.** Eu simplifiquei essa história um pouco. Vale a pena ler a versão completa, não só pelos detalhes a mais sobre como os consultores podem trabalhar melhor com grupos para implementar a abordagem de desvio positivo. Uma ideia central (que os autores abordam com profundidade) é a necessidade de deixar que as pessoas descubram e formulem os insights por si mesmas, em vez de os consultores recontextualizarem o problema para elas. Também vale a pena notar que, embora a intervenção tenha demonstrado sucesso e fosse incrivelmente barata (cerca de 20 mil dólares) em comparação com outros projetos, o Ministério de Educação da Argentina não apoiou sua implementação mais ampla. Por quê? Segundo os autores, as autoridades governamentais tinham medo de que o método substituísse alguns dos projetos de milhões de dólares – com os quais as autoridades enriqueciam ao desviar fundos. Perversamente, se o método fosse cem vezes mais caro do que era, ele teria mais chances de ser apoiado pelas autoridades.

**13.** Douglas Hofstadter fala sobre isso no livro que escreveu em coautoria com Emmanuel Sander, *Surfaces and Essences: Analogy as the Fuel and Fire of Thinking* (Nova York: Basic Books, 2013). O livro se aprofunda nas questões de criação de analogias e categorização, duas operações mentais que estão intrincadamente ligadas à recontextualização.

**14.** Conversa pessoal com Martin Reeves em 2019.

**15.** A história do pfizerWorks é detalhada no estudo de caso "Jordan Cohen at pfizerWorks: Building the Office of the Future", Case DPO-187-E (Barcelona: IESE Publishing, 2009), escrito por Paddy Miller e por mim. Eu editei para mais clareza. Alguns outros detalhes vieram de minhas conversas pessoais com Jordan Cohen, Tanya Carr-Waldron e Seth Appel, que aconteceram de 2009 a 2018.

**16.** Goffman discutiu a invisibilidade das normas culturais em *Behavior in Public Places* (Nova York: The Free Press, 1963). Desde então, o assunto tem sido amplamente estudado na literatura da sociologia. Veja, por exemplo, o trabalho de Pierre Bourdieu, Harold Garfinkel e Stanley Milgram.

**17.** A ideia de divulgar os problemas foi descrita no ótimo artigo de Karim R. Lakhani e Lars Bo Jeppesen "Getting Unusual Suspects to Solve R&D Puzzles", *Harvard Business Review*, maio 2007. Lakhani e Jeppesen estudaram o que acontecia quando as empresas divulgavam seus problemas na InnoCentive, uma conhecida plataforma de solução de problemas: "Em incríveis 30% dos casos, problemas que não podiam ser resolvidos por experientes equipes corporativas de pesquisa foram resolvidos por não funcionários".

**18.** Parte dessa história vem do livro *Innovation as Usual: How to Help Your People Bring Great Ideas to Life* (Boston: Harvard Business Review Press, 2013), que escrevi em coautoria com Paddy Miller. [Ed. bras.: *A inovação como rotina: como ajudar seus colaboradores a transformar ideias criativas em realidade*. São Paulo: MBooks, 2013.] Os slides foram carregados em Slideshare.com em 8 out. 2009 por Erik Pras, o gerente de desenvolvimento de negócios da DSM que conduziu o processo de *crowdsourcing*. A equipe fez um teste comercial bem-sucedido em dezembro de 2009. Eles postaram o segundo conjunto de slides (anunciando os vencedores) em 10 fev. 2010. Você pode ver os conjuntos completos fazendo uma busca por "DSM slideshare Erik Pras" (Pras, 2009). Veja a próxima nota a respeito dos detalhes da cola.

**19.** A cola E-850, sendo ecologicamente amigável, era baseada em água – e quando os laminados secavam depois de serem revestidos, a água deixava a madeira empenada, tornando a madeira frágil por causa da tensão. Inicialmente, os pesquisadores tinham contextualizado o problema assim: "Como podemos tornar a cola mais forte para que ela suporte a tensão do empenamento?". A solução, porém, foi encontrada abordando um problema diferente – ou seja, impedindo que a madeira absorvesse a água, para que o empenamento nem acontecesse (Erik Pras, "DSM NeoResins Adhesive Challenge", 29 out. 2009. Disponível em: <https://dsmneoresinschallenge.word press.com/2009/10/20/hello-world>.

**20.** Se vai experimentar a tática de compartilhar amplamente o seu problema, recomendo a leitura do artigo "Are You Solving the Right Problem?", *Harvard Business Review*, set. 2012, em que Spradlin dá vários conselhos úteis sobre a melhor maneira de fazer isso. Outra leitura útil é "The Most Underrated Skill in Management", *MIT Sloan Management Review*, primavera de 2017, de Nelson P. Repenning, Don Kieffer e Todd Astor.

**21.** O viés foi descrito originalmente no artigo "Negativity in Evaluations"; veja David E. Kanouse e L. Reid Hanson em *Attribution: Perceiving the Causes of Behaviors*, eds. Edward E. Jones et al. (Morristown, NJ: General Learning Press, 1972). Um artigo posterior também vale a leitura, pois expande significativamente o conceito: Paul Rozin e Edward B. Royzman, "Negativity Bias, Negativity Dominance, and Contagion", *Personality and Social Psychology Review* 5, nº 4 (2001): 296.

### Capítulo 7 | Olhe no espelho

**1.** O efeito é pervasivo. Só quando se trata de nossos *próprios* comportamentos ruins é que nós graciosamente aceitamos a possibilidade de eles serem o resultado de circunstâncias especiais em vez de profundas falhas de caráter. O erro fundamental de atribuição foi originalmente documentado em um estudo de 1967 realizado por dois psicólogos sociais, Edward E. Jones e Victor Harris; veja "The Attribution of Attitudes", *Journal of Experimental Social Psychology* 3, nº 1 (1967): 1-24. O termo real foi cunhado depois por outro psicólogo social, Lee Ross; veja "The Intuitive Psychologist and His Shortcomings: Distortions in the Attribution Process", in L. Berkowitz, *Advances in Experimental Social Psychology*, vol. 10 (Nova York: Academic Press, 1977), p. 173-220.

**2.** Os psicólogos chamam o fenômeno de "viés da autoconveniência", e ele está ligado ao erro fundamental de atribuição. Para uma boa visão geral da pesquisa, veja W. Keith Campbell e Constantine Sedikides, "Self-Threat Magnifies the Self-Serving Bias: A Meta-Analytic Integration", *Review of General Psychology* 3, nº 1 (1999): 23-43.

**3.** As citações foram mencionadas como tendo sido copiadas de um artigo publicado em 26 jul. 1977 no *Toronto News* e têm aparecido em vários livros, entre eles um manual de psicologia. No entanto, não consegui rastrear o artigo original. Também não encontrei evidências de um jornal de 1977 chamado *Toronto News*, nem evidências de uma cidade chamada Toronto (OK, isto não é verdade). Assim, apesar de as citações parecerem verdadeiras, elas são provavelmente uma história anônima, o que no jargão acadêmico significa "uma ficção completa".

**4.** Normalmente eu não recomendo livros de autoajuda. Com demasiada frequência, eles são baseados em ciência de baixa qualidade e pensamento mágico (ou seja, besteiras), e o conselho deles pode, às vezes, causar mais mal do que bem. No entanto, existe um que vale a pena ler: *The Tools: Five Tools to Help You Find Courage, Creativity, and Willpower – and Inspire You to Live Life in Forward Motion*, de Phil Stutz e Barry Michels (Nova York: Spiegel & Grau, 2013). A primeira ferramenta, sobre evitar a dor, explica o conceito de uma maneira que descobri ser memorável e pessoalmente útil. Aliás, eles usam desenhos simples para ilustrar ideias importantes e isso foi uma inspiração para os esquetes que uso neste livro.

**5.** Se o assunto comportamento humano nos apps de encontros é interessante para você, dê uma olhada no livro *Dataclysm: Love, Sex, Race, and Identity – What Our Online Lives Tell Us about Our Offline Selves* (Nova York: Crown, 2014), de Christian Rudder. [Ed. bras.: *Dataclisma: quem somos quando achamos que ninguém está vendo?* Rio de Janeiro: BestSeller, 2015.] Rudder é um dos fundadores do site de encontros OkCupid e compartilha muitos dados – alguns deles desanimadores, outros divertidos – sobre as táticas de encontro das pessoas nos bastidores.

**6.** Meg Joray, uma amiga e colega que trabalha com falar em público, ofereceu uma outra contextualização provável: "Talvez essas pessoas estejam esperando que suas experiências de encontros sejam como uma comédia romântica, sem os mal-entendidos e atritos que sempre afetam um encontro perfeito". Uma ótima leitura sobre este assunto é o artigo de Laura Hilgers no *New York Times*, "The Ridiculous Fantasy of a 'No Drama' Relationship", 20 jul. 2019. Hilgers faz uma afirmação semelhante, ou seja, de que algumas pessoas têm expectativas totalmente irrealistas sobre como são os relacionamentos humanos reais.

**7.** A citação de Sheila veio de uma conversa que nós tivemos em 2018. O assunto da contribuição *versus* responsabilização é mais explorado no livro *Difficult Conversations: How to Discuss What Matters Most* (Nova York: Penguin, 1999) de Douglas Stone, Bruce Patton e Sheila Heen.

**8.** A citação foi extraída da página 207 de *Factfulness: Ten Reasons We're Wrong About the World – and Why Things Are Better Than You Think* (Nova York: Flatiron Books, 2018), escrito em coautoria por Hans Rosling, seu filho, Ola Rosling, e sua nora, Anna Rosling Rönnlund. [Ed. bras.: *Factfulness: o hábito libertador de só ter opiniões baseadas em fatos*. Rio de Janeiro: Record, 2019.] Vale muito a pena ler o livro, não só pelos insights, mas também pelas histórias intensas que Hans Rosling conta sobre a sua própria vida e a de outros.

**9.** John me contou essa história em uma conversa pessoal em 2018.

**10.** Se você tem ambições criativas e o exemplo de escrever atingiu um ponto sensível, leia o livro *The War of Art: Break Through the Blocks and Win Your Inner Creative Battles* (Londres: Orion, 2003), de Steven Pressfield. [Ed. bras.: *A guerra da arte: supere os bloqueios e vença suas batalhas interiores de criatividade.* Rio de Janeiro: Ediouro, 2005.] Leia também o poema "Air and Light and Time and Space", de Charles Bukowski, preferivelmente na margem de um lago na Itália.

**11.** A citação é da coluna dele no *New York Times*, "The Problem With Wokeness", publicada em 7 jun. 2018.

**12.** O termo *problema perverso* foi cunhado originalmente por Horst Rittel em 1967 e descrito mais formalmente no artigo "Dilemmas in a General Theory of Planning", *Policy Sciences* 4, nº 2 (1973): 155, de Horst W. J. Rittel e Melvin M. Webber. Em uma nota pessoal, confesso que me sinto ambivalente sobre o termo. Alguns problemas estão realmente em uma classe especial, e o artigo oferece alguns insights e distinções importantes (alguns dos quais espelham o trabalho de Jacob Getzels sobre problemas descobertos). Mas, ao mesmo tempo, rotular um problema como "perverso" pode quase parecer uma maneira de transformar em fetiche sua complexidade, declarando-o insolúvel (como David Brooks indicou na citação apresentada). Como os estudantes de história com certeza sabem, nós resolvemos alguns problemas bem difíceis no decorrer das eras, alguns dos quais bem podem ter sido insolúveis para nossos predecessores.

**13.** Veja Oliver Bullough, "How Ukraine Is Fighting Corruption One Heart Stent at a Time", *New York Times*, 3 set. 2018.

**14.** Veja o livro *Insight: The Surprising Truth About How Others See Us, How We See Ourselves, and Why the Answers Matter More Than We Think* (Nova York: Currency, 2017), de Tasha Eurich.

**15.** Heidi Grant compartilhou esse conselho comigo em uma conversa pessoal em 2018.

**16.** Para uma introdução rápida ao assunto, incluindo algumas recomendações de exercícios mais profundos, veja o artigo "A Better Way to Discover Your Strengths", *Huffpost*, 2 jul.

2013, de Adam Grant. Um mergulho mais profundo é o livro de Douglas Stone e Sheila Heen, *Thanks for the Feedback: The Science and Art of Receiving Feedback Well* (Nova York: Viking, 2014). [Ed. bras.: *Obrigado pelo feedback: a ciência e a arte de receber bem o retorno de chefes, colegas, familiares e amigos*. Rio de Janeiro: Portfolio, 2016.] Nesse livro, você vai encontrar muitos conselhos úteis sobre como usar (ou rejeitar!) o feedback que recebe das outras pessoas.

**17.** Para a ciência por trás da cegueira do poder (a expressão é minha, não deles), veja Adam D. Galinsky et al., "Power and Perspectives Not Taken", *Psychological Science* 17, nº 12 (2006): 1068.

Também, neste ponto, eu tenho de roubar uma citação de Douglas Adams que Heidi Grant conta na página 85 de seu livro *No One Understands You and What to Do About It* (Boston: Harvard Business Review Press, 2015). A citação é sobre cavalos e é assim: "Eles sempre entendem muito mais do que deixam perceber. É difícil ficar sentado o dia inteiro, todos os dias, ao lado de uma outra criatura, sem formar uma opinião sobre ela. Por outro lado, é perfeitamente possível sentar-se o dia inteiro, todos os dias, ao lado de outra criatura e não ter a menor ideia sobre ela". Adams originalmente escreveu isso em seu livro *Dirk Gently's Holistic Detective Agency* (Nova York: Pocket Books, 1987). [Ed. bras.: *Agência de investigações holísticas Dirk Gently*. Rio de Janeiro: Arqueiro, 2015.]

**18.** As citações e observações vêm de uma conversa pessoal com Chris Dame em 2018.

### Capítulo 8 | Assuma a perspectiva deles

**1.** Para uma introdução à pesquisa, veja Sharon Parker e Carolyn Axtell, "Seeing Another Viewpoint: Antecedents and Outcomes of Employee Perspective Taking", *Academy of Management Journal* 44, nº 6 (2001): 1085.

**2.** Os estudos descobriram que, ao se engajar em assumir a perspectiva, grupos como equipes de desenvolvimento de produto e pesquisadores acadêmicos criam resultados mais úteis. Para uma visão geral, veja Adam M. Grant e James W. Berry, "The Necessity of Others Is the Mother of Invention: Intrinsic and Prosocial Motivations, Perspective Taking, and Creativity", *Academy of Management Journal* 54, nº 1 (2011): 73. Além de fornecer um resumo útil da pesquisa, Grant e Berry também propõem um link interessante entre motivação intrínseca, assumir a perspectiva e motivação pró-social, sendo que todas elas influenciam positivamente a utilidade (e a novidade) do resultado.

**3.** Algumas pessoas discutem assumir a perspectiva e empatia como sendo ao mesmo tempo processos cognitivos e ações comportamentais – por exemplo, sair e aumentar a exposição a pessoas. (Uma terceira tradição, não discutida aqui, olha para a empatia como um traço de caráter ou disposição.) Considerando o foco deste livro em assumir perspectiva como parte de um processo de recontextualização, optei por usar o termo apenas para me referir a processos cognitivos. O Capítulo 9, "Siga em frente", aborda maneiras mais baseadas em ação para descobrir as perspectivas das pessoas. As duas coisas são, é claro, relacionadas, e o limite entre pensar e fazer nem sempre é tão nítido como poderia parecer. Se isso despertar seu interesse, verifique o trabalho de George Lakoff sobre cognição corporificada, *Philosophy in the Flesh*, em coautoria com Mark Johnson (Nova York: Basic Books, 1999), ou o trabalho de Andy Clark e David Chalmers sobre a hipótese da mente estendida, "The Extended Mind", *Analysis* 58, nº 1, (1998): 7-19.

**4.** A citação é de N. Epley e. M. Caruso, "Perspective Taking: Misstepping into Others' Shoes", in K. D. Markman, W. M. P. Klein e J. A. Suhr (eds.), *Handbook of Imagination and Mental Simulation* (Nova York: Psychology Press, 2009), p. 295-309. Meu uso da metáfora do interruptor de luz para ativar o seu radar para outras pessoas foi extraído do mesmo artigo.

**5.** Veja o artigo de Yechiel Klar e Eilath E. Giladi "Are Most People Happier Than Their Peers, or Are They Just Happy?", *Personality and Social Psychology Bulletin* 25, nº 5 (1999): 586.

**6.** Veja Robert B. Cialdini, *Influence: The Psychology of Persuasion* (Nova York: Harper Business, 1984). Muitos outros pesquisadores exploraram o impacto da prova social sobre a adoção. Um dos primeiros exemplos disso é fornecido no livro clássico de Everett M. Rogers *Diffusion of Innovations* (Nova York: The Free Press, 1962).

**7.** Um contexto mais estruturado e útil para fazer isso é o método Jobs-to-Be-Done, algo como trabalhos a serem feitos, popularizado pelos especialistas em inovação Clayton Christensen e Michael Raynor em seu livro *The Innovator's Solution: Creating and Sustaining Successful Growth* (Boston: Harvard Business Press, 2003). Outra maneira de pensar a respeito disso é usar a diferenciação entre pensamento de Sistema 1 e de Sistema 2, de Daniel Kahneman. O Sistema 1 é rápido, sem esforço e muitas vezes impreciso. O Sistema 2 é lento, exige esforço e é mais preciso. Entender as partes interessadas é sempre uma tarefa para o Sistema 2 – a abordagem mais lenta e mais deliberada.

**8.** A natureza de duas etapas do processo foi apontada primeiro por Daniel Kahneman e Amos Tversky no artigo "Judgment under Uncertainty: Heuristics and Biases", *Science* 185, nº 4157 (1974): 1124.

**9.** Um colega meu, Tom Hughes, expressou isso muito bem em uma conversa pessoal em 2019: "Os CEOs passam seis meses ponderando se faz sentido fazer uma reorganização e, quando lançam o projeto, esperam que os funcionários aceitem a mudanças depois de uma reunião de uma hora com todos".

**10.** Veja, por exemplo, Nicholas Epley et al., "Perspective Taking as Egocentric Anchoring and Adjustment", *Journal of Personality and Social Psychology* 87, nº 3 (2004): 327.

**11.** O livro seminal sobre esse assunto é o de Rogers, *Diffusion of Innovations* (mencionado anteriormente).

**12.** É interessante considerar se a familiaridade e a proximidade podem, às vezes, ser prejudiciais para assumir a perspectiva do outro. Se você mora longe de alguém, a probabilidade é que perceba que não entende essa pessoa (desencadeando um esforço para fazer isso). Por outro lado, se você compartilha um escritório (ou uma casa) com alguém, é muito mais fácil se convencer de que já entende bem a pessoa, o que pode deixá-lo menos inclinado a se engajar em assumir a perspectiva dela de modo ativo.

**13.** Entrevistas de saída são um ótimo exemplo disso. A consultora de remuneração Jannice Koors, presidente da Pearl Meyer para a região oeste, me disse: "As pessoas dizem às empresas que estão saindo porque tiveram uma oferta melhor – o que parece plausível. Mas quase sempre há mais nisso do que dinheiro. Continue perguntando". (Conversa pessoal com Jannice Koors, out. 2018.) A citação de Nicholas Epley foi extraída de "Perspective Taking as Egocentric Anchoring and Adjustment" (já mencionado).

**14.** Veja Johannes D. Hattula et al., "Managerial Empathy Facilitates Egocentric Predictions of Consumer Preferences", *Journal of Marketing Research* 52, nº 2 (2015): 235. A parte do estudo que encontrou um efeito positivo de alertar as pessoas explicitamente foi conduzida com 93 gerentes de marketing com idade média de 46 anos – ou seja, eles eram profissionais bastante experientes. As palavras exatas usadas no estudo foram: "As pesquisas recentes têm mostrado que, ao assumir a perspectiva dos consumidores, os gerentes muitas vezes deixam de suprimir suas próprias preferências de consumo, necessidades e atitudes. Portanto, não pensem sobre suas preferências de consumo pessoais, necessidades e atitudes ao assumir a perspectiva do consumidor e se concentrem apenas nas preferências, necessidades e atitudes do consumidor-alvo".

**15.** As citações foram extraídas de minhas conversas pessoais com Jordan em 2010.

**16.** Isso é discutido detalhadamente no influente livro de Richard Thaler e Cass Sunstein, *Nudge: Improving Decisions About Health, Wealth, and Happiness* (New Haven: Yale University Press, 2008). [Ed. bras.: *Nudge: como tomar melhores decisões sobre saúde, dinheiro e felicidade*. Rio de Janeiro: Objetiva, 2019.] Os autores usam o termo *paternalismo libertário* em casos em que as regras sugerem um (bom) comportamento padrão, mas deixam algum espaço para que as pessoas optem por não segui-las, caso prefiram outra opção. Outras regras, é claro, como limites de velocidade, deliberadamente não deixam nenhum espaço.

**17.** Um dos estudos seminais do papel da má comunicação em cenários colaborativos foi realizado por Robert Axelrod, um nome importante dentro da teoria dos jogos e autor de *The Evolution of Cooperation* (Nova York: Basic Books, 1984). [Ed. bras.: *A evolução da cooperação*. São Paulo: Leopardo, 2010.] Executando jogos de colaboração simulados, como o "dilema do prisioneiro", Axelrod demonstrou que, se havia ruído no modelo (ou seja, potencial para mal-entendidos), você teria um desempenho melhor se escolhesse uma estratégia "que perdoe", ou seja, que algumas vezes aceite que enganos acontecem e só punindo seu oponente depois de infrações repetidas. Os modelos puros de "isso por aquilo", em comparação, muitas vezes acabam presos em ciclos negativos devido a um mal-entendido inicial.

**18.** Esta é uma das contribuições essenciais do que é chamada de "teoria da escolha pública" em ciência política. A teoria da escolha pública surgiu na década de 1950, quando os pesquisadores começaram a aplicar princípios econômicos – inclusive análises de custo-benefício no nível individual – para explicar como o Estado e outras instituições tomavam decisões. Em particular, isso destacou como as pessoas, ao tomar decisões individuais, algumas vezes encaravam incentivos que trabalhavam contra os interesses do sistema mais amplo.

**19.** Todas as citações são de minhas conversas pessoais com Rosie Yakob em 2018.

## Capítulo 9 | Siga em frente

**1.** Conversas pessoais com Ashley Albert em 2018 e 2019. Depois de acabar com os sonhos de sorvete de seu amigo Kevin, Ashley se juntou a ele para abrir uma outra empresa que vendia matzá. (Se você não conhece, matzá é um tipo de pão sem fermento, consumido tradicionalmente durante o feriado da Páscoa judaica.) Como Ashley me disse: "Durante 90 anos, o mercado de matzá foi dominado por duas empresas, e, na minha opinião, havia espaço para criar um tipo de matzá mais apetitoso". Para seguir em frente, Ashley e Kevin criaram um teste simples de sua ideia: eles assaram um lote de biscoitos de matzá, criaram uma embalagem diferente e, depois, tentaram vender para quatro donos de lojas locais. As caixas de matzá esgotaram rapidamente, e os donos perguntaram: "Vocês podem me vender quatro caixas na próxima semana?". A seguir, participaram de um programa elegante de comida artesanal e foram mencionados na imprensa. Um ano depois, as caixas de matzá tinham aparecido duas vezes na lista de "coisas favoritas" da Oprah Winfrey, e, enquanto eu estou escrevendo este livro, o produto está sendo vendido em mais de 800 lojas nos Estados Unidos e também pode ser encontrado na Inglaterra, no Canadá, na Espanha e no Japão. Se não fosse a insistência de Ashey em validar o problema, Kevin poderia estar se esforçando para vender café em uma sorveteria vazia.

**2.** O método é descrito no Capítulo 3 do livro *Never Split the Difference: Negotiating as if Your Life Depended on It* (Nova York: HarperCollins, 2016), de Voss. [Ed. bras.: *Negocie como* *se sua vida dependesse disso: um ex-agente do FBI revela as técnicas da agência para convencer as pessoas.* Rio de Janeiro: Sextante, 2019.]

**3.** O método está descrito no Capítulo 5 do livro *The Startup Owner's Manual: The Step-By-Step Guide for Building a Great Company* (Pescadero, CA: K&S Ranch Publishing, 2012), de Steve Blank e Bob Dorf. [Ed. bras.: *Startup: Manual do empreendedor: o guia passo a passo para construir uma grande empresa.* Rio de Janeiro: Alta Books, 2014.] Agarre esse livro se você estiver criando uma startup.

**4.** O caso da Cisco baseia-se em "Start-up Cisco: Deploying Start-up Methods in a Giant Company", Case DPO-426-E (Barcelona: IESE Publishing, maio 2018), meu trabalho com Paddy Miller; foram feitas pequenas mudanças de formato para maior clareza. As outras citações de Oseas Ramírez Assad são de minha conversa pessoal com ele em 2019.

**5.** Conversa pessoal com Georgina de Rocquigny em 2017.

**6.** Conheço Saman e Dan da Prehype, empresa em que eles se conheceram e onde trabalhei como consultor. Não me envolvi pessoalmente na história da Managed by Q, mas segui a jornada deles desde que a lançaram, em seu primeiro escritório. As citações são de um caso não publicado que escrevi depois de entrevistar Saman em janeiro de 2016. Partes da história também foram apresentadas em vários livros, entre eles *The Good Jobs Strategy: How the Smartest Companies Invest in Employees to Lower Costs and Boost Profits* (Boston: New Harvest, 2014), de Zeynep Ton.

**7.** O número das vendas não foi divulgado, mas, segundo a empresa de dados financeiros Pitchbook, a Managed by Q foi avaliada em 249 milhões de dólares alguns meses antes da aquisição. Disponível em: <https://pitchbook.com/profiles/company/65860-66>.

**8.** Para saber mais sobre pré-totipagem, veja o livro *The Right It: Why So Many Ideas Fail and How to Make Sure Yours Succeed* (Nova York: HarperOne, 2019), de Alberto Savoia.

**9.** Conversa pessoal com Henrik Werdelin em 2019. A equipe era formada por Matt Meeker, Carly Strife, Mikkel Holm Jensen, Suzanne McDonnell, Christina Donnelly, Becky Segal, Michael Novotny, Jeffrey Awong, Melissa Seligmann e John Toth.

**10.** Conversa pessoal com Scott McGuire em nov. 2018.

**11.** A citação de Kees Dorst é do Capítulo 1 do livro *Frame Innovation: Create New Thinking by Design* (Cambridge, MA: Massachusetts Institute of Technology, 2015), de autoria dele.

## Capítulo 10 | Três desafios táticos

**1.** Depois de uma discussão sobre recontextualização, um sócio da Prehype chamado Tom Le Bree me enviou a seguinte nota: "Se você ainda estiver procurando títulos para o livro, eu quero sugerir *Eu agora tenho 99 problemas, mas comecei com apenas um*".

**2.** Sim, as pessoas escrevem "navalha de Occam" mesmo que o nome do monge fosse Guilherme de Ockham. Acho que Ockham se saiu bem. Com um sobrenome como Wedell-Wedellsborg, se eu for lembrado, provavelmente será como "Ah, o cara da recontextualização".

**3.** A citação é da página 16 do livro *Keys to Solution in Brief Therapy* (Nova York: W. W. Norton and Company, 1985), de Steve de Shazer. Apesar da formulação da citação, de Shazer não sugere que isso seja *sempre* verdade, apenas que muitas vezes é. Isso é parte do maior ponto dele a respeito de como os psicólogos tradicionais muito frequentemente acreditam que problemas "complexos" devem ter soluções igualmente complexas, em vez de primeiro testar abordagens mais simples.

**4.** O programa já foi amplamente descrito. Uma simples busca no Google lhe dará as ideias básicas. Se quiser mais detalhes, recomendo ler o Capítulo 1 do livro *The Fix: How Countries Use Crises to Solve the World's Worst Problems* (Nova York: Tim Duggan Books, 2016), de Jonathan Tepperman. Os estudos e os dados que menciono foram extraídos das páginas 39 a 41 do livro de Tepperman.

**5.** Conversa pessoal com Mark Ramadan e Scott Norton em 2014.

**6.** Para uma boa exploração de como métodos etnográficos aprofundados podem revelar novas fontes de crescimento, recomendo o livro *The Moment of Clarity: Using the Human Sciences to Solve Your Toughest Business Problems*, de Christian Madsbjerg e Mikkel B. Rasmussen (Boston: Harvard Business Review Press, 2014). Os autores também compartilham alguns exemplos interessantes de como trabalhar com a recontextualização. Um deles é o exemplo da fabricante de brinquedos LEGO, no qual eles recontextualizaram a pergunta de "Que brinquedos as crianças querem?" para "Qual é o papel da brincadeira?". (Veja o Capítulo 5 do livro deles.) Se você é um executivo sênior, outra leitura que vale a pena é *Discovery-Driven Growth: A Breakthrough Process to Reduce Risk and Seize Opportunity* (Boston: Harvard Business Review Press, 2009), de Rita Gunther McGrath e Ian C. MacMillan, em que os autores compartilham muitos conselhos úteis sobre como estruturar as organizações para a descoberta.

**7.** O livro de Schein, *Humble Inquiry: The Gentle Art of Asking Instead of Telling* (São Francisco: Berrett-Koehler Publishers, 2013) [Ed. bras.: *Liderança sem ego: a arte da indagação humilde para construir equipes fortes e comprometidas*. São Paulo: Cultrix, 2018] oferece uma introdução boa e bem curta à arte de fazer melhores perguntas. Outras contribuições recentes incluem Warren Berger e Hal Gregersen.

**8.** Veja o livro *The Fearless Organization* (Hoboken, NJ: Wiley, 2019), de Amy Edmondson, ou pesquise o termo "segurança psicológica" para uma introdução rápida.

**9.** A pesquisa está resumida no artigo "Bursting the CEO Bubble", de Gregersen, *Harvard Business Review*, mar.-abr. de 2017.

**10.** Contei partes da história de Jeremiah em meu artigo "Are You Solving the Right Problems?", *Harvard Business Review*, jan.-fev. 2017.

**11.** Existe um grande corpo de pesquisa sobre o papel da diversidade e da inclusão em solução de problemas. Se você deseja mergulhar mais fundo nessa pesquisa, recomendo o livro *The Diversity Bonus: How Great Teams Pay Off in the Knowledge Economy* (Princeton, NJ: Princeton University Press, 2017), de Scott Page, que oferece uma boa visão geral do assunto, incluindo coisas como o que realmente é diversidade (por exemplo, diversidade social *versus* diversidade cognitiva), em que tipos de problemas a diversidade é mais útil (trabalho com conhecimento não rotineiro), e muito mais. Agradeço a Susanne Justesen, da Copenhagen Business School, por me indicar o trabalho de Scott.

**12.** A história vem de um engajamento de cliente que fiz quando estava começando a fazer pesquisas em inovação. Parte do caso é descrito no meu primeiro livro, *Innovation as Usual: How to Help Your People Bring Great Ideas to Life* [Ed. bras.: *Inovação como rotina: como ajudar seus colaboradores a transformar ideias criativas em realidade*. São Paulo: MBooks, 2013] e também em meu artigo "Are You Solving the Right Problems?", *Harvard Business Review*, jan.-fev. 2017.

**13.** Um dos primeiros exemplos aconteceu em 1714, quando o Parlamento Britânico pediu ajuda para descobrir como os navios poderiam determinar sua longitude no mar. A solução veio de um relojoeiro de Yorkshire chamado John Harrison. Para mais sobre o poder dos estranhos extremos, leia o artigo "Getting Unusual Suspects to Solve R&D Puzzles", *Harvard Business Review*, maio 2007, de Karim Lakhani e Lars Bo Jeppesen.

**14.** Michael Tushman cunhou o termo em um artigo de 1977; veja Michael L. Tushman, "Special Boundary Roles in the Innovation Process". *Administrative Science Quarterly* 22, nº 4 (1977): 587-605. A ideia subjacente aos espaçadores de limites existe desde os primeiros dias da pesquisa em inovação.

**15.** Para uma discussão útil sobre este assunto, incluindo um exemplo, veja Dwayne Spradlin, "Are You Solving the Right Problem?", *Harvard Business Review*, set. 2012.

### Capítulo 11 | Quando as pessoas resistem à recontextualização

**1.** Um modelo teórico útil distingue entre três tipos de confiança: confiança na **honestidade** (*Se eu esquecer minha carteira, você devolveria?*), confiança na **competência** (*Você é capaz de fazer este trabalho?*) e a confiança que as pessoas têm em suas **intenções em relação a elas** (*Se alguma coisa der errado, você vai me apoiar?*). Mesmo especialistas de primeira classe com um registro de integridade perfeita podem ser vistos com suspeita se as pessoas acharem que eles não se importam com elas. Para ter acesso ao modelo dos três tipos, veja Roger C. Mayer, James H. Davis e F. David Schoorman, "An Integrative Model of Organizational Trust", *Academy of Management Review* 20, nº 3 (1995): 709-34; para uma discussão mais recente para um público mais amplo, veja *Who Can You Trust?: How Technology Brought Us Together and Why It Might Drive Us Apart* (Nova York: PublicAffairs, 2017), de Rachel Botsman.

**2.** Clayton Christensen contou essa história em um evento de que participei em Londres em 10 de setembro de 2013.

**3.** Para mais sobre o foco de promoção/prevenção, ler o artigo de Heidi Grant e E. Tory Higgins "Do You Play to Win – or to Not Lose?", *Harvard Business Review*, mar. 2013, ou o artigo de Higgins "Promotion and Prevention: Regulatory Focus as a Motivational Principle", *Advances in Experimental Social Psychology* 30 (1998): 1.

**4.** O conceito foi originalmente desenvolvido por Arie W. Kruglanski, Donna M. Webster e Adena Klem em "Motivated Resistance and Openness to Persuasion in the Presence or Absence of Prior Information", *Journal of Personality and Social Psychology* 65, nº 5 (1993): 861, e desde então vem sendo elaborado por outros pesquisadores.

**5.** Para um exemplo da pesquisa sobre ambiguidade e sua conexão com solução criativa de problemas, veja Michael D. Mumford et al., "Personality Variables and Problem-Construction Activities: An Exploratory Investigation", *Creativity Research Journal* 6, nº 4 (1993): 365. O pensador em administração Roger L. Martin também explorou esse tema em profundidade, mostrando como os especialistas em solução de problemas trabalham com a ambiguidade na prática. Veja Roger L. Martin, *The Opposable Mind: How Successful Leaders Win Through Integrative Thinking* (Boston: Harvard Business Review Press, 2009).

**6.** Um exemplo pungente é fornecido por Charles Delucena Meigs, um médico que, em 1854, rejeitou com confiança a nova teoria de doenças por micróbios com as palavras imortais – e também literalmente mortais –, "Médicos são cavalheiros, e as mãos dos cavalheiros são limpas"; veja C. D. Meigs, *On the Nature, Signs, and Treatment of Childbed Fevers* (Filadélfia: Blanchard and Lea, 1854), p. 104. Escrevi sobre a lenta adoção de lavar as mãos por parte dos médicos no Capítulo 5 de *Innovation as Usual*. Para uma breve introdução, pesquise "Ignaz Semmelweis" no Google, um médico cuja história trágica traz lições sobre inovação no mundo médico.

**7.** A citação é do livro de Sinclair *I, Candidate for Governor: And How I Got Licked*, publicado pelo autor em 1934 e republicado em 1994 pela University of California Press. A citação está na página 109 da versão de 1994.

**8.** Para a ciência por trás disso, veja Robert A. Burton, *On Being Certain: Believing You Are Right Even When You're Not* (Nova York: St. Martin's Press, 2008). [Ed. bras.: *Sobre ter certeza: como a neurociência explica a convicção*. São Paulo: Blucher, 2017.]

**9.** Conversa pessoal com Chris Dame em 2019, no The Royal Palms Shuffleboard Club.

**10.** A história é recontada nas páginas 109 a 113 do livro *Clues: Investigating Solutions in Brief Therapy* (Nova York: W. W. Norton & Company, 1988), de Steve de Shazer.

**11.** Conversa pessoal com o cofundador em out. 2018.

**12.** Conversa pessoal com Luke Mansfield em 2013. A história completa é descrita em "Samsung's European Innovation Team", Case DPO-0307-E (Barcelona: IESE Publishing, 2014), de Paddy Miller e Thomas Wedell-Wedellsborg.

### Conclusão | Uma palavra de despedida

**1.** As citações, bem como as informações que compartilhei, foram extraídas do artigo de Chamberlin "The Method of Multiple Working Hypotheses", *Science* 15 (1890): 92. O artigo é ainda de leitura acessível e oferece uma visão fascinante da mente de um contemporâneo de Charles Darwin, Marie Curie e William James. Você pode encontrá-lo fazendo uma busca com o nome dele e o título do artigo. Sou grato ao livro *The Opposable Mind: How Successful Leaders Win Through Integrative Thinking* (Boston: Harvard Business Review Press, 2009), de Roger Martin, por chamar minha atenção para o trabalho de Chamberlin.

**2.** Para um exemplo ótimo – um que pode ter inspirado o pensamento de Chamberlin –, leia o livro *The Metaphysical Club: A Story of Ideas in America* (Nova York: Farrar, Straus and Giroux, 2001), de Louis Menand, dando atenção especial ao caráter de Louis Agassiz. Agassiz era um cientista natural talentoso e carismático com um domínio "deliciosamente imperfeito" do inglês e algumas ideias completamente errôneas sobre a ciência. Confrontado com evidências crescentes de que sua grande teoria estava errada, Agassiz rejeitou firmemente todas as teorias alternativas (inclusive uma apresentada por um tal de Charles Darwin) e, em vez disso, organizou uma viagem de um mês ao Brasil para procurar evidências que confirmassem sua própria teoria. Ele não as encontrou, e, enquanto estava fora da cidade, praticamente todo mundo concordou que Darwin estava certo e Agassiz errado. (A história está contada a partir da página 97 na edição em brochura de 2002.)

**3.** Aplicando a lista de Chamberlin ao amor, não posso deixar de observar que, se você substituir *explicação* por *parceiro*, a lista também fica parecendo uma descrição muito boa de algumas práticas de namoro contemporâneas.

# Agradecimentos

Sem Paddy Miller, incomparável como ele era, este livro nunca teria existido. Paddy começou como meu professor e, finalmente, tornou-se meu colega, coautor, mentor e amigo. Quando eu estava terminando este livro, Paddy faleceu de insuficiência cardíaca aos 71 anos. Caloroso, divertido, brilhante, criativo, profundamente afetuoso e um pouco biruta no melhor sentido possível, Paddy faz uma falta dolorosa na vida de Sara, George, Seb, na minha e na de muitas outras pessoas cujas vidas ele tocou e melhorou. Este livro é dedicado a ele.

Muitas outras pessoas ajudaram a moldar as ideias deste livro. **Douglas Stone** e **Sheila Heen**, do Projeto de Negociação de Harvard, forneceram orientação incisiva e revolucionária em tudo, desde o título até o *thinky thoughts* (pensamentos pensados). (Aliás, devo agradecer a Sheila pela sugestão do título deste livro.) **Melinda Merino**, da Harvard Business Review Press, viu o potencial da recontextualização desde o início, e ela e os editores da HBR **David Champion** e **Sarah Green Carmichael** me ajudaram a moldar as versões iniciais do meu trabalho. Meu incrível editor, **Scott Berinato**, me guiou pacientemente por todo o processo da publicação, tornou o livro muito melhor e me disse "não" com gentileza quando eu queria acrescentar 40 páginas de apêndices de pesquisa, imagens 3D e escrita secreta com suco de limão. **Jennifer Waring** manteve um processo de produção muito complicado eficiente e milagrosamente no prazo, sem deixar escapar nenhum detalhe.

**Esmond Harmsworth**, do Aevitas Creative Management, continua a ser o melhor agente que um autor poderia desejar. **Henrik Werdelin**, da Prehype, continua sendo um importante parceiro de pensamento sobre recontextualização e muito mais. Ele está finalmente publicando seu próprio livro, *The Acorn Method*, e merece ser amplamente lido, mesmo vendendo um pouco menos de exemplares do que o meu.

O livro também se beneficiou imensamente com um grupo de pessoas dedicadas que se ofereceram para dar feedback detalhado sobre o manuscrito: **Fritz Gugelmann, Christian Budtz, Anna Ebbesen, Marija Silk, Mette Walter Werdelin, Simon Schultz, Philip Petersen, Meg Joray, Roger Hallowell, Dana Griffin, Oseas Ramírez Assad, Rebecca Lea Myers, Casper Willer, Concetta Morabito, Damon Horowitz, Heidi Grant** e **Emily Holland Hull**. Um agradecimento especial a **Scott Anthony**, da Innosight, cujo feedback especializado também ajudou a aguçar as ideias do meu primeiro livro.

Por dar uma oportunidade ao meu projeto manuscrito e por trazê-lo à vida de um modo tão bonito, também agradeço a uma equipe mais ampla da **Harvard Business Review Group** e além: Stephani Finks, Jon

Zobenica, Allison Peter, Alicyn Zall, Julie Devoll, Erika Heilman, Sally Ashworth, Jon Shipley, Alexandra Kephart, Brian Galvin, Felicia Sinusas, Ella Morrish, Akila Balasubramaniyan, Lindsey Dietrich, Ed Domina e Ralph Fowler.

Meu pensamento sobre a recontextualização também foi moldado por pessoas de quatro outras organizações. Na **Duke Corporate Education**, devo agradecer a colabores atuais e antigos: Julie Okada, Shannon Knott, Pete Gerend, Ed Barrows, Nancy Keeshan, Dawn Shaw, Nikki Bass, Erin Bland Baker, Mary Kay Leigh, Heather Leigh, Emmy Melville, Melissa Pitzen, Tarry Payton, Jane Sommers-Kelly, Jane Boswick-Caffrey, Tiffany Burnette, Richelle Hobbs Lidher, Holly Anastasio, Karen Royal, Joy Monet Saunders, Christine Robers, Kim Taylor-Thompson e Michael Chavez. Na **IESE Business School**: Tricia Kullis, Mike Rosenberg, Kip Meyer, John Almandoz, Stefania Randazzo, Jill Limongi, Elisabeth Boada, Josep Valor, Eric Weber, Julie Cook, Giuseppe Auricchio, Mireia Rius, Aniya Iskhakava, Alejandro Lago, Sebastien Brion, Roser Marimón-Clos Sunyol, Núria Taulats, Noelia Romero Galindo, Gemma Colobardes, Maria Gábarron e Christine Ecker. Na **BarkBox**: Stacie Grissom, Suzanna Schumacher e Mikkel Holm Jensen. Na **Prehype**: Stacey Seltzer, Saman Rahmanian, Dan Teran, Amit Lubling, Stuart Willson, Zachariah Reitano, Richard Wilding e Nicholas Thorne.

Um grupo ainda maior de pessoas fez parte da jornada de recontextualização de grandes e pequenas maneiras: Tom Kalil, Richard Straub, Ilse Straub, Linda Vidal, Jordan Cohen, Christian Madsbjerg, Mikkel B.

Rasmussen, Julian Birkinshaw, Dorie Clark, Bob Sutton, Ori Brafman, Christoffer Lorenzen, Maria Fiorini, Cecilie Muus Willer, Anders Ørjan Jensen, Marie Kastrup, Julie Paulli Budtz, Christian Ørsted, Edward Elson, Martin Roll, Blathnaid Conroy, Nicole Abi-Esber, Christiane Vejlø, Tania Luna, Ashley Albert (e Elliott), Ea Ryberg Due, Claus Mossbeck, Joy Caroline Morgan, Sophie Jourlait-Filéni, Julia June Bossman, Lydia Laurenson, Lise Lauridsen, Pilar Marquez, Carlos Alban, Laurent van Lerberghe, Esteban Plata, Alberto Colzi, Ryan Quigley, Brendan McAtamney, Beatriz Loeches, Jack Coyne, Chris Dame, Ulrik Trolle, Peter Heering, Susanne Justesen, Julie Wedell-Wedellsborg, Morten Meisner, Kristian Hart-Hansen, Silvia Bellezza, Elizabeth Webb, Astrid Sandoval, Paul Jeremaes, Ali Gelles, Joy Holloway, Linda Lader, Phil Lader, Stephen Kosslyn, Robin S. Rosenberg, Kelly Glynn, Kevin Engholm, Megan Spath, Per von Zelowitz, David Dabscheck, Judy Durkin, Tracey Madden, Jennifer Squeglia, Heidi Germano, Kathrin Hassemer, Lynden Tennison, Lynn Kelley, Dave Bruno, Teresa Marshall, Karen Strating, Tom Hughes, Jared Bleak, Bruce McBratney, Roz Savage, Lilac Nachum, Linni Rita Gad, Jens Hillingsø, Martin Nordestgaard Knudsen, Luke Mansfield, Jerome Wouters, Ran Merkazy, Erich Joachimsthaler, Agathe Blanchon-Ehrsam, Olivia Haynie, Kenneth Mikkelsen, Brian Palmer, Michelle Blieberg, Josefin Holmberg, Kate Dee, Amy Brooks, Nikolai Brun, Justin Finkelstein, Jennifer Falkenberg, Thomas Gillet, Barbara Scheel Agersnap, Nicolas Boalth, Hanne Merete Lassen, Jens Kristian Jørgensen, Axel Rosenø, Sarah Bay-Andersen, Colin Norwood, Joan Kuhl, Kellen D. Sick, Svetlana Bilenkina, Braden Kelley, Chuck Appleby, Thomas Jensen, Shelie

Gustafson, Heather Wishart-Smith, Michael Hathorne, Jona Wells, Paul Thies, Eric Wilhelm, Christy Canida, Raman Frey, Olivia Nicol, Mie Olise Kjærgaard, Maggie Dobbins, Phil Matsheza, Dawn Del Rio, Patricia Perlman, Nils Rørbæk Petersen, Claus Albrektsen, Lisbet Borker, Kim Vejen, Niels Jørgen Engel e Birgit Løndahl. A equipe da Rucola me manteve alimentado: Amy Richardson, Jon Calhoun, Bryan Sloss, Allie Huggins, Jeremiah Gorbold, Fernando Sanchez, Jarett Gibson, Brian Bennett, Greg Lauro e Shevawn Norton. O maravilhoso fotógrafo Gregers Heering é responsável pela foto do autor. Mikael Olufsen, é claro, continua a ser o melhor padrinho do mundo.

Finalmente, é dito que não escolhemos nossas famílias. Mas, se pudéssemos, eu ainda escolheria aquela que tenho porque eles são muito, muito fantásticos: meus pais Gitte e Henrik, meu irmão Gregers, minha cunhada Merete e toda a máfia familiar estendida W. W. e além. E, para meu sobrinho e sobrinhas, Clara, Carl-Johan e Arendse: eu amo vocês e estou muito ansioso por ver o que vocês serão. Tenho sorte por ter todos vocês na minha vida.

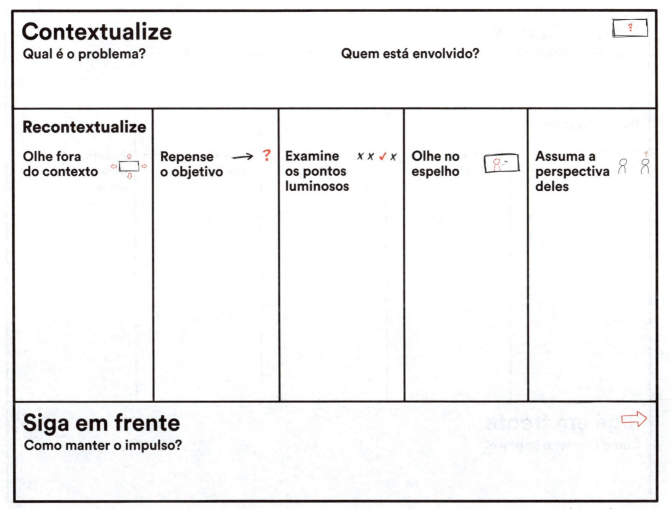

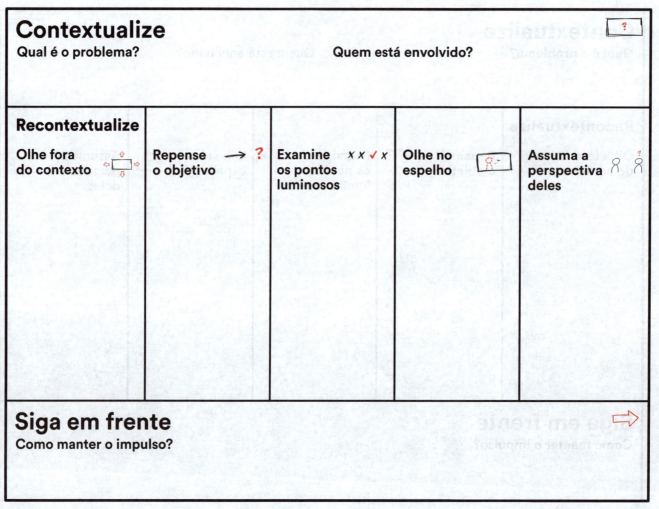

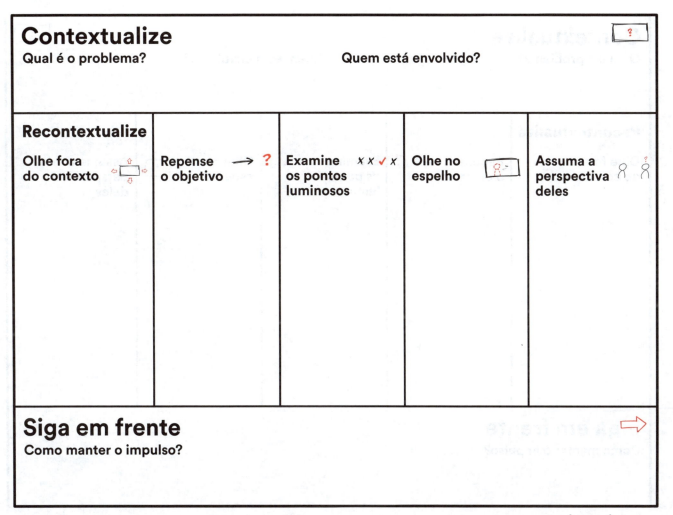

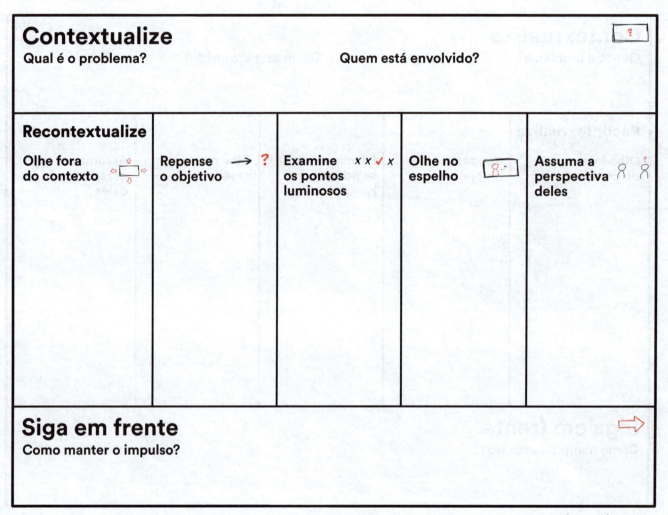

## Checklist de recontextualização

**Contextualizar o problema**
Qual é o problema? Quem está envolvido?

**Olhar fora do contexto**
O que não estamos percebendo?

**Repensar o objetivo**
Existe um objetivo melhor para buscarmos?

**Examinar os pontos luminosos**
Existem exceções positivas?

**Olhar no espelho**
Qual é o meu papel na criação deste problema?

**Take their perspective**
Qual problema estão tentando resolver?

**Seguir em frente**
Como mantemos o impulso?

## Checklist de recontextualização

**Contextualizar o problema**
Qual é o problema? Quem está envolvido?

**Olhar fora do contexto**
O que não estamos percebendo?

**Repensar o objetivo**
Existe um objetivo melhor para buscarmos?

**Examinar os pontos luminosos**
Existem exceções positivas?

**Olhar no espelho**
Qual é o meu papel na criação deste problema?

**Take their perspective**
Qual problema estão tentando resolver?

**Seguir em frente**
Como mantemos o impulso?